新商务系列之发现规则⑥

敝则新

面向信息社会的
政策与制度创新

商务印书馆
创于1897
The Commercial Press

2014年·北京

图书在版编目(CIP)数据

敝则新：面向信息社会的政策与制度创新/何霞著.
—北京:商务印书馆，2014
（新商务系列之发现规则）
ISBN 978 - 7 - 100 - 09096 - 4

Ⅰ.①敝…　Ⅱ.①何…　Ⅲ.①信息化社会—研究
Ⅳ.①G201

中国版本图书馆 CIP 数据核字(2014)第 075442 号

敝则新
——面向信息社会的政策与制度创新
何霞 著

商 务 印 书 馆 出 版
（北京王府井大街36号　邮政编码 100710）
商 务 印 书 馆 发 行
北 京 瑞 古 冠 中 印 刷 厂 印 刷
ISBN 978 - 7 - 100 - 09096 - 4

2014年7月第1版　　　　开本787×1092 1/16
2014年7月北京第1次印刷　印张20
定价：60.00 元

新商务系列丛书

主　　编：汪丁丁
执行主编：姜奇平　方兴东
编　　委：胡　泳　吴伯凡　段永朝　梁春晓（排名不分先后）
策划统筹：范海燕
学术秘书：王　敏

商务印书馆历来重视用人类创造的全部知识财富来丰富自己的头脑。其中一个重要取向，是不断用人类新的知识，更新国人旧的头脑。在上一个社会转型时期，通过对工业文明智慧渊源及思想果实的系统引进，为推动中国从农业社会向工业社会转型，提供了有力的智力支持；在下一个社会转型时期，必将通过对信息文明智慧渊源及思想果实的系统挖掘，为推动中国从工业社会向信息社会的转型再次提供智力支持。从这个意义上可以说，新商务，既是商务印书馆的历史，也是商务印书馆的未来。

我们推出这套"新商务"系列丛书的目的，就是继承商务印书馆的启蒙传统，抓住工业文明向信息文明转型的历史机遇，用下一代经济的先进理念，进行新商务启蒙，为迎接互联网带来的新商业文明浪潮，提供值得追随的智慧。

早在上世纪八十年代，托夫勒就预言人类将从单一品种大规模制造，转向小批量多品种的生产方式。以计算机和互联网为代表的先进生产力，有力推动了这一发展方式的转变。这是继农业生产方式转变为工业生产方式之后，人类发展方式又一次深刻的历史转变。从此，人依靠机器生产转变为机器围绕人生产成为可能，个性化制造和规模化协同创新有机结合将成为重要的生产方式。

人类上一次生产方式转变引发的世界范围的经济、社会、文化变化，包括欧美梦幻般的崛起，人们有目共睹；而对这一次意义更为深远的生产方式的转变，包括中国将对人类做出何种贡献，人们没有理由熟视无睹。

"新商务"系列丛书建立在对"下一代经济"核心理念的发现力之上，通过追踪生产方式转变的历史渊源、现实进展以及未来走向，从中发现新的经典，发现新的规则，发现新的方法。为此，丛书开辟"发现经典"、"发现规则"、"发现方法"三个子系列。

"发现经典"系列，主要定位于从世界范围信息革命中发现驱动国家转型的力量。通过系统翻译和重新发现世界知名学者的新经济思想和经典著作，为人们探索下一代经济的元逻辑，提供思考线索。"发现规则"系列，主要定位于从中国信息革命的实践中发现具有普遍意义的游戏规则。通过汇集中国学者对新商务实践的总结，为提炼新商务规则提供进一步研究的基础。"发现方法"系列，定位于指导新商务实践。侧重对国内外新商务概念的归纳、对前沿商业模式及其本地化的阐释，以期推动理论与实践的良性循环与可持续发展。

与工业革命"新商务"思想成果的引进不同，除了具有共同特点外，"新商务"系列丛书具有一些特殊性，一是信息革命正在发生，有待成熟，经典、规则与方法都是相对的，在探索中难免失误，恳请读者以批判态度、宽容心态对待；二是中国与世界同步走上信息高速公路，相对以往，中国学者有了更多产生原创发现的机会和条件，我们将以开放心态力推新人，也希望读者与我们共同前行、共同提高。

春江水暖，先下水者当作先知；继往开来，新商务中敢为人先。让我们共勉。

　　作为一种通用技术，信息通信技术除具有基础性、高渗透性和通用性的特征之外，还具有技术创新的快速、连续和系统性，能持续提供更快、更好、更便宜的产品和服务。信息通信技术的贡献不但发生在信息技术部门，而且可以向非信息技术部门溢出，提高全社会的平均劳动生产率，进而提升经济增长。人类通信在不到一代人的时间里发生了翻天覆地的变化。我们正在目睹着信息通信技术带给我们人类，带给社会、经济、文化的巨大的，根本性的变化。

　　随着云计算、物联网的发展，信息化渗透到各个领域。人们将利用信息传感网络和分布控制系统，直接为生产与生活提供全面服务，使人类社会进入以信息生产力为主要标志的新阶段。农业时代的生产力适应分散的小农生产方式，工业时代的生产力适应大机器集中化的生产方式，而信息时代的生产力则适应分布式、网络协同生产方式。

　　在以宽带、物联网、云计算为标志的信息生产力阶段，人类面临的种种危机的根源在于对经济社会系统的复杂性认识不足，因此，提高对信息生产力的理解和认识，对于改善社会经济系统具有根本性的作用。大力提升和发展信息生产力，有利于转变经济发展方式；有利于降低污染，改善民生，化解社会矛盾和提高劳动者的科学文化素质。这对我国社会主义市场经济的深入改革与发展，建立符合时代精神的社会核心价值体系，有着极其深远的现实意义和历史意义。

　　人类社会正在进入以信息生产力为标志的新阶段，我国再次面临重大历史机遇。大力发展信息生产力，有利于转变我国经济发展方式，减少物资、能源消耗，改善民生；有利于化解社会矛盾和提高普通劳动者的科学文化素质；有利于建立符合时代精神的社会核心价值体系。同时，发展信息生产力对如何维护信息安全提出了新的任务。

在通往信息社会的人类发展历程中，先进生产力的发展必然要求相应的生产关系与之适应，因此，需要面向信息社会建立健全信息通信的法律和相关制度，改革相关的管理体制机制，在大力提升信息生产力的基础上，发扬我国传统文化精华，融合人类先进文化元素，重塑社会核心价值体系，为建设高效、公平、和谐的社会打下坚实的基础。

全国政协经济委员会副主任
中国国际经济交流中心常务副理事长
中央政策研究室原副主任

目 录

前言

人类的通信在不到一个世纪的时间内发生了巨大的改变。今天的我们生活在一个充满挑战与机遇，并分享着丰富信息的世界。我们见证着每个人、政府与文化所发生的翻天覆地的变化。这个新的时代带来了使人类走向新的成功，驾驭信息与沟通的无限可能，也给我们带来了全新的未知和挑战——同时我们也要承担信息通信技术进步所带来的无法预测的风险。

在我们面对的数字世界中，通信监管的角色同样也发生了根本上的变化，但仍然保持着对信息通信技术发展的驱动。当我们的世界伴随着泛在的互联网络与大数据进入信息社会时，遭遇来自现存的管理体制、机制与制度的巨大障碍，这使得我们在方兴未艾的数字通信转型时代中必将面临严峻的管理挑战。

现今的通信世界与十年之前有很大不同，而且还在以极快的速度向前发展。推动变革的力量主要来自于与媒体的融合，网络连接的泛在性和互动性。在通信世界中，"融合"这个词语已经被预测和讨论了几十年，当我们进入了21世纪，可以肯定地说，长久以来所期待的"融合"已经完全到来。融合不仅需要相关公司间的重组，同时管理体制和法规也需要被重新审视。展望未来，更需要重新配置资源和构建新的管理思路，因为我们已经进入了信息社会。

信息通信技术在全球和本土经济中的影响力已经得到了很快的提升，政府通信监管所扮演的角色已经成为公众政策的神经中枢，由此带来的压力与挑战也随之增长。服务中断、网络障碍都有可能引起公众对于运营商，乃至管理者的不满情绪；在线的争议不管对错，都需要监管者去面对。同时，一些政治力量提升了对信息通信技术发展的关注，监管者受到了前所未有的挑战。

20世纪90年代以来，信息和通信技术革命不仅对经济发展方式产生影响，而且对社会、政治、民主带来了更为深远的意义。在许多方面，互联网和其他新媒体所释放的力量给人类社会带来了远非过去所能媲美的言论自由权。从另一个角度看，开放、言论自由和民主的选择对经济和发展——包括信息通信产业本身的发展——都起到了积极的作用。

信息通信技术革命在使我们能够相互沟通、分享信息的同时，亦不可避免地带来负面的影响，如网络欺诈、犯罪等。数字化时代不断提醒政府、企业和个人对新的网络与信息安全的关注。我们对信息通信技术越依赖，意味着公共网络和家庭网络等基础设施越脆弱、越容易受攻击。毋庸置疑的一点是，网络系统中的任何软肋，就算遭受很小攻击，也可能引发很严重的后果。因此，政府必须权衡国家安全与公民言论权利两者的关系。

信息通信技术发展是高速、动态、瞬息万变的。因此，预测未来十年中将要发生的事情是很困难的。然而信息通信技术的部署和应用，特别是发展中国家的移动通信服务和网络应用，正在以前所未有的速度增长。这一切都给监管者带来了巨大的挑战。监管机构需要放松事前监管，逐渐向事后监管过渡，并加强能力建设，制定必要的制度措施，努力加强与监管竞争机构的合作。信息通信技术渗透到各行各业，这要求不同行业的监管机构间要加强合作，包括执法、教育、金融、卫生和环境等方面，使信息通信技术的进步能惠及每个人、每个企业、每个区域……

本书共分十个章节，从信息通信技术革命以及对经济社会的影响机理出发，阐述了人类社会进入信息生产力发展阶段的特征，在此基础上描述了欧美等国的信息网络发展战略及中国的网络发展政策。笔者提出由于网络的泛在性与渗透性导致网络与信息安全已经成为全社会的重要问题，使得网络通信政策已经成为公共政策的核心。书中用大量篇幅描述了面对信息社会的到来，管理者需要如何面对挑战，以及如何调整相关法规政策及管理体制。

第一章

信息通信技术革命的影响

第一节 信息通信技术与"新经济"

作为一种通用技术，信息通信技术（Information and Communications Technologies，简称 ICT）具有基础性、高渗透性和通用性的特征。信息通信技术的效用和资本深化的贡献不但发生在信息技术部门，而且向非信息技术部门溢出，并对全社会、经济和文化发展起到了革命性的作用。

随着信息通信技术的发展，人类的信息分享在不到一代人的时间里发生了翻天覆地的变化。现在的孩子从一生下来就有与世界连接和分享信息的机会，这些是他们的祖父祖母那一代人无法想象的，甚至他们的父母也是一样的。我们正在目睹着人与人之间、政府之间、文化之间的关系发生巨大的、根本性的变化。这个新的时代带给了人类无限的可能去利用信息通信技术，以及去认知新的事物。

一、信息通信技术的作用已经被人类所认识

1987年，因经济增长理论的研究贡献而获得诺贝尔经济学奖的索罗（Robert Solow）曾经提出著名的索罗悖论，即计算机的广泛普及应用并没有带来生产率的上升。关于信息技术与经济绩效的关系，经济学家开展了大量的研究，在20世纪90年代以前，很少发现信息技术提高生产率的证据。学者们意识到，这可能是由于信息通信技术对经济绩效的影响存在时间滞后现象，以及研究和度量方法需要改进。

1995年以来，美国经济增长超出最乐观的预期。1995—1999年期间，美国

在实现较高经济增长的同时，保持了很低的通货膨胀率。**美国经济的高增长和低通胀引起经济学家的高度关注**。九十年代后期的高增长和低通胀与七十年代的滞涨——低增长、高通胀形成鲜明对比。

根据宏观经济学著名的菲利普斯曲线[1]，失业与通货膨胀存在一种交替关系，通货膨胀率高时，失业率低；通货膨胀率低时，失业率高。传统宏观经济学无法解释美国当代经济的异常现象。一些经济学家意识到，信息通信技术的发展和应用可能是关键原因。这重新激发了学术界对信息通信技术的经济绩效贡献的研究兴趣。越来越多的研究表明，**信息通信技术确实对经济增长和生产率的改善具有显著作用**。

克拉夫茨（Crafts）（2003）通过比较历次重大通用目的（GPT）技术的影响认为，**信息通信技术引起的全要素生产率增长已经远远超过了蒸汽机和其他几次技术革命的作用**。他的研究表明，1996—2000年期间，IT对美国经济增长的总贡献达到1.86%（年均增长率），而在1780—1860年期间，蒸汽机对英国经济增长的贡献为年均0.51%。见表1—1。

表1—1 通用技术对经济增长的贡献

	时　期	资本深化	生产技术进步	应用技术进步	总　计
蒸汽机—英国	1780 —1860	0.19		0.32	0.51
铁路—英国	1840 —1870	0.13	0.1		0.23
	1870 —1890	0.14	0.09		0.23
铁路—美国	1839 —1870	0.12	0.09		0.21
	1870 —1890	0.32	0.24		0.56
电力—美国	1899 —1919	0.34	0.07		0.41
	1919 —1929	0.23	0.05	0.7	0.98

1　菲利普斯曲线（Phillips Curve），新西兰统计学家威廉·菲利普斯（A.W.Phillips）于1958年根据英国近百年（1867—1957）的宏观经济数据，画出了一条表现通货膨胀与失业率关系的曲线。数据显示名义工资的变化率与失业率呈负相关关系，低工资变化率与低失业率不能并存，高工资变化率与高失业率不能并存。进而推论通货膨胀率与失业率的关系（因通货膨胀的数据难以取得，于是以名义工资的增长率来代替通货膨胀率），得出通货膨胀率与失业率的负关系。此曲线表明：通货膨胀率与失业率存在交替关系，通货膨胀率高时，失业率低；通货膨胀率低时，失业率高。

（续表）

	时　期	资本深化	生产技术进步	应用技术进步	总　计
IT—美国	1974—1990	0.52	0.17		0.69
	1991—1995	0.55	0.24		0.79
	1996—2000	1.36	0.5		1.86

资料来源：Crafts（2003）。

二、信息通信技术在新经济中的作用

1. 新经济的定义

"新经济"并无权威的定义，但一般被理解为依靠信息通信技术所驱动的经济，信息通信技术是新经济的核心动力。

美国《商业周刊》1996年底的一篇文章认为，美国"新经济"的主要动力是信息技术革命和经济全球化浪潮。**所谓"新经济"是建立在信息技术革命和制度创新基础上的经济持续增长与低通货膨胀率、低失业率并存，经济周期的阶段性特征明显淡化的一种新的经济现象。**

美国经济学家萨默斯指出："新经济的概念既明确又模糊，时常被人宣扬，却很少有人加以定义。但若是新经济的核心有什么基本变化，那必然是**由生产实体产品的经济转移到奠基于知识的生产与运用的经济。**"

斯坦福大学劳伦斯·J. 劳（Lawrence J. Lau）教授认为，新经济是"利用新技术，在经济活动中广泛获取、分享和使用信息（知识）"。

根据上述理解和定义，我们可以看到，**狭义的新经济可以理解为以信息通信技术为基础或驱动的经济，广义的新经济即知识经济、数字经济、信息经济等。无论是广义的还是狭义的定义，信息通信技术在新经济中都是核心的要素。**

2. 新经济的本质特征

新经济最本质的特征是知识和信息的重要性不断提升，即人和人力资本的重要性上升；同时，经济不断由封闭走向开放，全球化特别是服务贸易迅猛发展。如前所述，新经济以信息通信技术为基础。计算机和信息网络的本质决定了新经济的本质。计算机不同于以往任何机器的地方在于，计算机是智慧或智能的机器，它将知识信息化和数字化。而信息网络加快了信息和知识的扩散和交流。信息通信技术成为知识经济最核心的源泉和助推器，加快和促进经济社会发展的知识化和智慧化。

作为一种通用目的技术，**信息通信技术除了具有基础性、高渗透性和通用性的特征之外，还具有两个突出的特点，一是技术创新的快速、连续和系统性**。随着20世纪40年代以来晶体管、集成电路、光纤、微处理器、操作系统和应用软件、PC、移动通信、互联网、移动互联网等创新的不断涌现，信息技术与通信技术更是走向深度融合，深刻改变了信息通信产业本身及社会经济面貌。**二是持续提供更快、更好、更便宜的产品和服务**。如微处理器、内存、硬盘、图形加速卡等 PC 主要功能元件几乎都是遵循着摩尔定律，每18个月至两年，性能提高一倍，同时计算机、通信、软件和服务价格持续下降。光纤发展存在类似的定律，每9—12个月传输能力翻番，同时成本降低一半。

3. 新经济中的市场和企业表现

从传统工业经济到新经济，市场和企业特征都发生了深刻变化。与传统工业经济相比，新经济的市场变化快速、不可预测或难以预测，形成买方市场，产品与技术生命周期变短，关键推动力量是创新型或创业型知识企业，竞争范围扩展到全球，企业需要变得快速灵活，采取差异化营销策略。

表1—2 新经济的市场特征

	传统经济	新经济
市场变化	缓慢、可预测	快速、不可预测或难以预测
经济动力	卖方市场或卖方驱动	买方市场或买方驱动
产品与技术生命周期	长	短
关键推动力量	大型工业企业	创新型或创业型知识企业
竞争范围	局部或区域	全球
竞争规则	规模：大吃小	速度：快胜慢
营销策略	规模化与大众化	差异化

资料来源：http://www.1000ventures.com/business_guide/crosscuttings/new_economy_transition.html。

从传统工业经济到新经济，人力资本成为最关键的要素，复合技能、持续学习、合作与团队意识、自我管理成为新经济时代员工的典型特征。

表1—3　新经济的人力资本现象

	传统工业经济	新经济
领导	垂直	分享：员工自我管理与领导
员工特征	主要是男性，半熟练与非熟练劳动比例较高	无性别差异，较高的学历要求
技能	单一技能、标准化	复合技能、灵活性与适应性
能力提升要求	一种技能或一个学位	持续学习
雇主与雇员关系	对立	合作与团队
就业稳定性	稳定	受市场机会和风险因素影响
如何看待员工	成本	投资

资料来源：http://www.1000ventures.com/business_guide/crosscuttings/new_economy_transition.html。

在新经济时代，企业变得更加快速、灵活、精细，在知识和信息等关键要素基础上，进行系统和连续创新，在产业链或产业生态系统层面上展开竞争与合作。

表1—4　新经济的企业表现

	传统工业经济	新经济
业务节奏	慢	快速满足消费者需求
战略	按部就班的战略金字塔	机会驱动的动态战略
目标或成功标准	利润	市值
生产组织	规模化生产	弹性与精细生产
关键要素与稀缺资源	物质资本、金融资本	人、知识与能力
创新活动的内容	研究开发	研究开发、知识管理、系统创新、商业模式、收购兼并等
创新过程的特点	阶段性、线性	连续性、系统性
关键技术	机械化与自动化	信息化
竞争优势的基础	规模经济	核心能力、制度优势、人力资本、客户关系、差异化战略等

（续表）

	传统工业经济	新经济
管理重心	企业内部生产过程	产业价值链管理
与其他企业战略联盟	很少；一般单打独斗	产业生态系统或战略联盟
组织架构与决策模式	官僚式、层级结构；垂直的控制命令模式	自我管理；扁平的网络结构

资料来源：http://www.1000ventures.com/business_guide/crosscuttings/new_economy_transition.html。

4. 新经济下的宏观经济表现

（1）信息通信产业快速发展。

2007 年，世界信息通信产业增加值达到 26,107 亿美元，占当年世界 GDP 的 5% 左右，其中，我国信息通信产业增加值 2007 年达到 3,151 亿美元，呈现持续增长的趋势。见图 1—1。

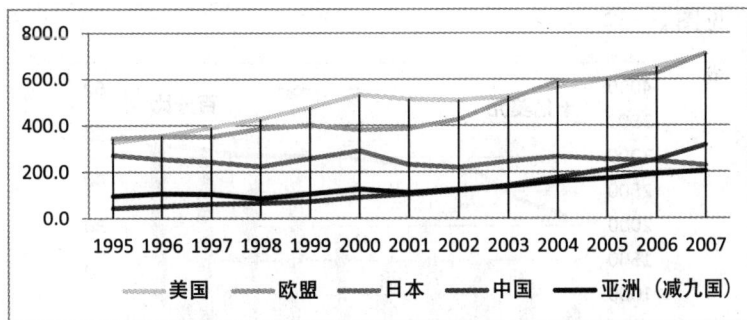

图1—1 信息通信产业增加值（单位：十亿美元）

资料来源：美国国家科学基金会（National Science Foundation）。

（2）经济结构的服务化趋势

从20世纪80年代以来，美国、英国、日本、韩国等发达国家的经济结构服务化趋势明显，服务业占国民经济的比重持续上升。2007年，美国和英国的服务业比重超过75%，日本接近70%，韩国接近60%。从20世纪70年代以来，英国和日本服务业占GDP的比例都上升了20个百分点左右。见图1—2。

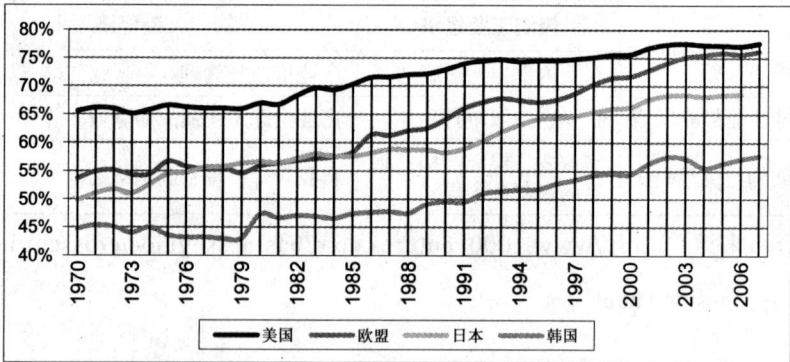

图1—2　服务业占国民经济的比重

资料来源：OECD。

（3）全球服务贸易迅速发展

信息通信技术推动服务贸易革命。全球服务贸易，特别是 IT 与 ICT 服务贸易迅猛发展。2007年，全球服务贸易额达到3.4万亿美元，IT 与 ICT 服务贸易占比47.9%，见图1—3。

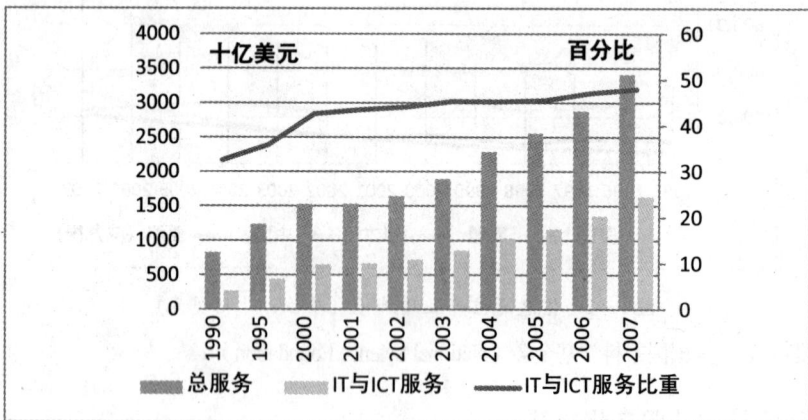

图1—3　世界服务、IT 服务、ICT 驱动服务贸易（10亿美元及百分比）

资料来源：OECD。

第二节　信息通信技术对经济增长的影响机制与相关理论

　　信息通信技术发展深刻地改变着经济增长的方式与理念，并改变着全球经济格局和分工体系。随着信息通信技术的加速普及，全球信息通信产业步入加速渗透、深度集成与融合转型的新阶段。信息网络基础设施成为经济社会发展的关键载体，信息通信技术推动生产方式变革，导致新型业态的出现和现代产业体系的重构，从而为经济增长和生产效率的提高注入新的活力。

一、信息通信技术对经济发展的影响机制

　　信息通信技术通过多种方式深刻改变整个经济社会和产业活动，提升效率、降低成本、扩大市场、促进专业化和分工。更为重要的是信息通信技术使经济和社会运转更加智能高效，并促进了知识的创造和扩散。

　　信息通信技术和产业通过快速、持续和系统的创新，特别是随着半导体技术的发展和价格的下降，信息通信产品和服务价格持续大幅下降，引起国民经济各部门信息技术设备投资的大幅增长，出现信息通信技术的资本深化。

　　信息通信技术革命带来了计算机、信息技术服务、通信业和互联网等新产业的发展，同时信息通信产业本身的业务融合，形成移动互联网、云计算、物联网等新业态。信息通信技术与其他产业相互融合促进了低碳、绿色经济的增长，为新能源和新材料等领域提供了广阔的发展空间。

企业的商业模式、生产流程和组织形式也发生了深刻变革，形成了全球化的复杂平台生态系统。信息网络基础设施、数据中心与公共服务平台为社会经济活动提供了新的沟通和交易方式。信息通信技术服务于传统基础设施的改造，形成智能电网、智能交通、智能物流等新的产业。信息通信技术推动生产方式的变革，形成柔性制造、智能制造，引发第三次工业革命。通过电子政务、教育和社会信息化，大大提高了政府决策与社会管理的效率。见表1—5。

表1—5 信息通信对经济发展的影响机制

技术革命影响经济发展途径	举例：信息革命
新技术	集成电路、软件、通信、互联网
新产业或新业态	计算机、IT 服务、通信业、互联网产业
拓展创新机会	两化融合、低碳经济、新能源、新材料 移动互联网、云计算
新的组织形式	平台与产业生态系统
新的基础设施	信息基础设施：通信网和互联网等 应用基础设施：数据中心、电子商务平台等 对传统基础设施的改造：智能电网、智能交通等
生产方式的变革	形成柔性制造、智能制造和全球生产
提高政府与社会管理的效率	电子政务、教育和社会信息化

二、信息通信技术与经济增长理论

经济增长理论长期研究经济增长的动力或原因。在20世纪50年代以前，经济学家把储蓄、投资和资本积累作为经济增长的主要推动力，很少有人关注技术进步对于经济增长的贡献。

诺贝尔经济学奖获得者罗伯特·默顿·索洛的《对增长理论的贡献》[1]和《技术变化与总生产函数》[2]的模型和实证研究表明，技术进步是经济长期发展的主要动力。索洛通过研究美国1909—1949年的数据发现，技术进步对美国经济增长的贡献超过80%，而资本存量的增加对人均收入增长的贡献不到10%。

1　载于《经济学季刊》1956年2月号。

2　载于《经济学与统计学评论》1957年8月号。

1962年，阿罗（Arrow）[1]在著名的《干中学的经济含义》中提出了干中学效应（learning-by-doing）。该效应描述了动态规模经济的存在和发生过程，指出技术的动态变迁在国际分工中的作用，将技术进步对经济增长的作用部分内生化。

Bresnahan 和 Trajsenberg（1995），Helpman（1998），David 和 Wright（1999），Rosenberg 和 Trajsenberg（2004），Crafts（2003），Lipsey，Carlaw 和 Bekar（2005）等从通用技术的角度研究了技术（包括信息通信技术）对经济发展的影响。他们从技术普及性、技术改进空间、创新互补性、正反馈和规模收益递增等特征探讨了通用技术的本质。他们认为，**信息通信技术作为一个特定类别的通用目的技术，对产品生产、生产流程和服务的影响是交叠的，且对服务的影响远远胜于对产品的影响，进而深刻影响了组织形态。**

从信息经济学的角度来看，信息通信技术的应用能够帮助人们获得和处理信息，减少决策的不确定性，降低交易成本，扩大市场范围、促进专业化和分工的发展。

三、信息通信技术对生产效率的贡献

1. 信息通信技术对资本深化与全要素生产率的溢出效应

我们看到，在2000—2006年，美国信息通信技术部门资本深化的贡献从1995—2000年的1.01%下降到0.58%。同期，信息技术部门对全要素生产率的贡献从1995—2000年的0.58%下降到0.38%。**尽管信息通信技术的资本深化贡献和生产率贡献在信息通信技术部门有所下降，但在非信息通信技术部门却呈不同程度上升。**2000—2006年，美国非信息通信技术部门资本深化的贡献从1995—2000年的0.49%上升到0.69%。同期，非信息通信技术部门对全要素生产率的贡献从1995—2000年的0.42%上升到0.54%。这证明**信息通信技术资本深化和生产**

1　肯尼思·约瑟夫·阿罗（Kenneth J. Arrow），美国经济学家，1972年因在一般均衡理论方面的突出贡献与约翰·希克斯共同荣获诺贝尔经济学奖。

率的溢出效应仍然在延续。见表1—6。

表1—6 ICT对经济增长和生产率的贡献

	1959—2006	1959—1973	1973—1995	1995—2000	2000—2006
产出增产率	3.58	4.18	3.08	4.77	3.01
工作时间	1.14	1.36	1.59	2.07	0.51
平均劳动生产率	2.14	2.82	1.49	2.7	2.5
资本深化的贡献	1.14	1.4	0.85	1.51	1.26
信息技术部门	0.43	0.21	0.4	1.01	0.58
非信息技术部门	0.7	1.19	0.45	0.49	0.69
劳动质量的贡献	0.26	0.28	0.25	0.19	0.31
全要素生产率	0.75	1.14	0.39	1	0.92
信息技术部门	0.25	0.09	0.25	0.58	0.38
非信息技术部门	0.49	1.05	0.14	0.42	0.54
信息技术部门的贡献份额	0.32	0.11	0.43	0.59	0.38

资料来源：Jorgenson，Ho，and Stiroh（2008）。

2. 信息通信技术对劳动生产率的贡献

信息通信技术对生产率和资本深化的贡献不但发生在信息技术部门，而且可以向非信息技术部门溢出，提高全社会平均劳动生产率，进而提升经济增长率。因此，信息通信技术在推动经济增长中发挥了关键作用。

对全球 G7 国家[1] 的研究显示，1990—1996年，英国劳动生产率年均增长1.4%，其中信息通信技术的贡献为0.40%，加拿大劳动生产率年均增长1.3%，其中信息通信技术的贡献为0.27%。在其他国家如法国、意大利、日本，信息通信技术对劳动生产率增长也有比较大的贡献。见表1—7。

表1—7 ICT对劳动生产率的贡献，G7（1990—1996）

国别	劳动生产率	信息通信技术的贡献
加拿大	1.3	0.27
法国	1.6	0.25

---

1 G7国家包括：美国、日本、德国、英国、法国、加拿大和意大利。

（续表）

国别	劳动生产率	信息通信技术的贡献
德国	2.1	0.19
意大利	1.9	0.24
日本	1.9	0.19
英国	1.4	0.40
美国	1.0	0.41

资料来源：Schreyer（2000）。

乔根森（Jorgenson）（2001）指出，**半导体的发展和应用是美国经济增长复苏的基础**。半导体技术发展是ICT产品价格下降的原因。半导体技术在计算机和通信设备中得到了最广泛的应用，而且导致其他许多产品成本的下降。随着信息通信技术产品价格水平的急剧下降，企业积极利用信息通信技术产品替代其他资产和劳动力，推动信息通信技术资本深化。

信息通信技术产品价格指数与CPI之比持续迅速下降。1999年，美国ICT增加值占GDP的比重已经达到6.44%。一般物价指数（CPI）上升过程中，信息通信技术产品价格持续下降，信息通信技术产品价格指数与CPI之比持续迅速下降。以1996年价格指数为1，即1996年信息通信技术产品价格指数和总产品价格指数同时为标准化1，那么1948年，信息通信技术产品价格指数与CPI之比为13，而到1999年，已经下降到0.72。见图1—4。

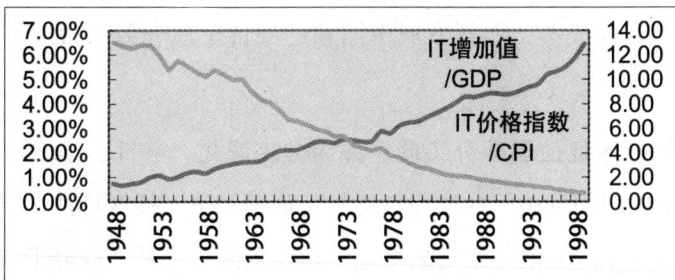

图1—4　信息通信产业总产值与价格指数变化

资料来源：Dale Jorgenson（2001），Information Technology and the U.S. Economy。

在各类信息通信技术投资和服务中，IT软件和计算机技术的贡献率迅速增强。

1990—1995年，美国软件对 GDP 增长的贡献为0.15%，1995—1999年，软件的贡献上升到0.39%。计算机技术对 GDP 增长的贡献从0.18% 上升为0.36%。见图1—5。

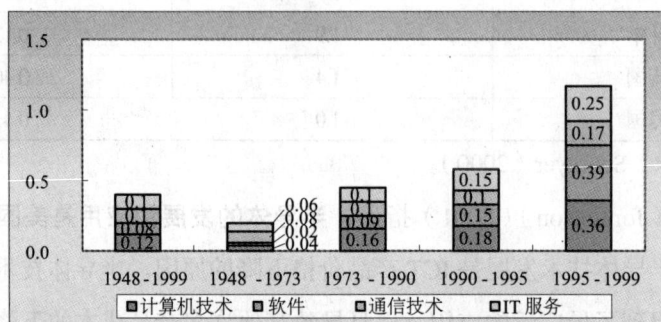

图1—5　各类型信息通信技术的产出贡献

资料来源：Dale Jorgenson（2001）。

四、信息通信技术与国际分工理论

信息通信技术驱动服务外包和离岸外包的发展。外包分为国内外包和离岸外包。国内外包是将业务外包给国内企业，而离岸外包的外部化生产范围超越了国界。近年来，离岸外包持续快速增长，2004—2008年离岸外包规模年均增长率接近30%，2008年产业规模达到890亿—930亿美元。企业采用离岸外包主要是由于通信基础设施的改善和服务价格的迅速下降，以及外包有利于企业提高效率与节约运营成本，尤其发展中国家的廉价土地和劳动力成本成为企业考虑采用离岸外包的重要因素。

信息通信技术促使国际分工向产品内分工深化。软件、集成电路、移动通信、宽带和互联网的发展，导致比较优势、规模经济、技术特性、运输成本和交易成本等国际分工的影响因素随之变化，造成国际分工从产业分工、产品分工向工序分工发展，改变了国际政治经济格局，促进了跨国公司的发展和国外直接投资的增加，使得企业竞争战略和国家竞争优势被重新构建。

从产品分工到工序分工，生产更加分散化。随着通信和交流成本的下降，过去不可贸易的工序和任务，如研发设计等服务，现在可以离岸外包。国际竞争从产业和企业层面深化到生产组织层面。从个人计算机产业的国际分工可以清晰地看到工序分工的演变。20世纪90年代，美国和日本的企业同时覆盖PC设计、开发和生产的各个环节，到2000年左右，美国企业专注于概念和产品计划等设计环节，退出生产环节。中国台湾的企业加入到PC开发和生产环节。2006年左右，日本企业也基本从生产环节退出，而中国大陆企业正在加强PC生产能力。

第三节　信息通信技术应用与社会进步

　　信息时代带给了人类无限的可能去认知新的事物，去利用信息与通信的力量。随着通信与媒体的融合，以及不断扩大的广泛连接、互动性，通信网络、媒体和终端正融合和扩散为普遍性的大众传播工具，人与人，人与物，物与物已逐步通过网络互联，互联网进入 Web 2.0 时代，社交网站是最受欢迎的应用。我们在极大地享受着信息通信技术革命带来的全社会的巨大进步。

一、信息通信技术带来了社会的全方位变革

1. 信息通信技术发展形成了信息化农业、柔性化工业及智能化交通

　　信息通信技术的发展使得往日认为农业与信息无缘的观念正在成为过去。一些地区率先依靠社会化服务体系实现精细化作业、集约化经营，从土壤检测、田间管理到机械收割都由专业公司作业，这些地区的农民对信息通信技术的依赖程度远远超过一般的产业工人。有些地区的菜农，已经可以通过移动物联网，随时随地用手机检测、控制、调节蔬菜大棚的湿度和温度，使信息网络直接介入农业生产过程，率先进入农业信息化阶段。

　　第三次工业革命已经到来。信息通信技术使得今天的工业自动化正在由系统自动化向网络自动化和柔性化生产发展。在不久的将来，消费者可直接通过计算

机网络，把自己需要购买商品的特征、尺寸等数据信息输入进去，通过网络支付之后，就可以启动柔性生产线生产所需要的商品，然后由社会化物流配送体系直接送到消费者手中。

近年来我国铁路经过了多次提速，而交通运输的提速需要增加的成本中有很大一部分就是用于信息通信网络的完善。在高速公路建设中，一般需要配备的通信监控系统占全部投资的20%以上，航空运输的信息通信成本更高。人们对交通运输的需求不仅体现在需要随时随地预定客货舱位的服务，还体现在需要随时掌握客货在途状况以及获得在途的各种预期信息。这不仅需要完善交通运输的内部网路，更需要整个社会化网络的支撑。随着网络产业的迅速发展，卫星定位技术与数字化地图、移动通信、智能控制技术相结合，正在形成一个庞大的车联网产业。

2. 信息通信技术融入城镇化建设，使政府公务更透明化

集中化的工业必然形成集中化的城市，网络基础设施有利于构建分布型区域经济，信息通信技术正在促进新型城镇化建设，使工业化、城镇化与信息化融为一体。

政府通过互联网可以让公众迅速了解政府机构的组成、职能、办事章程和各项政策法规，提高办事效率和执法的透明度。同时普通民众也可以在网上与政府领导人直接信息交流，反映大众的呼声，促进政府职能转变和公共事务的民主化。为了促进政府上网，许多国家都制定了电子政务公共技术标准，使政府各部门间实现互联互通，真正发挥电子政务的效益。

3. 信息通信技术使商业电子化，货币虚拟化

研究表明，利用电子商务的企业一般可节省10%的采购费用，增加30%的销售机会，并可以减少库存，缩短生产周期，改善客户的满意程度和服务质量。但是，电子商务的发展需要网络信誉、电子商务立法和社会信誉体系

的建设。

银行联网支付系统、自动化清算系统、储蓄通存通兑系统以及各类电子货币、电子金融卡、信用卡已经相当普及。网络银行用一个普通分行的成本为分布在世界各地的众多客户提供全天候服务。这被一些金融专家看作传统货币模式走向终结的开始。

4. 信息通信技术使教育远程化，医疗网络化

远程教育将使处于交通不便地区的学生也能够接受国家一流的教育，并节约大量用于交通食宿的费用，它正在改变教育方式和教育制度。也许对于通才教育，有条件的人们还是愿意到少数正规学校去接受那里学习氛围的熏陶，但是对于越来越重要的职业或专业教育，人们则愿意采纳网络远程教育方式来接受。

通过信息通信技术可在农村与中心城市之间建立医疗会诊网络，将使得平民百姓不用长途奔波就可以享受到一流的诊断服务。这一服务实现的前提不仅需要解决技术问题，而且重要的是需要解决经济关系、法律责任和医疗制度的问题。我们看到，随着信息通信技术的发展，经济关系将会逐步调整。

二、社交媒体化——微博对中国政治和社会环境的影响

1. 微博在中国的爆发式发展

微博是一种新的传播形式，形成了新的媒体潮流。全球上来说，最为大家所熟知的微博客平台是推特（Twitter）。推特在2012年已经达到1.4亿活跃用户。然而，早在2009年，由于中国政府阻止了推特在中国的运营并将其屏蔽，"中国版的推特"迎来了新的发展契机，进入了爆发式增长的时期，见图1—6。虽然微博是对推特商业模式的复制，但是中国的微博以惊人的速度和渗透力影响着中国的社会和政治环境。

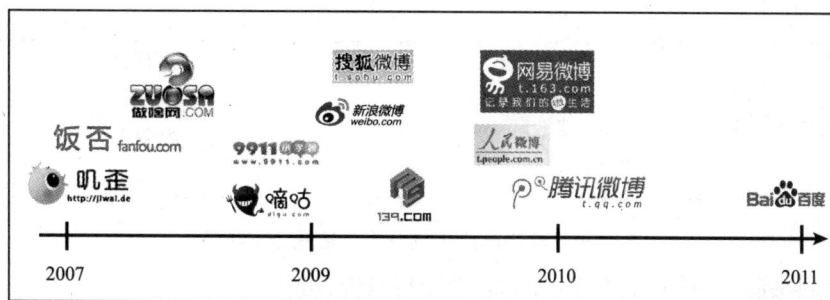

图1—6　微博的发展历程

资料来源:《奥美公关·CIC合作——微时代危机管理白皮书》。

在过去的两年中，仅中国主要的两个微博平台（新浪和腾讯）的用户数量已经超过了2亿，而推特在全球范围用四年才达到这个用户规模。根据中国互联网研究中心2011年的研究报告显示，微博用户数量从2010年的6,300万一跃到了2011年的2.5亿，年增长率达到了296%，渗透率达到了48.7%，这意味着将近半数的中国互联网用户正在使用这一网络应用。

中国目前最主要的四个微博平台是：新浪、腾讯、网易和搜狐。见表1—8。

表1—8　中国主要微博的用户统计

	注册用户数	活跃用户	微博、每天	字数限制
新浪微博	1亿	—	2,500万	140字
腾讯微博	1亿	—	—	140字
网易微博	3,200万	430万	120万	163字
搜狐微博	2,000万—3,000万	—	—	—

资料来源：CIC Research Team。

相对于总体网民而言，微博用户的群体特征有所不同。在教育水平方面，微博用户的教育水平高于中国平均网民的水平：约67%的新浪微博用户拥有大学或以上教育水平，而仅23%的网民是这一教育水平。其次，微博的平均年龄较为年轻，约76%的新浪微博用户是在19到30岁之间。同时，微博用户的分布也主要在中国经济较发达地区。如表1—9所示，根据微博账号分布统计，排在前三位的是广东省、北京和上海。

	热门地域	冷门地域
1	广东	贵州
2	北京	内蒙古
3	上海	海南

表1—9　微博账号热门与冷门地域分布统计

资料来源：孔明社交管理，微博用户分析报告2011[1]。

微博相对社交网络［如脸谱（Facebook）、人人网、开心网等］而言在信息传播方面具有更强的媒体特性。对于用户来说，微博是一个可以获取信息和发布个人观点和信息的平台，而社交网络则更多是用来进行人际交往的互动平台，用户多用这些社交网站来管理自己的人际关系网络上的互动，如与朋友、家人和同事之间的互动。从内容来源方面比较而言，微博用户更多地通过关注产业专家、社会名人、明星还有媒体获取信息，是一种个性化的媒体渠道筛选的过程。而社交网络上的内容主要来源于自己的人际交往的圈子。根据社科院的一项报告显示，大约70%的微博用户使用微博作为自己的主要新闻和信息的来源，并且有60%的人认为这样的信息来源是可信的。

微博对字数的限制和多样化的信息发布形式使得用户可以在短时间内大量地、方便地获取信息。微博的一般字数限制为140字。同时，用户可以在微博上发布文字、照片、视频和音频，并可以在微博平台上进行即时通信。

微博的兴起也得益于移动互联网的发展。据调查，有40%的微博用户是通过移动设备登录微博账户的，并且有48%的微博用户是在每天的交通时间阅读自己的微博。苹果的应用商店、安卓和塞班等微博的主要的智能手机平台都提供微博手机应用程序的下载。微博的移动用户的增长趋势还将随着智能手机和3G/4G网络的优化而持续增长。

1　http://tealeafnation.com/2012/03/infographics-44-of-sina-weibo-users-have-less-than-10-followers/, accessed on 14 May 2012.

2. 微博在社会危机中的力量

如此迅速崛起的微博之势也必然给中国的社会和政治环境带来影响，特别是在危机爆发的时候。相比较传统媒体而言，微博在危机中更展现了自己在信息传播方面的力量。如表1—10所示，在2011年的十大社会公信危机中有七个是从微博上爆发再传播开来的，并且每一个都引发了微博平台上激烈的讨论。我们在这里选取两个典型案例："郭美美与红十字会事件"和"7·23甬温线高铁事故"来剖析微博在危机中的力量。

表1—10 2011年十大公信危机

排名	2011年十大公信危机	爆发时间	微博在事件中的作用	微博热度	媒体热度
1	郭美美炫富门	6月	认证微博炫富被爆料引发	8,421,468	73,200
2	小悦悦事件	7月	扩大传播，持续热议	6,905,024	37,294
3	7·23甬温线高铁事故	11月	微博首发，持续直播	4,570,324	104,000
4	甘肃幼儿园校车车祸	9月	扩大传播，持续热议	2,964,096	69,900
5	上海地铁追尾	12月	微博首发，持续直播	2,290,348	31,000
6	北京PM2.5事件	6月	微博持续爆料引发	1,056,828	20,500
7	官员微博调情事件	6月	由官员微博直播引发	652,412	22,100
8	故宫失窃门/会所门等	5月	由员工微博直播引发	521,804	28,600
9	门户网密码泄密事件	12月	扩大传播，持续热议	274,740	49,200
10	会理悬浮门	7月	微博图片被爆料引发	146,864	15,280

注：以上数据的时间段为2011年1月1日至2011年12月31日，媒体热度为百度新闻搜索返回结果的总贴数，微博热度为新浪及腾讯微博搜索返回结果的总贴数。

资料来源：奥美公关与CIC。

案例一：7·23甬温线高铁事故

2011年7月23日20时30分05秒，甬温线浙江省温州市境内，由北京南站开往福州站的D301次列车与杭州站开往福州南站的D3115次列车发生动车组列车追尾事故，造成40人死亡、172人受伤，中断行车32小时35分钟，直接经济损失19371.65万元[1]。

在此次事故中，微博作为持续发布事故信息和提供人们自由讨论的平台起了很重要的作用。微博在及时发布全面真实的信息上与传统媒体形成了鲜明的对比。在撞车事故发生后的17分钟，事故发生后的第一条微博由"羊圈圈羊"的手机于20：47发出："求救！动车D301现在脱轨在距离温州南站不远处！现在车厢里孩子的哭声一片！没有一个工作人员出来！"之后的10小时里，这条微博被转发了超过十万次[2]。在两个小时后，献血的人群已经挤满了当地的医院。中国两大微博平台共计有2,600万的微博信息是关于这场事故的。民众和专家们纷纷通过发布微博对铁道部发出了强烈的质疑与不满。

人们使用微博和其他社交媒体来表达自己对政府在事故处理上的强烈不满。例如，在事故原因还没调查清楚之前就将火车头掩埋，还有过早地停止对受害者的搜救等处理不当的行为都激起了民众的愤怒。而人们在微博上表达出来的愤怒确实影响以至于改变了政府的处理方式。中国政府在2011年的最后一周发布了事故调查报告，在这份报告中详细描述了事故发生的过程、原因和责任方，甚至公布了受到处罚的官员名单。

在此次事故之后，政府采取了一系列的措施来挽回公众对于高铁战略的信心和支持。这些政策包括降低高铁的运行速度、调整建设计划、加强特大事故应急机制、提高人员的技术和管理能力、启动新的融资渠道还有进行体制改革等。

1　7·23甬温线特别重大铁路交通事故调查报告，http://www.chinasafety.gov.cn/newpage/ Contents/ Channel_5498/2011/1228/160577/content_160577.htm，访问于2012年6月8日。

2　微博直播高铁脱轨：一场特大事故的"立此存照"，http://blog.ifeng.com/article/12522230. html，访问于2012年6月8日。

案例二：郭美美与红十字会事件

2011年6月21日，一位网民发现了新浪微博的认证身份为"红十字商会总经理"的"郭美美baby"在微博上大肆炫富。在接下来的两个小时里，她的微博被转载了上千次。而在短短几周内，网友们发起了一轮对郭美美的人肉搜索，发现了这个年轻的女孩在两年之内暴富。当把这些炫富行为与"红十字商会总经理"的头衔联系在一起的时候，一场激烈的争论在微博平台上率先展开了。红十字会就此事在6月22日发表声明澄清郭美美不是他们的员工。同时，新浪微博也承认自己错误地对郭美美的微博身份进行验证，并对此道歉。但是，即便如此，人们对于红十字会这样的公益组织的长时间的怀疑和愤怒被"郭美美与红十字会事件"打开了阀门，而微博正是大家发泄不满和表达质疑的平台，见图1—7。

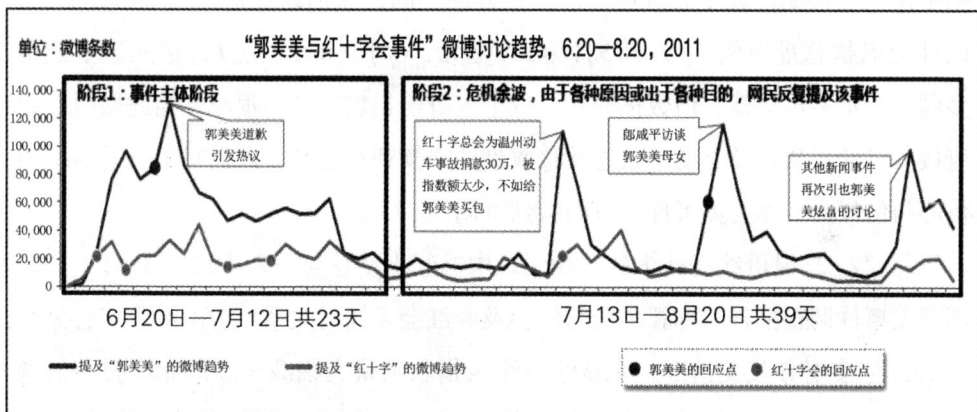

图1—7　郭美美红十字会事件微博讨论趋势图

资料来源：CIC IWLOM Data Panel，自2011年6月20日至8月20日，该事件的新浪微博相关讨论量共3,372,081条。

很多年来，红十字会作为中国最大的慈善机构一直被公众怀疑将公共捐款贪污和滥用。在近几年，越来越多的中国人不愿意继续将自己的财产捐给红十字会，因为他们害怕自己的捐款没有真正落到需要帮助的人手中。这种担心源于政府长期掌控慈善工作，同时信息的透明度不够。

　　在承受了众多的不满和愤怒后，中国政府在巨大的公众压力下对红十字会的经营进行调整和改进。2011年6月26日，国家审计局公布了一份报告称红十字会隐瞒了5个财务问题。7月1日，红十字会宣布将暂停与郭美美事件有关的红十字商会的所有经营活动。7月底，中国红十字会总会捐赠信息发布平台上线运行，公众可以在线查看捐款的数额和支出的明细。同时，红十字会还承诺正在建设全国统一的红十字会系统信息平台，该平台拟于2012年底前在网上投入运行。信息平台将纳入全国红十字会系统的公众捐助款物信息，根据及时准确、方便获取、规范有序的原则，保障捐赠人和社会公众的知情权、监督权[1]。

　　然而，这一系列的承诺与努力并没有完全赢回公众对于国有慈善机构的信任。在2011年3—5月与6—8月（截至8月24日）两个时间段的对比中，以慈善会和基金会为主的非政府组织（NGO）接收捐款数额从63亿剧烈下滑到8.4亿[2]。据中民慈善捐助信息中心统计，2011年监测到的社会捐款总量未发生明显波动，以社会捐款总量为例，3月到5月为151亿元，6月到8月也达121亿元。尽管很多网友表示不再捐款，但数据显示，以个人身份捐赠额波动很小。与此同时，政府接收到的捐款以及受助个人直接接收到的捐款却在上升。人们对于公益组织的信心与信任由于郭美美事件等丑闻遭到重创。

　　与"7·23温甬线高铁事故"相同，中国红十字总会周六（12月31日）公布郭美美事件调查报告，称郭美美与红会及商红会无任何关系。中国红十字会公布了2011年度财务收支情况，承认今年个人捐款数量大幅减少。但此次公布的调查报告中，没有涉及具体审计结果，受到业内人士和网友质疑。

　　毫无疑问的是，在这场"郭美美与红十字会事件"中，微博网友通过不断地质疑和表达愤怒使得红十字会加快了对本应该做到的以下两方面的改进：捐款信

---

1 "郭美美事件"调查结论公布商红会被撤，半岛都市报，http://news.bandao.cn/news_html/201201/20120101/news_20120101_1758303.shtml，访问于2012年6月10日。

2 "中国慈善组织近3月受捐额剧降近九成"，新京报，http://news.163.com/11/0826/04/7CBTAQ7A00014AED.html，访问于2012年6月10日。

息透明和允许公众监督权力。

3. 微博创造的大麦克时代

微博，这个具有时代特性的技术产物，已经对社会和政府产生了越来越深远的影响。这些影响体现在：

第一，碎片化的微博信息加快了信息传播的速度、广度和影响范围。微博的主体的字数限制为140个字，这就要求人们对于信息进行精简和准确的表达。人们通过对于关注对象的选择来个性化地定制自己的信息源，在帮助微博用户精准获取信息的同时降低了筛选信息的成本。同时，多样化的信息形式也使得人们可以更加随意地表达自己的想法，人们可以在微博上发布文字、图片、地址信息、视频等内容。

第二，所有的微博用户都成为了事件的见证人、参与者和评价者。这个过程使得所有的用户可以参与和表达自己的想法从而影响事件和公众。在微博上，任何时间、任何地点和任何人都可以发布微博内容。微博大大降低了公众发表看法的门槛，这个潮流被称作是"大麦克时代"，意思是人人都可以在微博上喊出自己的"声音"。

第三，每个人都可以在微博平台上个性化地定制自己的信息源。在信息爆炸时代，随之增长的是人们信息过滤和处理的成本，"关注"和"转发"这两个关键功能使得人们可以在微博上建立自己的信息源和传播观点和信息的平台。利用"关注"这个功能，微博可以自行更新重组信息流。而"转发"这个过程是信息再组织、再创造和信息增值的过程。实际上，转发功能是微博信息传播的精华部分。转发可以对信息主体表达赞同、反对和进行讨论。在微博上一个又一个的讨论的热潮就是在网友成百上千次的转发中制造出来的。

第四，意见领袖在信息传播中起到了扩大信息、再传播的作用。当意见领袖们收到信息，再加上自己的看法转发给他们上百万的粉丝的时候，信息传播圈被重新塑造形成了新的"蒲公英"形状进行扩散，此时的意见领袖就作为新的信息源不断地扩大着信息本体的影响力。在"郭美美与红十字会事件"中，意见领袖就扮演着信息传播的重要角色。

上述单贴微博传播图中，每一点代表参与传播的一名微博用户，任意两点之间的一条线段代表一次转发。

根据复旦大学发布的"中国微博意见领袖报告"对于100位意见领袖的评估来看，其中有91%的意见领袖为男性；如果根据职业划分的话，意见领袖可以分为：媒体人（33人）、学者（26人）、作家（20）、商人（17人）。其中，商人和学者在这几个群体中是较受欢迎的。如果将意见领袖的各项特征求平均值的话，我们可以简单地得到一个典型的中国微博意见领袖的形象：一个中年的、成功的社会精英，如表1—11所示。

表1—11　典型意见领袖主要特性

性别	平均年龄	职业	每人平均发微博数量	每条微博被转发平均次数	每条微博平均被评论次数	平均粉丝数
男	47.5	商人或学者	5.8	478.8	273.1	979,427.1

资料来源：复旦大学，中国意见领袖报告。

根据这个报告可以发现这些意见领袖经历过中国过去30年的重要变化。因为其中39%的人出生在60年代，33%的人出生在70年代而18%的人出生在50年代，这三个阶段的人多亲历中国的"文革"时期和经济腾飞。他们对于政治经济的变化和公共事件更愿意评论，也更有对公众发表自己看法的兴趣。

第五，中国改革开放30年以来，海外华人的数量已经达到了空前的水平，海外的微博用户也对中国的社会和政治有了新的认识和解读。这些在海外生活或是留学的中国人通过微博表达自己对于中国社会和政治新的看法。在信息源方面，这些海外华人逃脱了政治敏感词和媒体的审查和检索，也成为一种无形的对抗力量。根据海外华人2011年研究报告显示，在改革开放以来的过去30年中，中国的海外移民数量高达450万人，居全球首位。同时，近几年的中国留学生也呈现了爆发式增长的趋势，如图1—8所示，中国2011年留美的学生数量已经是五年前的2倍多。这些中青年学生和白领也正是微博用户的主要群体，他们的思想和看法在一定程度上为微博注入了更加鲜活的血液。

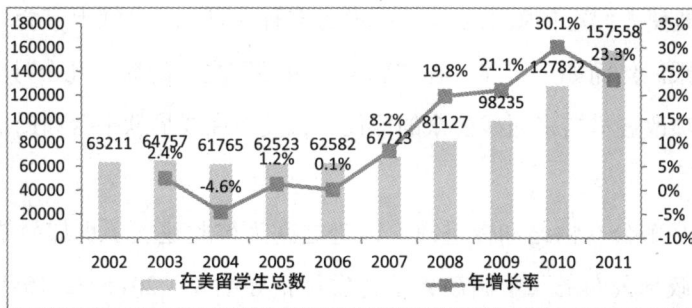

图1—8　2002—2011年中国留美学生增长率

资料来源: The Open Doors report by the Institute of International Education, the leading not-for-profit educational and cultural exchange organization in the United States [1]。

4. 微博是政府的双刃剑

互联网，特别是微博，对于政府来说是一把双刃剑。一方面，在全球化的浪潮下，政府对于互联网管制的能力是有限的，网民通过自己的方式与政府的信息审查和管制进行博弈。而在另一方面，政府可以利用微博来进行社会管理、公众监督以及治理官员的不法行为。信息技术已经在推动政府监管上发挥了作用，并在进一步加强它的合法性。

互联网为公共参与和推动社会进步提供了一个平台。它具有巨大的社会价值和潜力而被公众所拥戴。在之前的两个案例中，政府官员不得不改变自己的态度和处理方式来安抚网络上人们的气愤与质疑。所有问题都面临着空前地被公众共

1　http://www.iie.org/en/Who-We-Are/News-and-Events/Press-Center/Press-Releases/2011/2011-11-14-Open-Doors-International-Students, accessed 15 May 2012.

同讨论的情况。这种在微博上强大的讨论集结成了一种力量来推进政府的改革和进步。

政府和社会在微博上的互动并不是一个零和游戏。例如在"郭美美与红十字会事件"中，红十字会就面临着自在中国成立以来最大的一次信任危机。在此次丑闻之前，即使人们对捐款用途和透明度有多种质疑，来自红十字会的改进和回应却非常有限。然而如上所述，在"郭美美事件"之后的短短几个月中，红十字会做出了多项改进举措来赢回公众的信任，如发布在线捐款平台和邀请第三方审计机构。

微博在纾解公众情绪和促进政府改进之间为彼此建立了更加简便的沟通平台。中国民政部公布的《中国慈善事业发展指导纲要（2011—2015 年）》指出，未来五年，中国将建立和完善以慈善业务年审为主要手段的监管制度，重点加强对公益慈善类组织的信息披露、财务报表和重大活动的监管，以确保慈善事业的公开透明之原则。值得关注的是，民政部门鼓励慈善组织利用互联网及时披露捐赠信息[1]。

政务微博同时也是一个政府与民众最直接沟通的方式。根据"2011 年政务微博调查报告"显示，通过认证的中国政府的微博在 2011 年年底达到了50,561 个，年增长率达到了 776.58%。政府在面临特大事件和危机的时候，微博成为了一个快速和民众沟通的管道。2011 年 9 月 27 日的上海地铁事故在微博处理方面就是一个好的例子。如图 1—9 所示，在事故发生的前两个小时内，网友在微博上展开了激烈的讨论，随后的上海地铁官方微博对事故处理进行了微博直播同时也对此表达了歉意。这个在微博上向公众致歉的行为受到了众多网友的赞赏。

1　民政部今日发布《中国慈善事业发展指导纲要（2011—2015 年）》，http://www.mca.gov.cn/article/zwgk/mzyw/201107/20110700167556.shtml，访问于 2012 年 6 月 10 日。

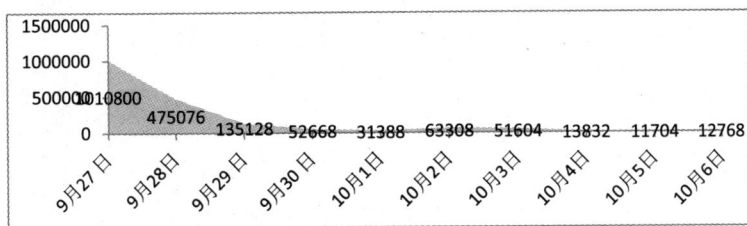

图1—9　上海地铁事故微博信息数量统计

资料来源：2011年新浪政务微博评估报告。

第二章

信息时代的生产力

第一节　人类社会正在进入以信息生产力为标志的新阶段

上个世纪70年代以来，世界信息化浪潮走过了以信息交流和信息内容为标志的两个重要阶段，随着云计算、物联网的出现，信息化的第三次浪潮扑面而来。人们将利用信息传感网络和分布控制系统，直接为生产与生活提供全景式的服务，使人类社会进入以信息生产力为主要标志的新阶段。

一、全球信息化浪潮的三个阶段

二百多年前，最初的蒸汽机只作为"用火提水"的演示模型出现，后来瓦特在纽克门蒸汽机模型基础上对其加以改进，才使它进入纺织、造船等生产领域，带来了第一次产业革命。一百多年前，电的发明也长期作为新奇的声光演示工具，后来发电机、电动机的出现，才使电能进入生产力领域，带来了第二次产业革命。

信息技术源于一百年前的电气通信，主要用于人际交往。1975年以后，出现一个"C&C革命"的口号，主要内容是通信（Communication）与计算机（Computer）的融合。这是第一次信息化浪潮。那时候虽然单个计算机在科学运算、辅助工业设计领域有所应用，但是并未改变生产流程和方式，也未达到普及化的程度，人们对信息化的认识和关注，主要还是集中在人与人之间的信息交往和交流的信息渠道的功能方面。其典型代表就是电子邮件带来的技术人员之间的交流。

大约1995年以后，互联网的普及使信息化进入以内容搜索为主要功能的新媒体阶段，形成信息化的第二次浪潮，也称为3C革命：通信、计算机与内容（Content）。主导业务是信息内容服务，其主要标志之一，就是今天大家普遍重视的新媒体行业。

2008年以后，云计算、物联网的出现，正在形成信息化的第三次浪潮，人们利用信息传感网络和分布控制系统，直接为生产与生活提供全景式的服务，从而使信息化的步伐进入以信息生产力为主要标志的新时代。

二、信息生产力的内涵与外延

经典理论认为，社会生产力是由劳动者、劳动工具和劳动对象三要素组成。也有学者提出过两要素理论和多要素理论（柯布－道格拉斯生产函数以及变异生产函数模型），比如资本要素、劳动要素；还有科技要素、管理要素、制度要素、组织要素、文化要素等等。我们认为目前形形色色的生产力要素理论均难以取代经典理论，只要详细分析诸多要素属性就会发现，它们不过是三要素中某个要素的子集。本书所讲的信息生产力不是单一（比如经济信息）要素或者某个要素的子集，而是针对传统工业生产力而言，是整个社会生产力进入一个崭新阶段的标志，也是当代最活跃、最重要、更加社会化的核心生产力体系。

信息生产力主要是由信息或知识劳动者，信息技术和信息（处理、传输、监测、协调、控制、管理）网络，以及适应各行各业生产、服务和人们生活需要的信息资源形成的新型的、社会化的生产能力。它与现代能源、材料和机械系统密切结合组成信息时代的生产力。

马克思早就指出过："各种经济时代的区别，不在于生产什么，而在于怎样生产，用什么劳动资料生产。"[1]"手推磨产生的是封建主为首的社会，蒸汽磨产生的是工业资本家为首的社会。"[2]我们认为，"网络之磨"产生的将是以知识劳动者为主体的新型中产社会[3]。

---

1 《马克思恩格斯全集》第23卷，人民出版社，1957年，204页。

2 《马克思恩格斯选集》第1卷，人民出版社，1972年版。

3 杨培芳：《网络钟型社会》，商务印书馆，2011年。

农业社会人们直接使用镰刀斧头生产；工业社会人们操纵机器生产；进入信息社会，50%以上的劳动者利用信息和知识，通过互联网以信息服务方式从事生产。他们不但生产了空前丰富的粮食、机器等传统的实物产品，也为人类社会提供着空前丰富的精神产品和日益多样化的服务，这不是理论的想象，而是我们今天在许多发达国家和地区已经见到的客观现实。

三、信息生产力与信息化、信息社会密切关联

信息化是个过程。所谓信息化，是指在现代信息技术广泛普及和应用的基础上，人类社会的各个领域发生深刻的、全面的变革，通过对信息资源的有效开发和科学利用，导致各种社会活动的效率和水平空前提高，从而使人类进入一个全新的、具有更高的物质文明和精神文明的历史阶段的过程。

信息生产力是推动信息化实现信息社会的引擎。它是指信息或知识劳动者，信息技术和信息处理、传递、监测协调、控制管理网络，以及适应各行各业生产、服务需求的信息资源形成的新型的、社会化的生产能力。

信息社会是一种新的社会形态。信息化的过程就是信息生产力逐步成长和发挥作用的过程。信息化进程的结果将使人类社会进入全新的历史阶段，使人类的物质文明和精神文明提升到一个新的高度，这就是世界公认的信息社会。

四、信息生产力将导致生产方式的重大变革

信息生产力的发展促进了社会分工的精细化，一个值得注意的重要发展方向就是生产中的许多服务环节从物质生产流程中被分离出来，形成值得关注的服务外包趋势。这样一来，传统的生产流程、管理方式、劳资关系都将发生根本性的变化。

农业时代的生产力适应分散的小农生产方式，工业时代的生产力适应大机器集中化的生产方式，而信息时代的生产力则适应分布式、网络协同生产方式。在计算机单机应用的阶段，自动化设备只替换了个别生产工位和生产环节，基本上仍属于工业时代的生产方式；只有网络化才能彻底改变生产流程和组织形态，导致与传统

的农业、工业生产力完全不同的新型的、网络化的、智能化生产方式的出现。

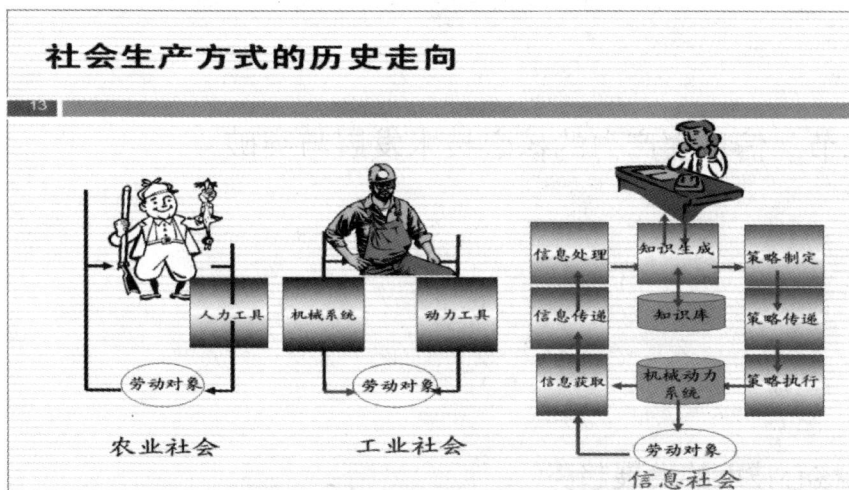

图2—1 信息化的高级阶段：生产方式智能化

人类劳动从低级到高级分为纯粹力学式、位置移动式、机械操作式、信息操作式和智能创造式。过去人类从事的大量力学式劳动现在几乎绝迹。进入信息生产力阶段以后，位置移动和机械操作式劳动也将被信息操作和智能创造式劳动代替，更为重要的是，从工农业产品制造的业态中分离出一个强大的生产型信息服务业。

早在20世纪70年代中期，美国哈佛大学社会学教授丹尼尔·贝尔就发现，人类社会的经济形态正在由直接商品生产向信息服务演变。由于两种经济形态之间存在许多原则差异，将会导致许多新的经济问题甚至社会冲突的产生。最核心的一个经济问题是，人们无法用传统市场条件来衡量信息服务的价值，更没有现成的、已经成熟的合理配置信息资源的机制。另一个严重的问题是随着人们之间的关联域的扩展，社会需要做出的是一种公共决策，它并不等同于个人决策的简单总和，正如一辆辆汽车聚在一起会造成交通阻塞一样，看似理性的个人决策加到一起将可能是一场噩梦。

面对生产方式的重大变革，我们必须要有更清醒的认识和对策。在进入新型信息生产力阶段的关键时刻，必须认真总结过去信息化的经验和教训，发挥我国潜在的社会文化优势和巨大的市场规模优势，再次抓住跨越发展的历史机会。

第二节 信息生产力的核心技术发展与突破

一、核心技术的发展趋势

当前，信息生产力的核心技术主要集中在信息网络的技术领域。信息存储和处理技术（包括计算机的基本原理和结构、存储技术的微电子基础、软件的逻辑和数学基础等）虽然也很重要，但也需要靠网络和应用来拉动发展。近年来的重要突破和发展集中在信息传输和交换网络技术上，这就是网络成为当今热点的根本原因。信息传递离不开网络，信息采集离不开网络，信息搜索离不开网络，复杂系统中远距离的信息监测和信息调节控制更离不开网络。因此可以说，在今天，网络技术的发展方向代表了核心信息生产力的发展方向。这句话更深一层的含义是，信息生产力从本质上说是网络化的生产力。事实上计算机单机应用，只是替换了个别生产工位和生产环节，从总体上来看这仍然属于工业生产力的组织形态。而网络化则将彻底改变生产流程、组织形态和经营理念，使得信息时代具备与工业时代完全不同的许多新的经济特征。信息网络技术发展呈现出以下四个趋势：

1. 核心网络全光纤化

二十年以前，业界曾普遍认为，光导纤维只适用于中短距离通信，长距离的、跨洲越洋的通信适合使用卫星无线通信的方式。后来人们很快发现，光导纤维适合地球上任何距离和容量要求的通信活动，而卫星只适合特殊环境和特殊情况下的通信活动（比如海事活动、太空活动）。随着无源光通信技术的突破，全光纤网络已经成为核心传输网的发展方向。全光网络将使信息传输能力大大提高，宽带成本更为低廉。

2. 交换平台云服务化

交换平台云服务化包括传输设施管理平台云服务、软件平台云服务、数据平台云服务、应用平台云服务，而云服务的真髓就是使各种各样的网络资源实现服务化和共享化。

3. 接入方式多元化

这包括 FTTH（光纤到户）、3G 和 4G（IMT-advanced 技术），WI-FI（现时流行的无线接入技术）、WIMAX（全球微波互联接入）、蓝牙（支持设备短距离通信的无线技术），UWB（超宽带无线技术），5.8G（固定无线宽带），卫星接入等多种接入方式以满足全方位、多领域的需求。近期接入方式仍然以 FTTH 和 3G、4G 为主，但是随着信息技术向更广泛的生产、生活领域延伸，需求的多样化和多元化，将促使接入方式也朝着多样化、多元化方向发展。

4. 信息终端简易化

世界各国最早的电信终端就是一台最简单的黑色电话机，较为复杂的信号处理功能均由传输设备和交换设备来完成。到计算机与通信的融合阶段，计算机界专家发现计算机终端几乎可以完成除传输之外的所有信息处理功能，网络只剩下透明光纤通道。他们把这叫作"网络透明化、终端复杂化"的趋势，甚至有专家主张用复杂巨终端把可能有用的信息都存储下来，需要的时候只从本机存储器中提取，以节省传输成本。

然而光纤技术已使传输成本几乎降到免费的程度，随着云服务技术的拓展，终端由智能化到简易化又成为最新取向，复杂的网络功能将由分布在任意地域的各类云服务中心完成，终端可能就是一个显示器。这就进一步催生出细分小众市场和细分功能市场。网络家庭、位置服务、电子标签（RFID）、远程测控等形形色色的简易终端将满足社会民生日益个性化、人性化的需求。

二、云服务、物联网技术面临重大突破

互联网最近十余年的迅速发展，已经能够使很多信息服务变成云服务。云服务的核心理念就是无边界的信息资源共享。只要打开搜索引擎，你就能找到遍布世界的互联网信息；只要打开淘宝，订购需要的商品，这（些）商品很快就会送到你的手里；打开 QQ 或 MSN 就有可能联系到任何网民。这都是云服务的早期应用。将来你的电脑的硬盘上可能是一片空白，但只要能上网，你就能拥有整个世界。

当前的云服务有面向全社会开放的公有云和仅供公司内部使用的私有云。为了提高效率、减少重复建设，私有云宜采用虚拟方式，就像人们在银行租用保险箱一样，它比放在家里的保险柜更安全。

IT 构架也分为很多层级，处在最底层的是硬件和网络，之上是操作系统和中间件，应用软件和浏览器是更高的一层，而各个网站存放的内容，位于 IT 构架的顶层。目前，下面几层，如基础核心网、数据平台、应用软件已经实现了不同程度的"云服务"构架，甚至已经涉及 CPU、存储层的网格计算。将来的电脑可以根本不需要主机箱，所有的应用都放在云端，终端将只需要一台显示器，或者就是一部简单的手机。

云服务的意义，一是让人们集中精力做他们最擅长做的东西，帮助提升企业的业务。二是通过共享网络信息资源，大量节约成本，为企业省钱而不是烧钱。

IT、软件、互联网都是在新一轮分工中出现的新兴产业。进入云服务时代，它们将变为像水、电、煤气一样的公共基础设施，IT 业自身也在新分工中进一步提升了自身效率。目前，许多跨国企业正在将互联网资源整合为可以弹性调用的基础资源，使普通用户使用网络资源时，能够感受到信息正在成为水、电和煤

气一样须臾不可或缺的生存元素。

物联网是进入新世纪以后形成的另一个新概念。它是互联网技术应用领域的重要延伸，是一个基于互联网、传统电信网等信息承载体，让所有能够被独立寻址的普通物理对象实现互联互通的网络。它具有普通对象设备化、自治终端互联化和普适服务智能化三个重要特征。

物联网是将无处不在（Ubiquitous）的末端设备（Devices）和设施（Facilities），包括具备"内在智能"的传感器、移动终端、工业系统、楼控系统、家庭智能设施、视频监控系统等和"外在使能"（Enabled），如贴上电子标签的各种资产（Assets）、携带无线终端的个人与车辆等"智能化物件或动物"或"智能尘埃"（Mote），实现互联互通。物联网可以通过云计算的 SaaS（软件即服务）营运模式，提供安全可控、个性化的实时在线监测、定位追溯、报警联动、调度指挥、预案管理、远程控制、安全防范、远程维保、在线升级、统计报表、决策支持、领导桌面展示等管理和服务功能，实现对"万物"的"高效、节能、安全、环保"的"管、控、营"一体化。

目前的物联网在绿色农业、工业监控、公共安全、城市管理、远程医疗、智能家居、智能交通和环境监测等各个行业均有应用的尝试，在某些行业已经积累了一些成功的案例，值得认真研究和总结。

物联网和云服务开启了信息通信技术直接为生产服务、形成新型生产力的闸门，它代表着信息化浪潮的第三个重要阶段的到来。值得珍惜的是，我国在这个阶段起步并不算晚，关键在于我们的社会认知和国家政策，能不能适应这种新型生产力的发展规律，从而抓住历史机遇，顺应历史潮流，得到最大的效益。

三、国外云服务、物联网发展状况

早在20世纪60年代麦卡锡（John McCarthy）就提出了把计算能力作为一种像水和电一样的公用事业提供给用户。亚马逊（Amazon.com）于2007年向开发者开放了名为"弹性计算机云"的服务，让小软件公司可以按需购买亚马逊数据中心的处理能力。收费项目包括存储服务器、带宽、CPU 资源以及月租费。月租费与电话月租费类似，存储服务器、带宽按容量收费，CPU 根据时长（小时）运算量收费。不到两年时间 Amazon 上的注册开发人员达44万人，与云计算相关的业务收入已达1亿美元。云计算已成为 Amazon 增长最快的业务之一。

谷歌（Google）是最大的云计算的使用者。谷歌于2007年10月在全球宣布了云计划，谷歌与 IBM 开展雄心勃勃的合作，要把全球多所大学纳入"云计算"中。谷歌搜索引擎基于分布在200多个地点的超过100万台服务器，这些设施的数量正在迅猛增长。谷歌地球、地图、Gmail、Docs 等也同样使用了这些基础设施。采用 Google Docs 之类的应用，用户数据会保存在互联网上的某个位置，可以通过任何一个与互联网相连的系统十分便利地访问这些数据。目前，谷歌已经允许第三方在谷歌的云计算中通过 Google App Engine 运行大型并行应用程序。

IBM 在2007年11月推出了"改变游戏规则"的"蓝云"计算平台，为客户带来即买即用的云计算平台。它包括一系列的自动化、自我管理和自我修复的虚拟化云计算软件，使来自全球的应用可以访问分布式的大型服务器池，使得数据中心在类似于互联网的环境下运行计算。IBM 正在与17个欧洲组织合作开展云计算项目。欧盟提供了1.7亿欧元作为部分资金。该计划名为 RESERVOIR，以"无障碍的资源和服务虚拟化"为口号。2008年8月，IBM 宣布将投资约4亿美元用于其设在北卡罗来纳州和日本东京的云计算数据中心改造。IBM 计划在2009年在10个国家投资3亿美元建立13个云计算中心。

微软于2008年10月推出了 Windows Azure 操作系统。Azure（译为"蓝天"）是继 Windows 取代 DOS 之后，微软的又一次颠覆性转型。这一系统通过在互联网架构上打造新的云计算平台，让 Windows 真正由 PC 延伸到"蓝天"上。微软拥有全世界数以亿计的 Windows 用户桌面和浏览器，现在它将它们连接到"蓝天"上。Azure 的底层是微软全球基础服务系统，由遍布全球的第四代数据中心构成。

云计算的标准正在国外迅速发展。目前最典型的两个云标准就是 OVF（Open

Virtualization Format）和 vCloud API。OVF 是 Virtual Machine Ware 领导业界厂商一起提交，经过 DMTF 分布式管理任务组核准的业界云负载标准。今天 VMware 的管理软件包都开始通过这个格式进行发布，而且越来越多的软件开始走上 OVF 的格式标准。vCloud API 也是 VMware 和众多厂商提交 DMTF 标准委员会的一个云访问控制 API 标准，相信不久也会获得核准，成为业界云开发接口标准。

物联网产业在智能交通、公共安全、重要区域防入侵、环保、电力安全、平安家居、健康监测等诸多领域已具备可观的市场规模。据国外分析报告，2007 年物联网产业的全球市场规模已达到 700 亿美元，2008 年达到 780 亿美元，2012 年超过 1,400 亿美元，年增长率接近 20%。其中，微加速度计、压力传感器、微镜、气体传感器、微陀螺等器件也已在汽车、手机、电子游戏、生物医疗、传感网络等消费领域得到广泛应用。大量成熟技术和产品的诞生为物联网大规模应用奠定了基础。

西方发达国家对物联网高度重视，并将其作为未来发展的重要内容。美国将微纳传感技术列为在促进经济繁荣和保障国防安全两方面至关重要的技术。以物联网应用为核心的"智慧地球"计划也得到了奥巴马政府的积极回应和支持，其经济刺激方案将投资 110 亿美元用于智能电网及相关项目。欧盟 2009 年 6 月制订并公布了涵盖标准化、研究项目、试点工程、管理机制和国际对话在内的十四点行动计划。日本的 U-Japan 计划将物联网作为四项重点战略之一。韩国的 IT839 战略将泛在物联网 USN 作为三大基础建设之一，其中的 U-Life 计划的目标更是要在 2014 年建成松岛泛在城市，投资约 250 亿美元。同时还有新加坡的"下一代 I-Hub"计划、中国台湾的 U-Taiwan 计划等，都将物联网作为当前发展的重要战略目标。

第三节 我国信息生产力发展的历史机遇

我国云服务和物联网起步并不太晚。2008年初，IBM 与无锡市政府就合作建立了无锡软件园云计算中心，开始了云计算在中国的商业应用。2008年7月份瑞星推出了"云安全"计划。2009年，VMware 在中国召开的 vForum 用户大会，第一次将开放云计算的概念带入中国。而 VMware 在北京清华园的研发中心，也如火如荼地进行着云计算核心技术的研发和布阵。

2010年10月18日发布的《国务院关于加快培育和发展战略性新兴产业的决定》中，将云计算定位为"十二五"战略性新兴产业之一。同时，工信部、发改委联合印发《关于做好云计算服务创新发展试点示范工作的通知》，确定在北京、上海、深圳、杭州、无锡等五个城市先行开展云计算服务创新发展试点示范工作。

大家最担心云的安全问题。其实如果从局部云或者私有云起步，安全问题就可以比较轻松地得到解决，因为访问本身就是处于严格监管之下的，而整个流程也都处于传统安全手段的可靠控制之下。所以，在政府构建政府云、企业构建内部私有云的过程中，尽可以大胆放心地往前走。当然，对于构建大范围公有云，政府相关部门也必须加紧立法，以确保云计算对全社会的安全，因为信息的开放与监管不只是技术问题，还需要通过法律的层面提供保障。

云计算是整个 IT 行业的一次重整，这是中国从 IT 大国走向 IT 强国的一个历史机遇。我们要紧紧抓住这次机遇。政府要通过政策保驾护航，同时所有的

IT 从业人员必须共同努力，为中国 IT 在新的历史时期创造辉煌贡献力量。

我国在物联网发展方面起步也比较早，技术和标准发展与国际基本同步。国家自然科学基金、"863"、"973" 等都对物联网产业给予了较多的支持，《国家中长期科技发展规划纲要（2006—2020）》在重大专项、优先主题、前沿技术三个层面均将传感网的内容列入其中。正在实施的国家科技重大专项也将无线传感网作为主要方向之一，对若干关键技术领域与重要应用领域给予支持。

我国在传感器、通信、网络等方面拥有众多自主知识产权产品和专利，与国外基本处于同一起跑线。

随着云服务和物联网应用的拓展，知识化、协作化、软件化、服务化、共享化的信息经济特征愈加明显。可喜的是我国并没有盲目跟随国外，而是面向国家重大战略和应用需求，用强大的社会需求带动基础标准、系统集成、应用开发、关键技术和测试评估等方面的研究，形成了以应用为牵引的特色发展路线，使我国在该领域占领系统创新、协同服务、基础标准等价值链的高端市场成为可能。

由于历史和文化原因，我国精细加工能力和材料提纯能力长期落后。这已经成为工业制造领域的致命伤。但是我国芯片设计能力和系统集成能力并不落后，软件人才和队伍并不落后。一旦我们学会利用独有的智力资源优势和最大的市场空间，一定能够在信息生产力平台上创造出前所未有的人类奇迹来。

在农村社会化服务体系中，无论是种子、农药、机耕、灌溉等专业生产服务公司，还是各类农用物资、产品的购销服务公司都越来越离不开社会化信息网络这个重要支撑条件。

在工业企业集团化的发展中，信息通信将渗透到生产过程的协调、监测、控制各个环节。零库存生产是任何一个工业企业追求的重要目标，不仅需要在企业集团内部进行有效的生产和调度，更需要及时掌握各种社会信息以便对实时变化的市场情况做出反应。

在现代服务业领域，对信息网络的依赖程度本来就高于工农业生产领域。各类交通运输体系越来越要求在路况透明的情况下运行。计算机定位和汽车漫游信息网络服务可以在最大程度上减少车辆空返，客运定座和客房预约系统必须延伸到居民家庭才能发挥应有的效率。

电子商务可把用户需要的商品送进家门，并通过手机网络付账。科研设计工作者可坐在家里访问各种知识库、方法库和数据库，真正站在巨人肩上进行科学的再创造。居民生活中的房租费、水电费和煤气费以及电话费、有线电视费等经常性开支，都可通过信息网络支付。远程教育可使海南岛的培训班与清华大学实现同步授课。远程医疗可使身处穷乡僻壤的患者享用一流的诊断服务。

人类处于工业生产力向信息生产力转型过程之中，竞争的焦点已经从硬件转向软件，从单机技术转向网络集成，从加工生产转向应用服务。我国拥有雄厚的智力资源和优秀的软件后备大军，同时拥有13亿人口由温饱向全面小康社会过渡的巨大市场，更重要的是，我国长期积淀了更适合信息共享、协作共赢的社会文化。一旦运用信息生产力阶段的后发优势，把握千载难逢的历史机遇，促使世界经济重心再次向东方转移将是完全可能的。

第三章

信息时代的信息网络发展战略

第一节　信息网络政策已上升到全社会公共政策的核心

一、来自信息通信技术的挑战

我们看到，人类通信在不到一代人的时间里发生了翻天覆地的变化。我们正在目睹着信息通信技术带给我们人类，带给社会、经济、文化的巨大的、根本性的变化。改变通信世界的最大力量是与媒体的融合，以及不断扩大的广泛连接、互动性，这一切为监管者带了挑战。通信网络、媒体和终端正融合和扩散为普遍性的大众传播工具；过去垂直分享信息的模式已被水平扩散和传播模式所替代；人与人，人与物，物与物已逐步通过网络互联；互联网、物联网已成为广泛的行业应用；互联网进入 Web 3.0 时代，社交网站是最受欢迎的应用。

信息时代带给了人类无限的可以去认知新的事物，去利用信息与通信的力量。但在我们享受 ICT 革命带来社会巨大效用的同时，也不得不面对这样的事实，我们对新的技术不熟悉，面临新的挑战。这些新的技术存在着被负面恶意利用的可能性，并带来防范与管理的巨大成本。在这样的环境里，通信监管也将从根本上改变，从而帮助我们去实现以信息通信技术为先导的宏伟的发展目标。ICT 革命意味着发重新认识监管和创建新的制度。

二、各国围绕新一代信息技术产业的战略布局全面展开

人类已经进入以信息生产力为主要标志的新时代。各国围绕新一代信息技术

产业的战略布局全面展开，纷纷制定出台国家战略、行动计划和实施政策。加强对新一代信息技术产业关键环节与关键领域的掌控：宽带、云计算、物联网等被纳入各自国家布局。围绕网络空间呈现的全球化竞争态势的国际竞争愈演愈烈。

一百多个国家或经济体发布国家宽带战略或行动计划。一些发达国家将此政策作为其经济复苏计划的一部分，以刺激投资与就业。其他政府将此纳入发展信息社会的综合策略之中，将普遍接入延伸至 ICT。国际电联五分之一的成员国将宽带纳入普遍接入政策中。2011 年，联合国提出了全新的全球宽带政策目标，推动各国监管机构为实现全球宽带发展目标承担责任：到 2015 年，所有国家都应有国家宽带计划或战略，或者把宽带纳入其普遍接入和服务（UAS）的定义中；到 2015 年，通过足够的监管和市场力量，使发展中国家的百姓能够负担得起入门级的宽带服务。

三、信息通信技术彻底改变了网络监管原有的地位与作用

随着 ICT 技术融合性与泛在性的延伸、宽带与互联网的广泛应用、信息生产力的强大作用，以及开始向网络空间转移的国家利益，网络成为国家经济、社会、国家安全的重要组成部分，这一切导致网络政策已经成为目前公共政策的核心。网络监管机构的作用已经上升到公共政策的神经中枢。各种政治力量对此高度关注。换言之，信息社会彻底改变了网络监管和网络政策原有的地位与作用。

四、监管机构正在扩大监管作用以促进信息社会发展

网络监管压力与日俱增。任何服务中断，内容问题或诈骗，网上争议等都易激发公众对运营商的不满，监管机构的重要性获得前所未有的强调，监管机构面临前成未有的挑战。

面对这些，网络监管机构正在扩大其在引导与管理信息社会发展中的若干监管领域作用。包括：促进宽带部署与规划频谱；合理管辖和监管状态；竞争和反

垄断监管；开放接入和"网络中立性"；消费者保护和个人信息保护；网络安全与数字内容监管。在过去，网络监管的主要目标是促进市场竞争与保护消费者权益。随着宽带与互联网的发展，网络监管正在扩大监管的领域与职能。如用户权益保护，增加了网络环境下的用户权益保护；网络安全既包括电信网、广电网，也包括互联网的网络安全；由于大量的网络内容，数字版权的争议也成为重要的工作；过去，网络监管重点关注基础电信运营商和广电运营商，而目前的监管已经涉及全产业链。

网络监管增加了许多新的职能。其中，最重要的是增加了发展职能，如推动全社会宽带建设与规划频谱，这是一项重要的基础网络设施的发展政策；网络的重要性与可能产生的负面性导致对网络与信息安全、个人信息安全、知识产权的管理加大，甚至一些网络监管机构还增加了环境保护方面的相关职能。

除了职能与领域增加外，网络监管方式也在逐步调整。监管机构需要考虑是否要建立行业前瞻性监管（事先监管），以防止垄断和促进竞争；或建立或依赖于竞争法来纠正具体的反竞争行为（事后监管）。鉴于技术的飞速进步以及人们对竞争价值认识的提高，政策制定者越来越多地应用事后监管规则以促进创新性市场的形成，同时针对具体的市场问题，特别是宽带物理层的问题，有目的地实施事先监管规则。

监管手段在不断完善，监管能力在不断提升。网络安全监管对传统监管方式和刑事处罚方式构成挑战，多国正在制定网络安全的法律和监管框架。网络犯罪行为超越了国界并对多个行业和部门构成影响。互联网的扩散性和全球性要求国际利益攸关方在内的各方须协调一致应对网络安全和网络犯罪。由于网络犯罪源于日新月异的技术使用，负责打击网络犯罪的部门必须保持足够的敏锐性以适应迅速的变化。互联网改变旧有的政府、企业和民间团体间的职责分工。网络安全监管要以利益攸关多方参与为基础，形成打击网络犯罪的生态系统。可由国家和公共部门、企业、民间团体和个人，以及区域性和国际组织来共同承担上述任务。监管机构的传统作用在发生变化，从集中的打击网络犯罪的监管模式走向更灵活和平面化的组织形式。

五、网络监管正处在一个艰难的过渡期

网络监管机构由于承担构建全社会信息基础设施的发展职能与网络安全的国家利益，其重要性得到凸显。这导致网络监管的作用范围在增加，监管机构需要融合。又由于互联网的复杂性与泛在性，呼唤监管手段的多样性与监管机构间的协同性。

今天，旧的电信和广电监管体制仍在维系，新的体制机制法律没有形成，而对不断涌现的新问题又需要加强管理，因此，网络监管处在一个艰难的过渡期，责任更大，处境更难，需要更多的努力。

第二节　美国的系列信息网络发展战略

美国政府历来十分重视信息通信技术的创新与应用。从克林顿总统1992年在国情咨文中提出"信息高速公路"以来，美国多次发布有关信息网络发展的国家战略文件。金融危机以来，国际政治经济格局深刻变化，美国宽带网络明显落后。他们发现，"同荷兰、新西兰、英国等其他10个可比国家相比，在度量信息技术应用的每个指标中，美国排名都几乎处于后半数国家之中。"[1]将近1亿的美国人家中没有宽带。1,400万美国人不能接入可以支持现在和未来应用的宽带基础设施。1,000万以上的学龄儿童不能在家接入宽带。仍有数百万美国人不具备使用互联网必需的技能。

美国为确保继续掌控经济、科技、竞争的制高点，重塑并强化其国家综合优势和全球领导地位，将信息通信技术的发展和应用作为其实现产业复苏扩张、技术创新突破、经济发展转型和社会持续繁荣的重要基石，出台了一系列国家战略、行动计划和政策举措，以加速推进信息通信技术的发展和应用。我们将重点介绍其中的三个重要文件。这些文件从不同侧面反映了美国政府对于信息化发展进入新阶段的高度重视。这三个文件是：

1）"美国网络空间国际战略——繁荣、安全、可靠的网络空间"2011年12

1　"美国国家宽带计划"，2010年3月发布。

月。这是国际战略,以下简称"国际战略"。

2)"美国国家宽带计划"2010年3月。这是关于网络基础设施建设、应用和治理的战略,以下简称"宽带计划"。

3)"美国国家创新战略——确保经济增长和繁荣"2009年9月。这是关于鼓励和推进创新的战略,以下简称"创新战略"。

这三个文件都以提升网络水平、提高劳动者素质为重要内容。这表明,美国政府已经把提升信息生产力的议题,作为保持和加强国家竞争力的战略看待。下面摘录主要内容和核心观点,加以分析与评述。

一、美国国家信息战略的目标与措施

奥巴马总统把应对网络空间安全的战略提高到关乎美国生死存亡的高度来加以强调:"互联网已经被普通大众所广泛运用,时至今日,美国面临一个关键的抉择。要么携手努力,为了日后的繁荣和安全而激发潜能,共同应对困难;要么就屈从于狭小利益,止步不前,忍受痛楚。"我们可以这样理解,面对信息化进程的深入,面对互联网的不可阻挡的潮流,任何一个国家都正站在一个十字路口。在这个关键时刻,是否能够做出正确的战略抉择,将关系到国家未来的发展前途和根本利益。

1. 美国网络空间国际战略分析

美国《网络空间国际战略》是美国总体国家信息战略在网络空间问题上的系统阐述,是其首次对网络空间所进行的全面深入战略部署,集中体现了美国一贯的战略思维、国家意志和核心价值观。它标志着美国对网络空间及其在国家发展和国际竞争中作用的认识上升到一个全新的高度,也昭示着未来围绕网络空间主导权的全球竞争将进入全方位、立体化和合纵连横的新时代。

(1)战略目标

文件明确地提出了"国际战略"的目标:"美国将通过国际合作,提升信息和通信基础设施的开放性、兼容性、安全性和可靠性，以支持国际贸易、国家商务往来，加强国际安全，促进言论自由和创新。为实现这些目标，我们将营造并维系这样一个环境：以行为准则指导各国行动，维系伙伴关系，并支持网络空间的法律规定。"

对于这个目标，我们可以从"基本理念、作用范围、环境营造、行为准则"四个方面去理解和剖析。首先，基本理念是"四性"：开放性、兼容性、安全性、可靠性。第二，本战略的作用范围，即要达到的目的，包括"支持国际贸易、国家商务往来，加强国际安全，促进言论自由和创新"。第三，政府的作用是营造环境，而不是直接发展网络，也不是成为直接从事创新的主体，私营部门才是主体。政府要做的事情是："营造并维系这样一个环境"。第四，所谓营造环境就是建立一系列行动准则。文件明确地说明要用这些准则"指导各国行动，维系伙伴关系，并支持网络空间的法律规定"。这些要点是值得我们注意和研究的。

（2）战略原则

那么，建立这样的网络空间的准则，有哪些具体内容呢？"国际战略"提出，除了从实物世界的现行原则中引申过来的若干原则之外，根据网络空间的需要增加了五点新的准则：一是全球兼容。各国应当行使其管理职能，以帮助确保互联网接入端到端的兼容。二是网络稳定。各国应尊重国内网络中信息的自由流通，确保不随意干扰国际互联基础设施。三是可靠接入。各国不应随意剥夺或中断个人接入互联网或其他网络。四是多方管理。互联网管理绝不能仅限于政府，还应包括所有利益相关方。五是承担保护网络安全的责任：各国应认识到保护信息基础设施和国家网络系统免遭破坏或滥用是它们的责任，并对此采取行动。可以说，这些就是美国的国家网络空间国际战略的实质和要害。

（3）经济目标

在"国际战略"中，上述目标首先被分解成三个方面的分目标：外交目标、国防目标、发展目标。其中的发展目标表述为："美国将通过双边、多边组织推动海外网络安全能力建设，以使得每个国家在保护数字基础设施、强化全球网络和建设更紧密的合作关系方面都拥有相关手段，推动建设一个开放、兼容、安全、可靠的网络。"

（4）实施策略——七个优先领域

为了实施上述目标，"国际战略"提出了七个优先领域，并且详细说明了具体的内容和要求。这一部分占据了整个"国际战略"将近一半的篇幅。包括：1）经济领域：促进国际标准化和创新，建立开放的市场体系；2）网络保护：增强安全性、可靠性和可恢复性；3）执法：扩大合作，加强法治；4）军事：准备迎接21世纪的安全挑战；5）网络治理：形成高效和包容的治理架构；6）国际发展：能力建设，安全和繁荣；7）互联网自由：支持基本自由和隐私权。

在"国际战略"的最后，文件以这样一段文字作为结束语："三十年前，很少有人认识到，被称作'互联网'的新事物将引发一场我们如何工作和生活的革命。在短暂的时期内，有数百万的人们的生计甚至生活归功于网络技术取得的进步。数十亿的人们依赖互联网来完成日常的社会活动。网络技术推动社会进步，取得了前几代人几乎想象不到的成就。就我们而言，美国将继续激发美国人民以及世界其他国家人们的想象力和创造力。我们并不清楚下一个伟大的创新究竟是什么，但我们承诺去创建一个有利于创新诞生并繁荣的环境。"

（5）美国国家网络空间战略的总体变化与战略调整

综上，"国际战略"是在继承美国网络空间长期性国策基础上为适应新时期国家总体战略变化而进行的变革调整。大体上美国网络空间政策侧重两大方面。一是抢占发展制高点和主动权，如20世纪90年代的信息高速公路、数字地球和21世纪以来的数字经济、智慧地球、国家宽带计划、联邦云计算战略等。二是确保网络空间的安全，其战略路线演进大体上可分为四个阶段：第一阶段着重保护关键信息基础设施，如1998年"关键基础设施保护政策"和2000年"关于保护信息系统的国家计划"都体现了这一思路；第二阶段上升为网络空间整体的安全保护，如2002年"国土安全国家战略规划"和2003年"网络空间安全国家战略"即是表现；第三阶段从网络空间深度防御的战略导向过渡为综合行动，以2008年"国家网络安全综合纲领"为代表，强调网络威慑、网络行动与军事威慑、军事行动相配合。本次"国际战略"是第四个发展阶段，首次将美国所有的网络空间政策整合到同一框架内，并呈现新变化：

一是战略重心由国内全面转向国内国际一体化，通过塑造国际规则和主导国际治理保证其国家安全和国际强权。

二是战略手段由侧重网络工具转向虚拟与现实一体化，强调其现实世界的普世价值观、法律规则体系在网络空间的延伸，全面利用技术、标准、资源、知识产权、国防、外交、司法等综合手段。

三是网络空间实力与现实世界能力集成为整体，网络攻防与政治、经济、外交、军事等手段紧密结合，并特别强调可动用常规武装力量打击网络攻击行为，形成线上线下相结合、相促进的国家竞争新优势。

2. 美国国家宽带战略分析

"宽带计划"既是奥巴马总统竞选时提出的重要政见，也是美国应对金融危机提出的基础设施建设计划之一，更是美国期望在因特网领域建立全球领先和垄断地位的重要举措。"宽带计划"的出台将对美国的宽带网络市场，甚至无线通信以及地面、有线和卫星电视行业发展产生深远的影响。

在"宽带计划"中是这样描述的。像一个世纪之前的电力一样，宽带是推动经济增长、创造就业、增强全球竞争力和改变生活方式的重要基础。它使创造新产业，重启已有产业的巨大机遇成为可能。它正在改变着教育孩子、提供健康医疗、管理能源、确保公共安全、管理政府、访问、组织和传播知识的方式。主要得益于私人部门投资和创新的支持，美国的宽带生态系统得到迅速发展。美国家庭宽带拥有量已经由2000年的800万增加到2009年的2亿。迅速提高的固定和移动网络使美国人通过创新设备不断获得大量有价值的应用。

但是美国的宽带远没有满足人们的需求。大约1亿美国人家中没有宽带。基于宽带的医疗信息技术将在未来几十年提高医疗水平，降低数千亿美元的成本，美国在这方面已经落后于许多先进国家。宽带为教师提供了新的教学工具，学生完成同样的课程内容只需原来时间的一半，但是目前缺乏大量可用的数字教学内容。基于宽带的智能电网能够提高能源独立性和能源效率，但是获得这些益处需要大量的数据，这些数据对于消费者、企业和企业家来说是没办法得到的。在"9·11"之后的将近十年时间里，美国的应急响应仍然缺乏一个全国范围的公共安全移动宽带通信网络，这样的网络能够提高应急响应能力及维护国土安全。

"宽带计划"主要包括了长期目标，实现路径和发展政策。

（1）长期目标

"国家宽带计划"建议国家制定以下六个目标，作为未来十年的发展指南。

第一个目标：至少1亿美国家庭将拥有负担得起的100兆实际下载速度以及50兆实际上传速度。

第二个目标：美国在移动创新方面应当领先世界，拥有最迅速和最广泛的无线网络。

第三个目标：每位美国公民都有权享有负担得起的强大宽带服务，而且如果选择这项服务，他／她应当拥有订购手段和技能。

第四个目标：美国的每个社区都应当享有至少1,000兆的负担得起的宽带服务，包括一些"锚机构"，如学校、医院和政府部门。

第五个目标：为了确保美国公民的安全，每位应急响应人员都应当能够接入全国范围的无线互操作宽带公共安全网络。

第六个目标：为了确保美国引领清洁能源经济，每个美国人都应当能够使用宽带跟踪和管理其实时能耗。

实现这六个目标有助于履行国会的授权，也能提高宽带部署和应用的经济性。尤其前两个目标将会创造世界最吸引人的宽带应用、设备和基础设施市场，确保美国的基础设施吸引领先的通信和 IT 应用、设备和技术；后四个目标同时将会确保每个美国人有机会享受宽带提供的好处，包括健康医疗、更好的教育、获得更多的经济机遇和更广泛的公民参与。

（2）实施路径

为了推动宽带基础设施建设和应用的发展，政府可以在以下四个方面对宽带生态系统施加影响：一是制定政策确保强有力的竞争，使消费者利益、创新和投资最大化。二是确保政府控制或施加影响的资产的分配和管理的效率，如频谱、电线杆、路权等，鼓励竞争性进入。三是鼓励宽带的普遍可用性和应用。改革现行的普遍服务制，支持高成本地区部署宽带和语音；确保低收入美国人能够承担宽带费用；鼓励网络升级应用。四是改革法律、政策、标准和激励措施，在政府影响力大的部门（如公共教育、健康医疗和政府运作），推进宽带效益最大化。

（3）发展政策

1）建立竞争性政策。包括联邦通信委员会在内的政策制定者，有许多工具保护和鼓励竞争。这些竞争构成宽带生态系统，即服务、设备、应用和内容。该项计划包括多项建议，将会促进跨生态系统的竞争。这些建议如下：

> 收集、分析、比对和公布关于宽带定价和竞争的市场细节信息。这将对竞争行为产生直接影响。当竞争缺乏合理布局或市场分割时，联邦通信委员会和其他机构将会采取合适的措施加以改善和纠正。

> 提高宽带服务供应商信息的透明性，确保用户拥有足够的信息来选择最好的宽带供应商。提高透明性使得服务供应商以实际表现竞争用户资源。

> 对竞争规则全面评价，确保固定和移动宽带服务的竞争。

> 释放和分配免许可的频谱资源，促进创新和竞争性进入。

> 升级无线回程线路频谱规则，提升城市和农村覆盖能力。

> 加快数据漫游行动，以确定如何达到范围广泛、无缝和竞争性的覆盖，鼓励移动宽带供应商建设网络，促进进入和竞争。

> 依照《电信法》629条，改变规则确保一个竞争的和创新的视频机顶盒市场。该法指出，联邦通信委员会必须确保该规则能够使视频"导航设备形成一个竞争性市场，或者使用户使用机顶盒接入他们所看的大部分电视节目"。

> 明确国会授权，允许州和本地实体在它们所辖的区域提供宽带，以便更有效地使用公共资源。

> 明确用户和他们的在线文件之间的关系，确保在应用上的继续创新和竞争，确保用户隐私，包括企业收集个人信息时，有义务让用户知道正在收集哪些信息，同意收集，如果需要的话纠正信息，控制个人信息泄露给第三方。

2）**确保政府拥有和可以施加影响的资产的有效分配和使用**。在宽带网络部署上，政府制定频谱使用政策和电线杆、管道、楼顶站点和路权的审查接入政策。政府也投资了一大批基础设施项目。确保这些资产和资源的有效分配和管理，能够鼓励宽带基础设施的部署，降低竞争性进入的阻碍。国家宽带计划包括大量建议来达成这些目标。

> 频谱是宽带服务供应商的主要投入。目前，联邦通信委员会只有50兆赫预留，只能满足日益增长的需求的一小部分。更有效的频谱分配将会降低部署成本，驱动投资，通过更好的性能和更低的价格使消费者受益。频谱政策的建议如下：一是在10年内为宽带新增加500兆赫频谱资源，其中300兆赫在5年内应被用于移动网络。二是鼓励和再利用机制，使频谱更灵活地使用。机制包括：鼓励拍卖，随着市场需求的变化，允许

拍卖收益与目前的持牌照者公平分享。这对频谱持有者和美国公众来讲都是有益的。公众可以从增加的高需求频谱使用和频谱拍卖收入两方面获益。同时在职者也可以认识到频谱的新应用的价值。例如，这将会使联邦通信委员会与自愿使用技术继续用更少的频谱提供传统广播服务的广播提供者分享拍卖收益。三是确保频谱分配和使用更透明，通过联邦通信委员会创建的频谱信息板，培育有效的次级市场。四是通过创新手段、无牌照使用和新频谱技术的研究，扩展创新的频谱接入模型。

➢ 基础设施，如电线杆、管道、楼顶站点和路权在宽带网络经济中发挥着重要作用。要确保服务提供者有效接入这些资源，而且以合理的价格进行升级和促进竞争性进入。此外，测试平台可以驱动下一代应用的创新，最终促进基础设施的部署。**优化基础设施使用的建议如下**：一是为接入电线杆，制定低和更统一的租金率，简化和加快服务提供者连接设备到电线杆的进程。二是为节省成本和时间加强路权管理，促进联邦宽带设施的使用，加快解决争端，找到和建立路权政策和收费实践之间的"最佳实践"指导方针，并与宽带部署保持一致。三是促进有效的新基础设施建设，包括通过"一次性挖掘"（dig once）政策使得政府在高速公路、道路、桥梁工程方面的建设资金与宽带基础设施实现联合部署。四是选择美国国防部设施提供超高速宽带连接，为军事人员以及居住在基地的他们的家人提供下一代宽带应用。

3）鼓励宽带的普遍可用性和应用。 必须具备三个因素才能确保所有美国人有机会获得宽带的益处。所有美国人都应获得足够好的宽带服务，所有人能够承担得起宽带服务，所有的人可以充分利用宽带培养数字文化素养。提升普遍宽带部署和应用的建议如下：

➢ **确保普遍接入宽带网络服务。** 一是创建连接美国基金（CAF），以支持可承担的宽带和语音，提供至少4兆的下载速度，在未来的十年从现有的普遍服务基金（USF）中划拨155亿美元来支持宽带。如果国会希望加快宽带部署到没有提供服务的地区，或者实现基金顺利过渡，可以在两到三年内，每年得到几十亿美元的公共基金。二是创建移动基金来提供目标性资金，确保没有州在3G无线覆盖上显著落后于全国平均水平。这样的3G覆盖被认为是4G移动宽带网络的基础。三是未来十年解决普遍服务基金高成本部分的遗留问题，将所有资源转到新的基金。普遍服务基金每年46亿美元的高成本部分，主要支持语音服务，通过一段时间将被连接美国基金取代。四是改革中间运营商赔偿金，在接下来的十年通过取消每分钟所付费用来提供补贴给电话公司。通过连接美国基金能够实现充足的成本收回。五是提高税务效率，利用创建连接美国基金和移动基金，实现宽带可用性差距的最小化，从而降低消费者负担。六是在接下来的时间扩大普遍服务基金贡献基础，确保普遍服务基金可持续发展。

➤ 创建确保提供低收入美国群体可负担的宽带服务机制。

➤ 扩展"生命线"和"全美联网"计划，允许将补助金提供给低收入美国人用来使用宽带。考虑有条件授权一段频谱提供免费或低成本服务，为用户提供可负担得起的选择，降低普遍服务基金的负担。

➤ 确保每个美国人有培养数字文化素养的机会。开办一个国家数字文化素养中心（国家数字扫盲团）组织和培训年轻人和成年人，教授他们数字文化素养技能，使私人部门或团体在项目开展中能打破应用壁垒。

4）更新政策，制定标准，采用激励措施，最大化利用国家授权。联邦、部落、州和地方政府在经济的许多方面发挥重要作用。政府是健康医疗的最大支付者，公共教育系统运作者管理控制着许多能源产业，为公民提供多种服务，对国家安全负主要责任。"国家宽带计划"中包括了允许增加使用、私人部门的投资和创新等的建议。具体建议如下：

> 健康医疗。通过健康 IT 和改进的数据获取和使用，宽带可以帮助提高健康医疗的质量和降低成本，更清楚地掌握最有效的治疗方法和过程。为达到这些目标，计划建议：一是通过改革联邦通信委员会的农村健康医疗项目，帮助确保健康医疗提供者可以接入可负担得起的宽带。二是通过扩大对电子医疗的补偿，采取应用宽带的鼓励措施。三是通过现代化规章如设备审批、资格认证、享受特权（优惠）、许可证等消除电子医疗障碍。四是通过确保病人掌握健康数据和确保数据互操作，驱动创新应用和先进分析。

> 教育。宽带能够通过电子学习和在线内容提升公共教育水平，能够为学生提供更加个性化的学习机会。宽带也使信息流更自由，帮助教师、家长、学校和其他组织根据每个学生的需要和能力做出更好的决策。为了这些目标，计划中包含的建议如下：

   升级联邦通信委员会教 E—Rate 项目（该项目向学校提供费用打折的互联网服务），改善学校和图书馆的连接。通过推广最有前途的解决方案，给学习设备提供无线连接项目资金支持，使得学生在家也能学习，增加灵活性、提高项目效率和促进创新。具体措施一是通过增强数字内容和学习系统的创建，消除规则障碍和提升数字素养，促进在线学习。二是通过电子教育记录的采用和改善教育资金数据使用透明度，促进个性化学习和决策支持。

> 能源和环境。宽带在向清洁能源经济过渡的过程中发挥着重大作用。美国利用这些创新减少碳污染，提高能源效率和降低对国外石油的依赖。为达到这些目的，需要通过宽带使电网现代化，使之更可靠和有效。使消费者更容易获得能源数据，促进家庭和建筑的能源创新。提高能源效

率和 ICT 部门对环境的影响。

➢ 经济机遇。宽带可以扩大就业和培训，支持创业和小企业增长，加强社区发展。计划包括的建议如下：一是支持宽带选择和小企业宽带服务和应用的使用，促进就业、增长和生产率提高。二是通过在线平台扩展就业培训和职业介绍机会。三是将宽带评估和计划纳入经济发展。

➢ 政府绩效和公民参与。在政府内部，宽带能在服务提供和内部运作的有效性上提高效率。通过提供一个有意义的机构和代表的参与平台，它也能够提高公民参与的数量和质量。通过政府自身的宽带使用，政府能够支持本地部署宽带，尤其是服务还没有到达的社区。为达到这些目标，计划包括的建议有：一是允许州和本地政府通过签订类似于 Networx 的联邦合同，从而获得更好的宽带服务。二是通过云计算、网络安全、安全认证和在线服务提供，提高政府绩效和运作。三是通过使政府更加开放和透明，创造一个强有力的公共媒体生态系统和现代化民主进程，提高城市管理水平。

➢ 公共安全和国土安全。通过允许应急响应者发送和接收视频和数据，确保所有美国人能够接入应急服务和改善美国人被通知紧急情况的方式，宽带可以改善公共安全和国土安全。为达到这些目标，计划提供的建议如下：一是在未来十年内投入超过65亿美元的资本支出，支持全国范围内互操作的公共安全移动宽带网络的部署。这些资本支出通过成本效率措施和其他项目节省出来。同时，也需要其他资金作为运作费用补充。二是在发展和部署下一代"9·11"和应急警报系统的同时加快创新。三是提高网络安全和关键基础设施的耐受性，以增加用户的信心、信任和宽带通信应用。

3. 美国创新战略：确保经济增长和繁荣

（1）创新理念

美国对于创新的强调是一个十分引人注目的特点。这种强调是基于对于当今时代和互联网的认识。美国基本的理念就是：希望和未来取决于创新，特别是在今天这样一个变革的时代，在一个充满不确定性的时代。

在美国创新战略中提出三个重要的观点：**一是私人部门是美国的创新引擎**。美国的企业对整个市场体系的成本和机会拥有结合紧密的知识体系和敏锐的感知能力，因此，它们能很好地挖掘员工的聪明才智以应对具体的挑战，并在面临严峻的竞争考验时培育出新的思路。美国经济建立在持久的创造性思维和传播能力之上。竞争性市场为私营企业改善产品和运营方式提供了强有力的激励机制，并刺激了资本和劳动力资源在最优思想中的再投资。创新固有的不确定性意味着重大突破可能来自于各个方面，这些方面往往出乎人们的意料，而我们分散的市场有助于推动这些新的可能性的产生。通过不断进行自我重塑，私人部门作为创新引擎给美国带来了更大的繁荣。**二是政府是创新的推动者**。仅靠市场是否可以提供足够的激励机制来吸引更多的创新投资？尽管市场有很多优势，但是市场自己无法产生足够的创新流。通过净化市场环境政府能起到适当的作用。因此，创新政策真正的选择并不是在政府调控和非政府调控二者之间，而是要让政府在支持私营企业的创新中扮演适当的角色。**三是教育、科研和基础设施是美国创新战略的重要基石**。首先，必须创造一个有国际竞争力的、有创新精神的教育体系，使劳动者素质和美国的知识密集型经济相适应。其次，必须投资于科研领域以恢复美国在科研创新和技术突破上的领导地位，并以此支持私营企业的创新。再次，必须投资于一流的基础设施，使人民的生活水平和创新思想以21世纪的速度发展。这些创新战略的基石将使美国的未来更加繁荣昌盛。

（2）鼓励创新政策的框架

"创新战略"报告中介绍了美国重要的新行动方案——所有这些都可以通过下面的金字塔图来表现。

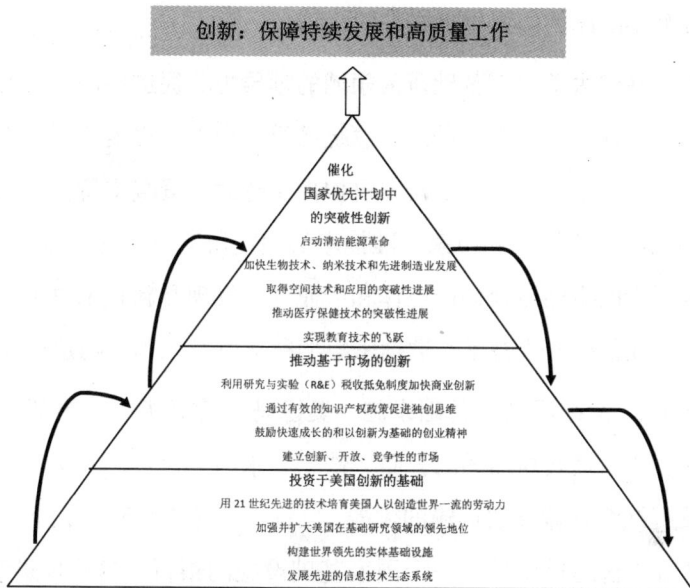

图3—1　鼓励创新政策的框架

（3）行动计划

美国政府围绕着三个核心领域在持续努力，这些新的行动方案服务于此，并进行拓展。这些现行的努力概括如下：

1）投资于美国创新的基础。激励能够产生使美国经济发展、竞争力提升的创新，需要在以下基础方面进投资：生产力、科学研究、基础设施。侧重以下方面：

一是让下一代学习21世纪的技能，培养世界一流的劳动力。奥巴马总统在持续采取措施，从早期教育到大学研究生，改善美国的教育体系，并促进学生在科学、技术、工程和数学（STEM）领域的成就和发展。在幼儿教育阶段，政府设立早期学习挑战基金，在开发智力项目中加入绩效竞争，以支持创新。在中小学阶段，"创新教育"项目利用公私伙伴合作来促进 STEM 教育，补充持续的项目，如利用竞争性奖金来促进全国和地方改革的"力争上游"。在大学以及更高的阶段，政府承诺恢复美国在大学毕业率的全球领先地位（通过其他政策，用学生补助和财政责任法令来提高学费支付能力等），在社区大学和公共劳动力系统上投资，并支持新的"为美国未来的工作技能小组"项目，从而激励公私合作今后为美国各个年龄段的人提供更好的职业培训。

二是强化并扩大美国在基础研究领域的领导力。促进经济发展的商业创新通常依赖基础科学的研究突破。奥巴马总统已经实现了历史上联邦投资的最大的科研进步，并且对三个核心的基础研究机构提供持续性资金支持：美国国家科学基金会，美国能源署科学部和国家标准技术实验室研究所。这些持续的科学投资，将为提高美国人的生活以及创造工作和产业的新发现和新技术奠定基础。这些投资将帮助美国在如机器人技术、数据密集型科学以及工程上构建领导地位。

三是建立21世纪领先的基础设施。奥巴马总统做了一个更新的承诺，在美国商业高效、创新运转所需要的公路、铁路和水路上投资。基于历史上的复兴法案投资，政府继续强调交通运输的挑战，投资于高速铁路建设，下一代空中交通管制，并提出了新的提议成立一个国家基础设施的银行。这将促进竞争和创新，最大限度地发挥出基础设施的投资回报率。

四是发展先进的信息技术生态系统。奥巴马总统已经制定了一个全面的策略，以创造21世纪的创新所需的 IT 生态系统。这种"虚拟的基础设施"包括关键的信息、计算机信息处理技术以及网络平台，这将为美国的经济发展提供越来越多的支持。当局正不断努力并提高警觉，以扩大高速互联网接入，电网现代化，提高无线频谱的可用性，去支持高价值的使用和安全的网络空间。

2）**推动基于市场的创新**。美国企业是推动创新的根本动力。它们将美国的独创性带入市场，使得许多新的创意不断得到证实、商业化和扩散。必须在全国范围内为企业创新营造一个成熟的环境，为美国企业推动未来经济发展、引领全球经济走向奠定基础。包括以下政策：

一是实施简化而持久的研究与实验（R&E）税收抵免来加速商业创新。奥巴马总统呼吁 R&E 税免政策更加简化、持久，为美国商业创新创造可预测的、持续的激励。已发布的2011财年预算在十年里把大约1,000亿美元用于刺激更多的研究和发展投资。

二是支持创新的企业家。奥巴马总统已经加强了对小企业的借贷支持和税收抵免，同时支持运作良好的资本市场中各种规模的企业。除专利改革将加快专利发布和更好地使新公司成功外，"创业美国"方案将在全国范围提升企业家精神，"合理医疗费用法案"为企业家扫除障碍，方便美国人开始在不放弃健康保险的条件下加入新企业。

三是催化"创新中心"，鼓励创业生态系统的发展。奥巴马总统继续强调"创新中心"的潜力，并寻找新的机遇，使有天赋的科学家和企业家聚在一起，来支持前沿领域的创新。这个概念是能源署能源创新中心项目的基础，并且把"创业美国"项目的中心转移到了在已有产业和新产业之间的联系，包括从实验室跃向工业的产业。奥巴马政府正在努力推动经济发展的一个新模式。

四是提升创新、开放、竞争的市场。总统奥巴马正通过提高国内外的市场准入监管努力鼓励创新。修订后的《横向兼并指南》，发布于2010年8月，把创新思考带入反托拉斯的评价。此外，还可以通过努力，如与韩国的自由贸易协议、《国家出口》等方案带来持续和充分的承诺，为美国生产商保证公平和开放的出口市场，拓展美国创新生产企业的全球出口，实现2014年底出口加倍的目标。

3）推动国家优先计划中的突破性创新。创新对于国家优先计划很重要，但市场失灵会阻碍进步，需要政府帮助推动技术进步。优先计划包括开发替代能源，降低成本，用健康信息技术（Health IT）提高医疗水平，催化教育技术的进步，并确保美国的生物技术革命和纳米技术革命保持在世界前沿。

一是启动清洁能源革命。新的改进的能源技术将在21世纪全球经济中发挥核心作用。奥巴马政府在应对环境挑战、加强能源安全的同时，致力于培养美国在能源技术这一领域的领导力，促进经济增长，创造未来的就业机会。在2012年年底，政府对可再生能源供应及其他新计划的成功投资翻了一番。在此基础上，政府又雄心勃勃地制订了一系列新目标以及相应的计划。通过所建议的清洁能源标准，扩大对能源部研究的投入，ARPA—E（Advanced Research Projects Agency—Energy），三个新的能源创新枢纽，以及其他的手段来加快研究、开发和部署清洁能源技术，政府将把美国经济带入全球领先的、清洁、安全、独立的能源未来。

二是加快生物技术、纳米技术和先进制造业的发展。总统致力于投资那些能够为美国健康水平、未来的经济增长和就业环境带来更多机会的创新项目。国家卫生研究院提议建立新的"国家推进交叉科学中心"（National Center for Advancing Translational Sciences）。该中心将在实验室和诊所之间建立新的桥梁，这将加快发展新的诊断、治疗方法。国家纳米技术计划（NNI）正在进行一些投资，例如纳米电子学领域的投资。这将促进一场计算的革命，正如从真空管到晶体管过渡一样的革命。2012财年预算案正在取得实质性的投资，以加快先进制造技术的突破，而这正为私营部门投资和增长打下基础。

三是开发突破性的空间能力和应用。空间能力在全球通信、导航和商业等方面发挥了关键作用，同时也在自然灾害预警和改善国家安全方面起到了不容忽视的作用。这一切国家空间政策，在美国航天局、国防部和其他以推进美国的能力和扩大美国业界在开发新一代应用程序的作用的机构的指导下完成。

四是推动医疗保健技术的突破。在卫生保健服务方面的创新项目，利用数据和技术的力量，承诺帮助防止医疗差错，提高护理质量和降低成本。在《复苏法案》和《支付得起的医疗法》的基础上，政府不断致力于各种项目，以促进健康信息技术的采用，改革支付的激励机制，奖励价值而不是数量，公开前所未有的健康信息。这些趋势的结合，将有助于国家卫生的根本改善和利用美国的聪明才智应对医疗挑战。

五是实现教育技术的飞跃。美国要培育那些有潜力极大地提高学生表现的技术创新，例如能够作为个人导师、提高美国人终身学习和培养机会的软件。教育部的《总统2012财年财政预算案》包括推出"高级研究项目机构——教育"，这是一个将支持对加强学习的突破性技术进行研究的新型组织。

二、美国信息通信技术发展水平领先的原因分析

美国作为至今世界上最强大的经济体，其信息化发展程度领先的原因，主要在于以下六个方面：

1. 高度重视网络的深刻影响和深远意义

从全局和战略的高度重视信息化，特别是互联网的深刻影响和深远意义。从克林顿、小布什到奥巴马，历届美国总统都对此提出过专门的国家战略。正因为有这样的认识和紧迫感，美国多年来一直对于信息通信技术的创新与应用，特别是信息生产力和信息化的社会影响给予极大的关注和投入。

2. 先进厚重的信息通信（ICT）技术基础

发达的 ICT 技术基础为信息化的发展提供了厚重的支撑。美国是 ICT 技术的策源地，世界上第一台计算机、第一只晶体管、第一根光导纤维、第一块集成电路都源自美国。世界最著名的 IBM 计算机公司、英特尔（芯片）公司、微软公司为美国和全世界提供基础设备和基础软、硬件。20世纪80年代以后，美国在互联网、移动互联网、云计算、物联网新领域又一路领先。

3. 良好的创新机制和运营环境

在良好的创新机制和运营环境中，各类主体和功能明确。政府和企业，社会和个人，FCC 和其他政府部门，立法部门和执行部门，都有各自明确的任务和职责。私有部门是创新的主体，而政府的职责主要是营造环境、充当协调和推动的角色。"创新战略"中明确指出："私营企业是创新的引擎。优秀的创新思想可能来自各个角落，分散的、竞争激烈的市场可以刺激新的创新的机会并证明这些创新的价值。创新思想的传播推动了美国的经济增长，为美国人民创造出了更好的就业机会。奥巴马政府正致力于为私营企业创新提供最好的环境，无论这些创新项目是由企业还是企业家创立的。"

4. 政策措施缜密具体

为确保美国宽带战略顺利实施，美国联邦通信委员会多次强调，政府要释放更多的频谱资源；制定频谱使用政策和电线杆、管道、楼顶站点和路权的审查接入政策，制定更低和更统一的租金率；简化和加快服务提供者连接设备到电线杆的进程。政府也投资了一大批基础设施项目，确保这些资产和资源的有效分配和管理。改革现行的普遍服务制度，支持高成本地区部署宽带和语音，确保低收入美国人能够承担宽带费用，鼓励网络升级应用。改革法律、政策、标准和激励措施。

5. 对于教育和人才培养的高度重视

奥巴马总统强调："在一个全球化的经济体系中，保证我们繁荣的关键绝不在于低工资、廉价房或低价产品。这不是我们的优势所在。我们成功的关键从来就在于，将来也在于：开发新的产品；形成新的产业；保持我们作为世界科学发现和技术创新的动力源泉所发挥的作用。这绝对是我们的未来的根基所在。"这些文件中对于如何提高劳动力素质，包括中学教育的改革都给出了详细的目标和措施。

6. 完整的战略制定程序

这些文件表明，在政策的研究和制定方面，美国形成了一套完整的程序和方法。例如，"宽带计划"的制定过程中，联邦通信委员会举办了36场公共研讨会，吸引了10,000多人次在线和线下参与，他们为该计划的理念框架建言献策。这些理念通过31次公共通告反馈得到进一步精练。31次公共通告共得到了来自700多个党派团体的23,000个评论，形成74,000页文档。同时，联邦通信委员会还收到大约1,100份总共13,000页的单方面报告，并在全国范围内举办了9次公共听证会。这种科学的程序和态度值得学习。而且，各项战略和政策的协调和衔接也得到重视和保证。

在上述这些方面，我国存在着不同程度的差距。这些问题阻碍着我国信息化的进步。认真研究国外的情况，吸取有益的经验，将能够有利于我们事业的前进。

三、启示

综上，我们从美国国家信息战略的分析中，得到一些有益的启示。

第一，在提供服务方面，贯彻消费驱动的观念。各种政策措施都要围绕降低消费者的费用这一中心点，吸引更多的人来使用现代信息网络。

第二，进一步扩大普遍服务的范围和内容。美国从1934年就建立了国家级的电话普遍服务制度，而在1996年进一步将普遍服务扩大到互联网，2009年又扩大到宽带信息服务。

第三，进一步强调公共信息安全和隐私保护，以提高网络的安全性、可靠性。

第三节　日本信息网络发展战略

日本通过一系列的国家及产业发展战略，推动日本信息通信网络的发展，并促进全日本信息通信技术的创新与应用。

一、日本内阁及总务省出台的国家战略

1. 2001—2005 年 "e-Japan"

20世纪90年代，日本通货紧缩经济低迷，自嘲为"失去的十年"。日本各界普遍认为：整个九十年代日美经济发展的巨大差距，主因是日本在ICT方面大大落后于美国。因此，2001年日本政府决定依靠ICT国家战略，振兴日本。为此制定了《IT基本法》，成立了以总理大臣为首的ICT最高权力机构——"IT战略本部"，由总理大臣任本部长，各省厅大臣为自然成员，随即出台了众所周知的"e-Japan战略"。

2001年1月开始实施的"e-Japan"国家计划，主要包括五个方面的内容：一是自2001年起，使互联网应用价格合理化；二是在2002年前创建良好的电子商务法律环境；三是在2003年前建设好电子政府的基础环境；四是在2005年前培养出与美国相当的信息化人才；五是在2005年前建设好超高速互联网。

到2005年底，e-Japan战略圆满落幕。日本互联网用户数量是2001年的20倍，达1,690万；用户入网费降低为原来的三分之一，仅2,500日元（约合人民

币205元/月）；宽带互联网用户家庭数激增，ADSL用户达4,630万，光纤用户达3,590万。e-Japan战略迅速推进了日本信息化社会的进程，为之后的物联网发展与信息化应用奠定了良好的基础。

2. 2006—2010年"u-Japan"

日本政府"u-Japan"代表着"泛在"的概念，无线与固定宽带是重中之重。"u-Japan"战略提出宽带发展的两大目标：第一，到2011年3月末，实现零地区无宽带，以及超高速宽带的家庭覆盖率达到90%以上；第二，到2011年3月末，进一步扩大移动通信服务区域，达到移动电话服务区域的全部覆盖。为此，总务省提出了6项配套政策措施：1）整合宽带基础设施；2）改进超高速宽带基础设施（主要包括推动通信运营商改进用户光纤网，促进地方公共团体改进光纤网，并实施有效利用，促进CATV网的超高速宽带化）；3）消除移动电话无感应区域；4）促进基础设施与业务应用一体化；5）实施"地方信息化督导派遣制度"；6）建立"项目跟进（Follow Up）体制"。

从2005年开始，"物联网"的概念开始在ICT科研界流行起来，日本总务省决定大力发展该技术。"u-Japan"中的"u"来自英文单词ubiquitous（无所不在的），这就是当时"泛在网"的概念。日本政府主要希望通过u-Japan解决以下几大问题：一是减少交通事故及拥堵问题；二是通过信息化降低政务成本；三是防御自然灾害，减少社会犯罪；四是加强理工科教育，增强大学教育竞争力；五是进行远程医疗及电子病历建设；六是加强可再生能源和生物技术；七是通过ICT应用增强日本工业的竞争力，推动日本文化和艺术的发展；八是提高日本的国际影响力；九是解决老年人、学生和妇女的就业问题，保证就业市场的公平。战略公布初期，日本建立了uID中心（主导日本RFID标准研究与应用）和Auto-ID实验室（RFID技术开发研究），日本民众对该战略抱以极大期望。

2008年出现的金融危机使得u-Japan战略无疾而终，默默收场。2008年—2009年u-Japan实施期间，日本政府在智能交通系统、改进ICT网络设施、培训、农村宽带建设上投资371亿日元。日本官方最终也未能公布u-Japan战略的完成情况，但从各方数据来看，u-Japan 的成果可总结成三大部分：一是90% 的人口可接入宽带或超高速宽带，但未达到战略设定的100% 目标；二是82% 的人口开始了解 ICT 在解决社会问题中的重要性，基本达到预期目标。但老年人仍对 ICT 了解甚微，这对日本 ICT 的发展可能是一大障碍，因为日本目前30% 的人口超过50岁。三是日本人在日常生活中使用 ICT 的比率已有显著提高。

3. "i-Japan 战略 2015"

当基础设施几近完备、用户使用量大大提升后，日本2009年7月推出了助力公共部门的"i-Japan 战略2015"，与以往的信息化战略强调数字化技术的研发、过多侧重于技术方面不同，"i-Japan"着眼于应用数字化技术打造普遍为国民所接受的数字化社会。"i-Japan"战略分为三个目标。一是聚焦于政府、学校和医院的信息化应用推广，电子政府和电子自治体、医疗保健、教育与人才。二是激发产业与区域活力、培育新兴产业，制定提高 ASP（应用服务提供商）能力与普及 SaaS（软件即服务）的各种指导性政策，促进中小企业的业务发展，强化现有产业的竞争力，促进信息产业的变革，推广绿色 IT 与智能道路交通系统，为开创新的创意市场提供条件。三是完善数字基础设施建设，将超高速宽带建设提升到一个新的高度，即固定宽带速率达到千兆级、移动宽带速率为百兆级。2015年光纤接入到所有家庭。政府扶持手段包括向宽带接入运营商提供税收优惠，包括企业的税收赎回以及对固定资产的折旧及摊销税收优惠，提供宽带接入上的债务担保和低利率融资。

从实施效果看，目前，日本宽带人口已超过3,581万，家庭普及率达72%，人口普及率达27%。根据 Akamai 2011年第三季度的测试，日本网络平均连接速率为8.9兆，年增长率超过10%，峰值连接速率32.9兆，比上年提升7.3%。

二、"全球时代 ICT 政策特别任务——光道构想"战略

2010年，软银公司总裁孙正义正式向总务省提交"'光道'"发展战略的提案。该提案主要包括：实现日本全光网络；全国无论何地都能使用高速互联网；投入资金零税率；五年完成基础设施改造；利用教育云、医疗云进行教育、医疗

领域革命等五方面内容。日本总务省于2010年8月开展名为"光道构想"的讨论，于2010年12月14日发布"关于'光道构想'的基本方针"，战略实施从2011年到2015年。

1. "光道构想"基本定位

日本实施"光道构想"战略的目的是：加快基础设施改造，发展日本经济，通过最大限度地利用ICT提高生产力，实现丰富多彩的社会。光道构想战略的基本定位：一是"光道"改造工程。制定接入网改造方案，包括改革NTT经营形态。二是保障国民的"光道"接入权。修改普遍服务方案，包括普遍服务范围及保障政策。三是通过用ICT实现丰富多彩的社会，提出促进ICT应用的总括法案，修改各种规章制度。

2. "光道构想"主要内容

根据"光道构想"的进程表，光道构想实施期限为5年（2011—2015年），主要内容如下。一是推进基础设施不完善地区的现有设施改造。二是促进竞争政策，包括接入网的开放；对包括电线杆、管道等铺设线路的设施进一步开放问题讨论，修改《电波法》，实施频率再分配；调整2011年以后的用户光纤接续费。三是开放中继网，研究下一代网络（NGN）的开放问题。四是确保瓶颈设施使用的公平性。研究功能分离、子公司一体化经营、业务范围弹性化等问题；提出修改《电信事业法》和《NTT法》的法案。五是修改普遍服务制度。将光IP电话纳入普遍服务，并研究宽带接入纳入普遍服务的问题。六是应对今后市场环境的变化，研究对综合性市场支配力的规制问题。

3. "光道构想"推进措施

推进"光道构想"的措施如下。**一是改进现有基础设施**。为在2015年实现"光道"战略，对电子政府、教育、医疗及各种娱乐等的应用，未来将呈现几何级数增长，实现丰富多彩的国民生活。与世界主要国家一样，日本将建设普及100兆以上超高速宽带基础设施定为国家目标。**二是设定选用技术**。日本选用的代表性技术是 FTTH，部分地区选用接近 FTTH 水平的电缆（HFC）及无线宽带通信系统（BWA 等）。**三是综合推进政策**。为推进"光道构想"战略，将制定国家支持政策、促进应用政策、修改竞争政策等各项相关政策，推动多种措施的落实。

4. "光道构想"基础设施改造方案

在实现"光道构想"战略目标的同时，尽量减轻国民负担，进行有利于宽带基础设施的高效改造是重要原则，在此基础上研究"光道构想"改造的具体方案。既要考虑在竞争环境中，以民营为主导，制定对剩余10% 基础设施改造的措施；同时，虽然完成了90% 的超高速宽带基础设施建设，但家庭用户利用率仅过30%，应考虑制定提高利用率的措施。

（1）基础设施改造方案（普及率从 90% 到 100%）

首先，考虑在竞争环境下，完成超高速宽带基础设施的改造，坚持以民间为主导的原则，同时考虑技术创新、公平竞争等要素。由于对最后剩余不到10%区域的设施改造，要花费资金超过1万亿日元，为加速这一设施改造，需提供一定程度的公共性支持。其次，基础设施改造模式。改变原有改造工程由国家、公共团体支持的做法，考虑采用基于 IRU（ Indefeasible Right of User ）的"公设民营"方式。这种方式是以民间主导为原则，从费用与效果出发，对未覆盖地区进行设施改造，与此同时考虑制定新的公共性支持政策。由于需要改造的设施仅剩不足10%，所以考虑今后不再对此制定年度目标和计划。再次，力求发挥电信运营商的作用。承担基础设施建设的电信运营商（含 CATV 运营商）对日本宽带基础设施建设、实现丰富的国民生活、再造各地活力社会等方面采取的认知态度非常重要，不能单纯地仅考虑使用需求，应积极采取向公共机构先行投资等创造需求的措施。最后，制定无线宽带措施。为确保使用宽带的多种手段，应修改现有的频率分配方式，推进频率开发等研究工作。充分考虑确保新的无线宽带的带宽，设立"无线宽带频率研究工作组"，开展研究与讨论。

（2）改进宽带利用率方案（从30%到100%）

提高宽带利用率需要适宜的宽带使用资费和丰富的应用内容。为此提出了相关改进方案。

5. 有关发展业务及价格低廉化的竞争政策

首先，为进一步确保公平竞争，应对NTT东、西公司持有的瓶颈网络需要加强管制，需要针对具有市场支配力的运营商实施非对称管制。为让"光道构想"上的各种业务提供商能够提供多种多样的服务，确保接入网乃至核心网的NGN平台的开放化是十分重要的。其次，规制瓶颈性问题的方案。要研究NTT经营机制的改革，就"光道构想"设施改造问题，需修改《NTT法》规定的研究开发责任等内容。基于此，提出三点措施：在进一步开放线路设施的同时，为NTT东、西公司接入网的更加开放制定相应措施。从根本上修改电话时代的竞争政策，研究放松管制政策，以期提供丰富多彩的服务。再次，注重研究非对称管制方案。着重进行针对具有市场支配力的非对称管制研究，尽快引进有利于公平竞争的措施，同时重新研究总务省目前实施的竞争制度和竞争评价制度。还有，强调光道改造中公共机构的先导作用。为促进日本宽带的普及，公共机构的先导作用十分重要。在地方自治体的政府办公楼、学校、医院、图书馆、警察、消防等重点场所，开展超高速、大容量基础设施改造，同时刺激各地的宽带需求，研究宽带利用的鼓励措施。最后，其他政策。研究基础设施的利用、安全的使用环境，以及提高国民数字化应用技能等问题。

6. 保障国民 "光道构想"的接入权

首先，为实现"光道"时代，需要创建新的普遍服务制度。在实现"光道构想"的时代，需要通过宽带向每个家庭提供医疗、教育、行政等服务，所以要保证100%的家庭都能使用宽带。为尽快将"宽带接入"纳入普遍服务，需修改现行的普遍服务制度，以得到基金支持。

其次，在"光道构想"过渡期，修改现行普遍服务制度。一是使用光 IP 电话。现行的普遍服务对象包括用户电话，在 FTTH 的"公设民营"地区，即便运营商能够提供与用户电话资费水平相同的光 IP 电话，也仍需要 NTT 东、西公司继续提供用户电话。因此，应将普遍服务对象进行变更，避免这类地区的重复投资，以利于促进光纤改造工程。二是从金属电缆向光纤的演进。在实现"光道"过程中，对如何拆除金属线、铺设光纤等问题，需要听取运营商的意见，要充分考虑过渡期的时间及方式，所以 NTT 应尽早制订计划，针对成本、实际状况等与相关运营商展开讨论。三是向公共机构提供超高速宽带服务。向公共机构提供超高速宽带服务，最大限度地利用这些机构推动宽带的先导作用，同时出于保障国民接入权的考虑，应研究类似于普遍服务的、在国民生活中占据重要位置的通信服务的定位问题。

三、"云计算及日本竞争力报告"

信息通信技术经过数年的激烈演进，越来越显示出作为社会基础的重要性。2009 年末，日本内阁通过了"新增长战略基本方针"，修正了"IT 立国（日本）"的理念，强化 IT 产业的竞争力及应用 IT 使其产业高度化，在实现支持经济增长的同时，提高国民生活的整体水平，这是日本当前面临的重要课题。

这个报告宽泛地捕捉云计算的概念，从技术的视角和使用者的角度，对云计算的特质进行梳理。并且以"应用 IT 提高国民整体生活质量"为目标，在展望理想愿景的同时，为实现愿景，整理出应解决的实质性问题并探讨了解决对策。

1. 日本政府对云计算的理解

云计算被称为"通过网络提供必要的信息处理及利用信息处理服务"形式的信息处理结构。作为进行数据处理和存储信息处理的基础部分，将分散的使用者持有的终端在提供云服务的提供商处集中管理，促进硬件和软件的虚拟化、规范化、共有化，实现规模经济。由此而产生的效果包括减轻使用者负担；提高 IT 资本的性能和效率；信息环境的多样化、集中化、实时化；大规模数据的存储和共有。日本政府希望在这四个方面进行非连续性的推进。就对经济社会的影响而言，**这种改变世界的力量是继"PC / windows"、"商用 internet / web"之后，信息通信技术的第三次变革。**

云计算服务不仅日本国内可以利用，而且海外也可以利用，它从一开始就能够以全球市场为目标开展业务。发展云计算可以日本系统的高可靠性特点及细分服务为武器，日本国内企业可抓住开拓海外市场的这个千载难逢的机遇。另一方面，今后要获得海外市场，云计算的应用是必不可少的。因此，改变向海外一次性输出系统的营销模式，将国内企业与营销企业融为一体，以日本国内数据中心为基地，提供高可靠性且永久持续的运营服务，其目标是大幅扩大当前占世界市场份额10% 左右的日本 IT 企业的市场占有率。

以云计算为基础平台，开展新业务，有望在农业、医疗、教育、交通、内容服务等领域得到更大发展。然而，在应用数据时涉及个人相关信息及作品的场合，应参照《个人信息保护法》及《著作权法》，充分考虑不损伤消费者和权利者的利益，这一点十分重要。因此通过对有关个人信息匿名化的技术研发及实证试验，技术性处理制度方面的难题，可以继续保持好于当前的安全安心环境，促进技术创新，其目标是成为促进技术创新、开创最佳制度环境的世界先驱，将日本建成世界创新的发源地。

当前对云计算的定义有着各种说法，尚未提出统一的概念。从构筑云计算的技术角度来看，运用虚拟技术和并行分布处理技术等，灵活、有效地扩展计算规模，这便是云计算的特征。从利用云计算的角度来看，以何种技术构筑云计算并不重要，重要的是经由网络提供给用户时，用户希望的功能和性能，希望提供的各种业务形态，都能够利用云计算来实现。

关于云计算人们不仅寄望于 IT 业，而且期待在农业及商业等各行各业得到普及和发展。日本政府已经认识到：**为努力推进云计算，应用数据支持新业务、新产业的创新，为此需要修改相关的规章制度，包括在规则修订、技术研发、标准化支持等方面，采取各种必要的政策措施。**

2. 云计算对日本社会经济的作用

报告首先展望了实现云计算后的新业务及新社会形态（高度云计算社会）。利用云计算创造新业务，获得全球市场，到2020年有望开创累计超过40万亿日元的新市场。从宏观经济效果来看，通过提高生产率和劳动参加率，预计可提升同期潜在 GDP 增长率3%。随着经济增长而增加的能源需求，有望利用云计算改进能源使用效率，到2020年削减二氧化碳排放量至1990年排放总量的7%。

云计算为今后的经济社会带来了最大程度的潜在效益和便利，无论是在云计算的数据利用方面，构建云计算的基础设施方面，还是人才培养方面，都有必须要考虑的问题。鉴于上述情况，若要利用云计算实现技术创新，还有待于消费者、市民社会、产业界等的共同努力。作为政府要以改进相关制度及基础设施为中心，提出推动云计算的政策方向。

正如电力供应一样，自行供应的单独发电机被持有供电所和供电网的电力供应商所替代，由此实现了各种各样的技术创新，很大程度上改变了20世纪人们的生活和工作方式。继电力之后的信息通信技术，被从事信息处理、存储的专家称为"云革命"。今后云计算将愈加显示出它的真正价值。为了能够尽早实现信息通信技术与经济社会的共同进步，构建"云"基础设施，并在"云"上通过应用收集、存储的大规模数据，引领经济社会变革，而最先实施的国家和地区将成为21世纪经济社会进步的引擎。云计算的普及和应用已被定位为日本新增长战略的支柱之一，今后政府将积极推进云计算的发展。

3. 推进云计算的相关政策

报告提出了推进云计算的相关政策。**一是技术创新政策**。主要内容包括：支持形成新业务平台及创新公共服务；形成数据利用的平台，开展海外支援；在海外发展电子商务平台、依靠农业现代化提高生产力；社会系统的有效控制及公共服务的创新；公共数据及行政信息的公开和利用。**二是改进制度**。为了云计算及大规模数据应用而改进制度，以促进云计算市场的改善与成熟。随着云计算的普及和推进，需要改进包括可提供云服务的数据中心等物理基础设施在内的云平台制度；改进服务水平确认清单；研究信息安全监督制度；构筑日本及亚洲大区域的灾害恢复技术及制度；政府的云计算调配标准以及其他制度的改进。**三是兼顾数据利用与权力保护**。包括个人信息保护与技术创新的平衡和改进制度；开展国际合作及相关制度的改进。**四是开展数据的跨国传送**。包括关于个人相关信息跨国传送的国际协调问题；关于数据外部保存的制度改进及技术研发。**五是构建基础设施**。包括支持构建高性能云计算基础平台；实现高可靠性及低环境负荷的技术开发和标准化；开发多功能、高性能的控制系统。**六是产业结构改革**。包括大型信息服务产业的联合、国际合作、地方/中小营销企业的业态变革；改进建设数据中心的环境；云计算时代的人才培养；改进云计算相关问题的研究体制。

4. 路线图

实现便利丰富的安心、安全云计算技术路线图，分为两个阶段：一是从2010—2013年的路线图，见图3—2；二是到2020年的路线图，见图3—3。

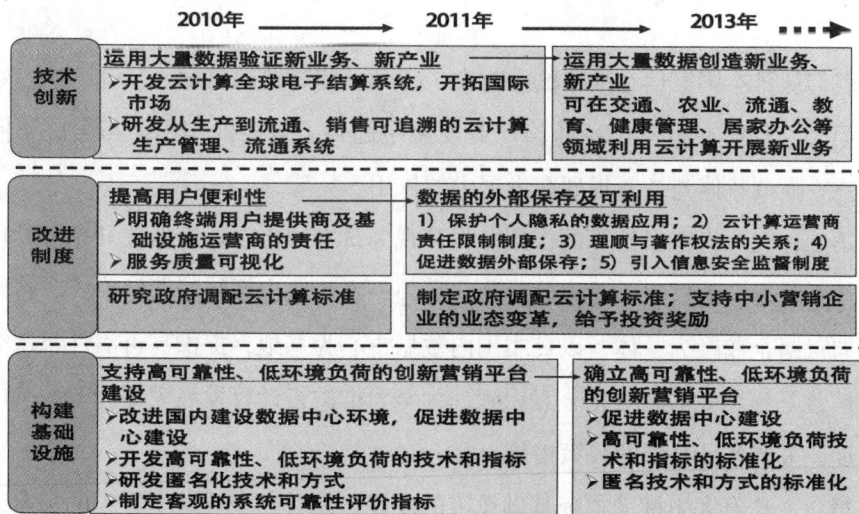

图3—2　云计算技术路线图（1）（2010—2013年）

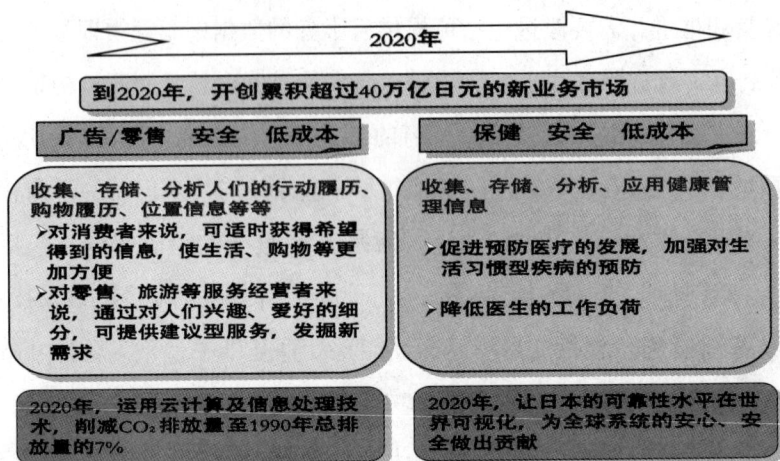

图3—3 云计算技术路线图（2）（到2020年）

日本政府希望通过本报告促进和普及云计算，在展望技术创新及未来新市场发展的同时，预测由此带来的经济效果和削减二氧化碳排放的效果。并且从数据、平台、人才三个方面，理清实施云计算的关键要素，在分析现状的同时，制定安心、安全普及云计算，实现未来便利、丰富的政策方案，并逐步细化这一方案。

四、启示

我们从日本国家信息战略的分析中，得到一些有益的启示。

第一，政府在日本信息通信产业发展中起到了重要的作用，与美国不同的是，它更强调整体与统筹规划在发展中的作用。

第二，充分肯定云计算的作用。将其视为日本国内企业可抓住开拓海外市场的一个千载难逢的机遇，并将改变其向海外一次性输出系统的营销模式，将国内企业与营销企业融为一体，以日本国内数据中心为基地，提供高可靠性且永久持续的运营服务。日本政府充分意识到，为努力推进云计算发展需要修改相关的规章制度，采取各种必要的政策措施。

第三，政府大力推动宽带基础设施的发展，使其在全球处于领先的位置。并且，注重这一领域的竞争政策的实施，并取得了良好的效果。

第四章

信息时代的网络基础设施

第一节 宽带网络基础设施对经济发展的作用

一、宽带网络对社会经济的发展作用

宽带网络既是构建信息社会的基础设施，也是促进经济增长、创造就业机会、增强关键竞争力和提高生活质量的重要基础。在提高和改善教育、医疗健康、能源管理、公共安全、政府绩效以及传播知识等方面，宽带发挥着越来越明显的作用。

1. 宽带网络对经济发展的多重效应

首先，宽带对 GDP 的增长具有积极影响。宽带对宏观经济发展具有显著的直接贡献。一是固定宽带普及率带动 GDP 增长。世界银行2009年对全球120个国家的计量经济分析表明，宽带普及率每提高10%，将带动 GDP 增长1.3%。据工业和信息化部电信研究院测算，目前我国在0.9% 左右。二是宽带对 GDP 增长的贡献比其他 ICT 技术（如固定网、移动网等）更加明显，宽带普及率提升10% 对 GDP 的拉动为1.3%，是固定电话普及率对 GDP 拉动贡献的2倍左右[1]。三是宽带对服务行业的影响更为显著，宽带对金融、房地产、教育等服务行业的拉动，是建设、制造和批发贸易行业的2倍以上。

其次，宽带全面渗入经济体系，提升经济活动效率。一是宽带互联网可显著提高劳动生产率。欧盟2008年研究显示，在2004—2006年，宽带平均每年帮

---

1 世界银行《IC4D2009：增强可及性，扩大影响力》。

助制造业提高5%、帮助服务业提高10%的劳动生产率[1]。二是创新效率随着宽带普及率的提高而加速提升。此外，宽带可通过提高效率，在管理、存档、销售、医疗保健等方面带来巨大的经济成本节约。

第三，由于网络建设计划和对经济其他领域的溢出效应，宽带有助于就业的增长。一方面，宽带建设投资对创造就业具有倍乘效应，美国宽带建设投资诱发的总就业人数是直接创造的就业人数的3.42倍以上。另一方面，宽带应用方面对就业产生双向作用。据欧盟测算，宽带应用不仅弥补了传统就业岗位的流失，每年还净增就业岗位10万个。美国认为宽带的发展对上下游产业就业的拉动作用是传统产业的1.7倍。

最后，除经济增长和就业机会外，宽带还对消费盈余具有积极的影响，产生非GDP统计数据涵盖的最终用户收益。这些收益包括对信息的高效获取、运输的节省以及医疗和娱乐收益。这些收益可以通过消费者支付宽带的意愿和实际价格差别加以衡量。

2. 宽带对经济社会发展还有其他贡献

首先，宽带网络为科学研究、知识创造、技术创新提供了一个全球化的协同工作平台，催生出大量新兴业态；其次，有效降低碳排放强度，促进可持续发展。美国的研究表明，发展基于宽带的远程应用（如办公、医疗、商务等），10年可减少10亿吨温室气体排放，相当于美国每年11%的石油进口。另外，基于宽带网络所进行的电子政务、电子商务、教育培训、医疗卫生、社会保障能够大大延伸优质资源的服务范围，创新服务模式，改善民生。

综上，在众多ICT技术中，宽带业已演变为社会生产的新工具、经济贸易的新载体、科技创新的新平台、公共服务的新手段、文化传播的新途径、生活娱乐的新空间，在经济社会发展中的地位和作用空前提高。

2012年6月15日，国际电信联盟（ITU）宽带数字发展委员会发布了致20国领导人的公开信，敦促他们采取一切措施推动宽带网络、应用和服务的发展，使之成为未来社会和经济发展的催化剂。该信指出："在21世纪的信息社会中，各国必须做出必要投资，使其公民参与并受益于数字经济和在全球得到普及的创

---

1 欧盟报告 "The Impact of Broadband on Growth and Productivity"。

新，否则将面临被排斥在外的风险。"公开信指出，宽带与供水、道路、铁路和电力等基本公用事业同样重要。各国政府可酌情通过落实有利于竞争和投资的政策、降低入市门槛并进行直接投资，在促进宽带部署工作中发挥关键作用。该信还强调了私营部门在推出网络和服务以及激励持续创新方面的重要作用。强调"宽带包容惠及全民"并使之进入世界政策议程前列的必要性。

最新的国际电联数据显示，2012年互联网用户已达24亿，移动宽带用户超过10亿。但全球一半以上的人口，其中既有发展中国家的民众，也有地域偏远社区的居民，还有残疾人等边缘化群体、老年人、文盲和足不出户的妇女，都仍然与网络无缘。这使数字包容性成为每个国家，而不仅仅是世界较贫穷国家必须解决的重大问题。

二、多国大力推动宽带发展

1. 日本宽带发展情况

日本政府将2001年定为宽带元年。在此后的十多年里，随着宽带建设的不断推进，宽带利用发生了很大变化：首先是宽带利用比率。2002年用户上网方式70.6%为窄带接入；2004年宽带与窄带比率各为约50%，成为宽带增长与窄带减少的转折点；2010年DSL、FTTH及电缆接入等宽带利用率已占77.9%。其次，宽带接入速率。2002年为12兆，2003年便超过了20兆，2004年达50兆，2010年最高已到160兆。再有，宽带用户增长率。2000年开始发展DSL，随后用户数量急剧增长，在2003年宽带用户数就超过了1,000万，2010年达到3,459万。到2010年末，日本互联网用户（注：以6岁以上人口为基数）总数达9,462万，互联网普及率为78.2%。宽带用户占互联网用户的50.4%，其中DSL用户859万，占宽带用户总数的11.7%；目前日本宽带的主流正朝着FTTH替代DSL方向演变。2010年FTTH用户增至1,977万，占宽带用户总数的57.2%。

2. 英国宽带发展

英国政府在2009年《数字英国》中提出了两个宽带发展目标：一是到2015

年，保证英国人可享有至少 2 兆的基本宽带网络。二是在提供基本宽带网络的同时，铺设下一代高速光纤网络。

在增加宽带速率与技术升级的同时，政府对宽带速率进行规范。2011年9月英国广告实践委员会（CAP）和广播广告实践委员会（BCAP）对运营商宽带广告速率提出规范导则，规定只有在10%的用户达到广告速率中的"最高"（"up to"）速率后，运营商才可以使用"up to"这个词。CAP与BCAP的规则将于2012年4月生效。另外，英国电信互联网与媒体监管机构（Ofcom）承诺要确保消费者可以得到有关速率的清楚信息，在其"宽带速率自愿守则"中，要求ISP向将签署宽带业务的用户告知他们可能获得的最大速率。Ofcom对该守则和业界使用的宽带速率进行了定义，这些速率包括：标称或广告速率、接入线速率、实际吞吐（或下载）速率、平均吞吐（或下载）速率。ISP还被要求向用户解释影响用户速率体验的因素，如用户线自身情况、ISP网络容量、共享网络的用户数、ISP业务量管控政策、每天各个时刻用户在线数量及接入到特定网站的数量等。

为使英国绝大部分家庭用户能够享受到超宽带的服务，Ofcom于2011年7月开通宽带地图，地图中显示各地区宽带接入能力，帮助政府和地方当局更好地分配宽带扶持资金。

英国政府在2009年提出宽带战略《数字英国》时，并没有打算从政府预算中支出扶持资金用于宽带建设。于是，政府提议向每个固定电话收取每年6英镑的额外费，即宽带税。但2010年新一届政府上任后，否决了以收取宽带税获得宽带建设资金的提议。2010年，英国政府决定投资10亿英镑用于边远地区的宽带接入网络建设。这一投资将会让英国的超级宽带普及率达到90%以上。2011年3月，实际投入5,000万英镑，用于乡村宽带网络建设的资金已经基本分配到各地区，每个地区获得了500万—1,000万英镑的资金。2011年11月30日，英国政府宣布拨款1亿英镑用于10座城市的"超高速固定和移动宽带网络"建设。在税收方面，英国三分之二地区的高速宽带网业务首年免税。另外，英国还出资4.8亿美元为低收入家庭提供宽带补贴。

从实施效果看，英国宽带战略极大带动了宽带基础设施建设。宽带速率有明显提升，使用高速率业务的用户比例迅速提升。2009年4月，宽带战略发布前仅有8%的家庭宽带用户使用的宽带接入服务宣称速率能达到10兆以上。在宽带战略发布一年多时间后，即2010年11月，这一比例迅速上升到42%。2011年这一比例仍在以较快速度提升，2011年5月上升到47%，2011年11月上升到58%。同时，宽带战略有效带动了宽带接入用户的增长。2010年宽带接入用户新增量与2009年相比有明显上升，2010年新增125万户，比2009年新增量多出28万户。估计，2011年英国宽带接入用户仍能保持110万以上的新增量。

3. 新加坡的宽带发展

2009年4月，新加坡开始建设下一代全国宽带网络；2010年8月31日，下一代全国宽带网络启用。该网是一张全国性的超高速光纤到户网络，最高速率可达1,000兆。

新加坡政府认为，新一代全国宽带网的最大作用是要为新加坡经济发展服务。为此，该网络应为下游运营商提供非歧视性的、有效的、开放的接入。新一代全国宽带网络包括了三大相互分离的产业层：一是无源基础设施的建设层（NetCo）负责被动式基础设施（例如暗光纤和光纤管道）的设计、建设和运营。OpenNet于2008年9月26日被指定为无源基础设施的建筑商。二是有源设备的运营产业层（OpCo）提供基于主动式基础设施（包括转换器和传输设备）的网络批发服务。和心公司（隶属竞争性运营商星和公司）2009年4月3日被指定为有源设备的运营商，与OpenNet共同推进宽带网。三是零售服务提供商产业层（RSP）将服务售予终端用户和产业。

新加坡资讯通信发展管理局（IDA）规定，在基础设施层、运营产业层分别实行搭建和运营的分离，以保持零售产业层的活力和竞争，使终端用户受益。新加坡政府将为基础设施层的网络推进提供7.5亿新币资金，为运营产业层主动式基础设施的部署提供2.5亿新币资金。IDA规定，宽带网络配套的批发价在网络启用的最初两年中只能跟着原料价下调，五年内不能上调。

新加坡资讯通信发展管理局认为，扶持宽带发展不仅是建网，还要和运营商紧密合作，让用户了解并接受光纤网络业务。IDA告知和教育终端用户关于全国宽带网本身和它能带来的益处，同时与网络参建方及基层组织合作，通过广泛的宣传（直邮/通知、深入社区的活动、公众教育宣传以及IDA资讯通信体验中心等）增强民众对新一代全国宽带网络的认识。针对非住宅建筑，IDA 推出了光纤就绪标记活动，以帮助公众了解哪些楼宇已铺设了光纤。针对住宅，IDA 也推出了"光纤网络用户最多的住宅区的竞赛"。

实现让宽带网为国家发展服务是政府的目标。IDA 还制定了一个推动实施和应用的宏观策略，有效促进了对新一代全国宽带网络服务的需求。该策略旨在通过新光纤网络的植入，实现有效的服务推广，使光纤网络的经济和社会效应达到最大。此策略的一个重要指导原则是确保公共、私人及公众部门的直接参与，从而获得广泛、独特的实施方案。

IDA 指出，新一代全国宽带网络具备开放式接入、超高网速和价格合理等特点。目前，新加坡已有6家服务提供商为企业与家庭用户提供超过30种光纤宽带网络接入服务方案。为进一步提升宽带业务质量，新加坡发布《宽带网速透明度条例》，自2012年4月1日起，所有固线和移动宽带网服务提供商需公布用户下载数据时较常见的速度。宽带网服务提供商需要每隔3个月更新速度数据，让用户在其网站或广告刊物上找到相关的信息。

从实施效果看，截至2011年年底，新加坡已实现了83%的宽带覆盖率，并已有超过1.9万栋商业建筑和办公楼完成光纤电缆的铺设，新一代全国宽带网2012年中覆盖了95%的家庭和商业建筑。2012年年初，新加坡新一代全国宽带网络迎来了第10万名用户。

4. 美国宽带发展情况

美国在国家宽带计划中提出的宽带速率发展目标为：到2020年至少1亿美国家庭将拥有负担得起的100兆实际下载速率以及50兆实际上传速率。美国的每个社区都应当享有至少1,000兆的负担得起的宽带服务，包括学校、医院、政府等。宽带战略的重点有四个方面，包括无线宽带基础设施建设和创新；加快推进宽带普遍服务和宽带应用（如健康、教育方面的应用）；促进竞争和最大限度地维护消费者权益；加强公共安全宽带网络建设。

美国政府对宽带的财政支持由两部分组成，一部分是美国在《2009年美国复兴与再投资法》中设立的72亿美元的宽带刺激计划；另一部分是每年征集的普遍服务基金。美国72亿美元的宽带刺激计划包括两个部分：一是为农村宽带建设投资25亿美元；二是为宽带技术进行相关投资47亿元，包括BTOP43.5亿美元。其中在网络基础设施方面，35亿美元用于建设123个宽带网络工程；3.8亿美元用于部署安全的公共无线宽带网络。在公共计算机中心建设方面，2亿美元用于66个公共计算机中心（PCC）。在推进宽带应用方面，2.5亿美元用于44个工程。美国国家电信和信息管理局（NTIA）拨付3.5亿美元完成国家宽带地图的绘制，以资助遍布全国的56个州政府（含5个特别行政区）或其指定的代理机构搜集、验证各州的宽带服务数据。见下图4—1美国宽带刺激计划。

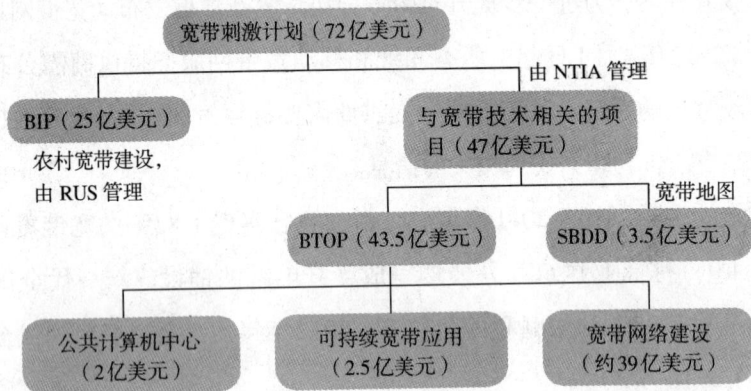

图4—1 美国宽带刺激计划

政府还扶持宽带应用，增强宽带普遍服务。例如《数字化学习——美国国家教育技术计划》（E—Rate项目）是美国针对学校、图书馆的普遍服务项目。目前美国97%的学校和几乎所有的公共图书馆都有基本的互联网接入，但速率慢。按照宽带计划的建议，美国通信监管机构美国联邦通信委员会需要更新和提升E—Rate项目。为此美国联邦通信委员会对学校的光纤接入进行资金支持，学校可以选择多种方式得到光纤接入；包括通过现有的地区和本地网，或利用当地未使用的光纤线路进行的高速接入。除此之外，还包括学校热点。学校可以建设热点，向周边社区提供互联网接入，以方便学生回家使用，并带动周边发展，以及学习随身行。FCC 试点把上网本、平板电脑等无线终端用于课堂内外，使学生不用在固定的地点进行学习。

从宽带战略的实施效果看，宽带计划公布一年后，美国联邦通信委员会公布，宽带计划中有83%的工作已经完成。在宽带战略的引导下，美国加快了网络部署步伐。谷歌已经在堪萨斯城提供1,000兆的超高速光纤业务，有线电视网络公司康卡斯特（Comcast）已经推出50兆、100兆的业务，而以威瑞森电信（Verizon）为代表的电信运营商已经把 FTTH/FTTP 的速率从100兆提速到150兆。与此同时，政府资助的 E—Rate 等项目也在促进宽带的广泛使用。2011年第三季度末美国的宽带用户数已达9,000多万，较2008年年底增长了19.4%；平均网速达6.1兆，年度增长23%。

三、我国宽带网络发展的情况

一个国家的宽带发展是衡量该国家信息化水平的重要指标，而宽带发展的水平又是由普及率、资费、速率三个方面构成。见下图4—2。

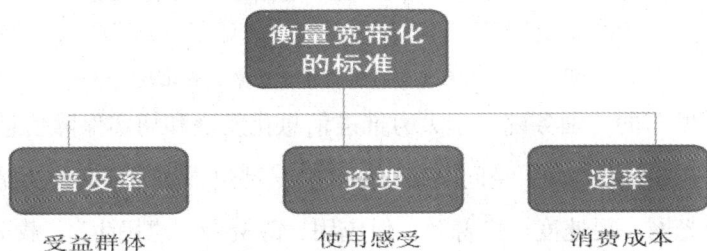

图4—2　衡量宽带发展的重要指标

其中，普及率是反映国家宽带化水平的最重要指标；速率更重要的是使用中的感受；资费是决定普及率的重要因素，也是宽带水平的重要标志。在三者中，网络发展将是最重要的基础，它决定资费与速率。下面重点介绍我国宽带网络发展情况。

1. 我国固定宽带网络发展情况

发达国家较早认识到宽带对塑造国家竞争力的作用，于2000年前后开始部署国家宽带战略并给予系列政策支持，这一轮经济刺激计划中的宽带支持实际是对以往政策的延续、强化，OECD国家从2000到2010年的11年间，宽带普及率年均提升2.2个百分点。随着我国从政府到企业对宽带作用认识的逐步深化，我国从2002年开始推动宽带发展，在2002—2010年期间，年均新增用户1,539万，年均增长58%，年均宽带普及率提升1个百分点。其中，"十一五"期间（2006—2010年）年均新增用户1,780万，增长27.5%，宽带普及率提升1.3个百分点。2011年新增3,000万，宽带普及率提升2.4个百分点。与发达国家差距持续拉大趋势已被扭转，与OECD差距连续3年在不断缩小。见图4—3。

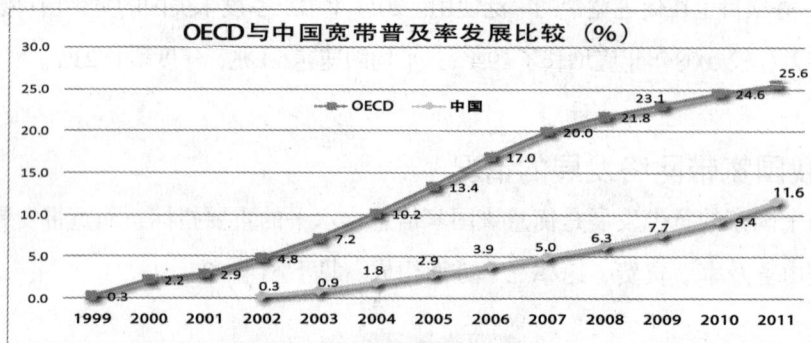

图4—3 OECD与中国宽带普及率发展比较

2011年发布的《国务院关于大力推进信息化发展和切实保障信息安全的若干意见》为宽带发展打开了空间。2012年，工信部也推动"宽带普及提速计划"，目标是"建光网、提速度、广普及、促应用、降资费、惠民生"。截至2012年9月底，宽带发展的主要指标完成情况均超过了年初预期。其中：固定宽带用户达到1.7亿户，新增2,057万；光纤到户（FTTH）覆盖家庭增长87.6%，新增超过3,800万户，完成全年3,500万的目标。固定宽带速率2兆以上用户占比93.6%，4兆及以上带宽产品的用户比例已经达到了59%，8兆以上的用户比重达到13.4%，同比增长高达87.3%。全国平均单位带宽价格同比下降了23%。

在2009—2011年间，固定宽带普及率年均提高1.6个百分点；2012年，开始实施"宽带中国"工程及"宽带普及提速计划"，带动宽带普及水平和速率提升，上半年就提高1个百分点。到2012年6月，宽带接入普及率达到12.2%。见图4—4。

图 4—4 中 2006—2012 年宽带接入普及率变化情况柱状图

	2006	2007	2008	2009	2010	2011	2012.6
宽带接入普及率	4.0	5.1	6.3	7.9	9.5	11.2	12.2

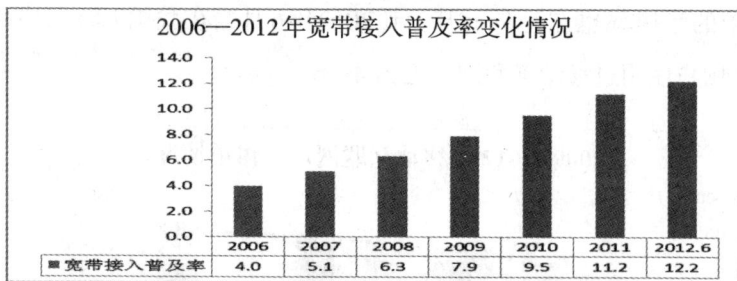

图 4—4 2006—2012 年我国宽带普及率变化情况

从农村宽带发展的情况看，2012年，宽带已覆盖84%的行政村，2015年将覆盖95%的行政村，2020年力争达到99%，以基本实现行政村宽带的全覆盖。

2. 我国无线宽带的发展情况

宽带发展不仅包括光纤宽带，还包括无线宽带；宽带无线发展不仅包括3G技术的发展，也包括LTE技术的演进。

目前，我国第三代移动通信技术（3G）经过近三年的发展已经形成了一定产业规模。据统计，从2009年到2011年，三年时间，我国3G用户突破了1亿大关，截至2012年9月底，不到一年时间，3G用户数又增长了1,008万户，突破2亿户。下一个1亿户在未来不到一年时间内也将实现。3G手机出货量超过2G，3G占新增移动用户比例超过50%，多个省3G新增用户占比超过100%。以3G为代表的移动宽带普及率也在加速提升，2012年上半年同比提高3.5个百分点，是固定宽带的3.5倍。2012年6月，我国移动宽带普及率达到13%。见图4—5。

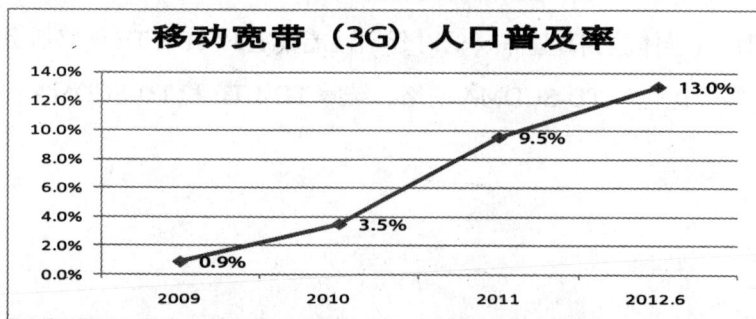

图 4—5 移动宽带（3G）人口普及率折线图，数据点：2009年0.9%，2010年3.5%，2011年9.5%，2012.6为13.0%

图4—5 我国移动宽带的人口普及率变化情况

移动宽带的渗透率也在逐步上升。到2012年6月，在我国10.5亿移动用户中，67.2%的用户使用过移动互联网。见图4—6。

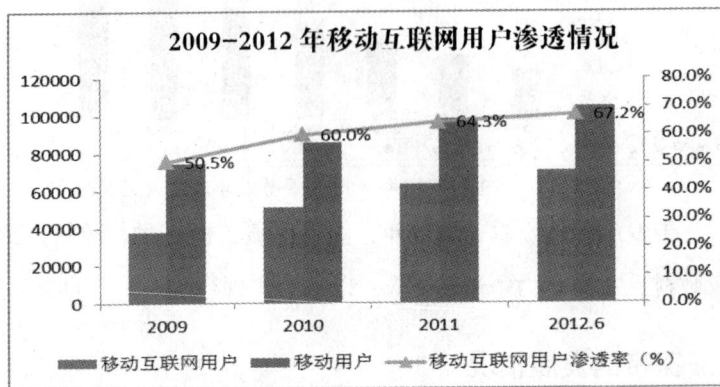

图4—6　我国移动互联网用户渗透情况

到2012年底，3G网络已经覆盖了全国的所有城镇。未来几年，还需要继续实施3G网络提升工程，推进3G网络向乡镇延伸，到2015年，将实现3G网络覆盖到所有乡镇，以完成"宽带中国"工程提出的目标。

由于LTE技术相比3G运行速度更快、网络效率更高、通过规模效益作用设备成本也更低，能够对运营商提供更宽广的支撑，全球许多运营商都将LTE视为未来发展的重要因素和手段。我国TD-LTE产业发展已取得阶段性成果，已经形成了涵盖系统设备、芯片、终端、测试仪表等环节的较为完整的国际化产业链，相关产品不断丰富，正在逐步走向成熟商用。目前，TD-LTE规模技术试验已顺利结束，中国移动按照扩大规模试验的要求，落实2万个基站的建设任务，让用户真正体验到高速率、低时延、性能稳定的TD-LTE网络服务。同时，中移动还需要优化好TD-SCDMA网络，统筹TD-LTE和TD-SCDMA协调发展。

第二节　宽带接入的普遍服务

随着通信技术的飞速发展，以及它与广播和信息技术的"融合"，无论是发达国家还是发展中国家都越来越关心宽带接入问题。这也引发了对宽带普遍服务义务的本质和范畴的再思考。随着信息社会的发展以及越来越多的经济、教育、信息和娱乐都与网络相关，人们更加担心因为有一部分社会群体没有接入网络而形成整个社会里信息富有与信息贫穷的两极分化。

一、"数字鸿沟"的内涵与外延

"数字鸿沟"通常是指不同社会经济水平的个人、家庭、商业部门以及地理区域在获取信息通信技术（ICT）的机会上以及在各种活动中使用互联网的机会上的差距。数字鸿沟反映了国家内部以及国家间的差距，以及不同国家的个人和商业用户在利用互联网的能力上存在着很大的差别。也可以说，"数字鸿沟"是指有机会经常使用互联网的人群与那些不能经常或者没有机会使用互联网群体之间的差距。令人忧虑的是数字鸿沟会随着高速网络接入和宽带网络服务的扩展而进一步加大。

"宽带鸿沟"也被定义为可以在家享用大量的互动式的音频和视频业务的群体与只能使用窄带、基于文本传输的服务的群体之间的差距。随着商业、工业、购物和贸易，以及远程教育、远程医疗、远程办公的发展越来越依赖于先进的电信服务，缩小这种鸿沟的重要性也越来越大。不能使用先进的数据业务的人也就没有机会享受一些，特别是与教育、健康和政府服务相关的好处。这一点对于那些生活和工作在农村以及偏远地区的人更严峻，因为相对于大城市的用户，这部分消费者由于所处地区缓慢的数据访问速度而处于不利的境况。

市场本身的力量在电信服务密度与对电信需求都低的地区所发挥的效力是有限的，因而在这里提供电信接入业务所面临的挑战是很大的。于是就引发了是否需要政府的干预以便向这些地区，尤其是农村和偏远地区，提供电信和互联网服务、低廉的网络接入和数据服务收费、优良的服务质量/可靠性等问题的讨论。

数字鸿沟存在于不同国家之间。 OECD 成员国间以及成员国与非成员国间的个人在使用互联网的能力方面都有很大的不同。如果政府不对信息通信技术的接入和使用进行有效推动，大多数人，尤其是在发展中国家的人，是无法享受到新的知识经济所能带来的好处的。

那么，政府是否需要干预是人们经常提及的问题。 数字鸿沟是社会、经济和教育方面更深层鸿沟的表征。这些鸿沟是长期存在的，而互联网只是使它们更加明显而已。很多政府都正在大力改革它们的监管规则以适应数字时代的需要。一个共识就是简化监管，在竞争和技术方面保持中立。为实现一个特定的目标时尽可能减少监管，因为过时的、不合适的监管会造成市场失真。但是一些新的监管是很有必要的，明显的表现就是要求主导运营商有义务开放本地网络环路。

在一些国家，数字鸿沟问题表现为不能提供通过公众交换电话网络 PSTN 进行窄带接入，以及在农村或者偏远地区的数据服务的价格要比城市或省会中心的高得多。因此，普遍服务义务中要求以可以承受的价格提供一个最起码的数据传输速率的能力，但大多数国家目前还没有把宽带接入纳入普遍服务义务中。这些国家认为应该把它交给市场本身的力量去解决，而不是把它强加到电信运营商身上。

鉴于解决数字鸿沟需要项目的投资和成本核算，一些发达国家的政府已开始进行相关评估了。关于资助方面，美国的运营商被要求承担为学校和图书馆接入互联网提供补贴；澳大利亚将 Telstra 公司私有化后的一些收益用于促进电信网络的接入，其中包括互联网的接入；在欧盟，一些在特定的普遍服务义务规定之外的旨在解决数字鸿沟的项目是允许的，但禁止以通过向电信运营商征收费用的方式进行。

二、宽带接入是否应成为普遍服务的内容？

1. 各国的做法不一

实际上，OECD 成员国还没有全部把宽带服务纳为普遍服务的一部分。尽管美国已在普遍服务中纳入了宽带接入，尤其是连接学校和图书馆的网络，还包括为农村地区的医疗健康服务提供先进的电信网络。

英国电信、互联网和媒体监管机构 Ofcom 认为，不适合在宽带业务市场的发展初期将其纳入普遍服务体制，应当定期评估这一问题，如果该业务的普及率发展到了"会对不能使用该业务的用户带来不可接受的社会和经济上的劣势"的阶段时，才考虑将其列入普遍服务中。

如果采用宽带普遍服务基金，让电信运营商承担义务，而带来的交叉补贴会造成负面影响。首先，会减少或者堵死竞争者进入市场的可能；二是会打击主导运营商在非盈利或少利润的地区市场继续投资以及改善服务的意向；三是交叉补贴制度会使得利润较高的地区业务的价格要高于实际上可能的价格。所以应该加强主导运营商的市场优势，因为在目前只有主导运营商才有能力提供全国范围的宽带业务。此外，运营商内部的交叉补贴制度相对于通过地方政府补贴来解决普遍服务义务可能更理想一点，但网络建设与运营成本是通过系统内的大笔转账来摊平，这对相对简单和静态的电话业务适用，但在一个定义模糊、充满变化与竞争的宽带市场似乎很难应用。

2. 很难以一概全

宽带业务不是一个千篇一律的服务，不同的使用者会有不同的需要，并且不同的技术会具备不同特点、成本和功能。宽带普遍服务机制可能会制造市场需求同一化从而导致限制了竞争，不利于公平选择。如何在普遍的福利措施和有针对性地帮助低收入者之间做出选择是政策制定者需要解决的问题。

如果对不同地区的基础设施接入做出不同要求，同时可以承受低可靠性（卫星通信容易受到雨天影响）、高时延、低数据速率，或者高前期成本和每月成本的话，地区间的接入鸿沟可能会小一些。为宽带业务定义一个合适的普遍服务政策可能会很复杂。由于技术和用途都在不断变化，今天的宽带业务可能将来就不再是宽带业务了。谁也不能对宽带下一个统一的定义，逐步提升的宽带水平要求我们对宽带采取动态的定义，以使宽带业务与时俱进。

三、普遍接入计划

普遍接入计划是一个系统性的综合解决方案。首先需要把问题的来源搞清楚，然后找出切合实际的并具有成本效益的解决方法。系统性的普遍接入计划应该考虑以下问题：一是明确普遍接入的目标和覆盖范围。需要将普遍接入的整体目标分解成一些独特的、可实现、可量化的子目标，包括普遍接入地区、残疾人的普遍接入、普遍服务的质量等；二是确定普遍接入的障碍；三是确定在成本可行情况下解决普遍接入障碍的方法；四是测算普遍接入计划的成本；成本测算的原则、过程和结果都应该是透明的，能够经受审计核查的；五是应该考虑其他一些资助普遍接入的办法，包括减少税收、对电信用户收费、向电信运营商收费、收取牌照费等；六是应做到定期公布普遍接入计划的进展；七是要定期监督和评价普遍接入的履行情况；八是评审时应将实际执行中取得的成果与预先设定的计划和目标进行比较；九是根据可持续的接入水平和对接入范围的定义，设定合适的普遍接入目标；十是确定实现普遍接入目标的监管机制；十一是建立筹集普遍接入基金的机制；十二是促进民间和国有企业联合投资基础设施。

四、实施、监督与检查

选择合适的实施机制的标准需要考虑：**一是充分性**。机制要确保城市和农村用户之间对服务的使用和资费具可比较性。**二是可支付性**。机制要有助于运营商向用户提供可承受的资费。**三是竞争性**。机制要能保证只对高成本用户进行有针对性的资助，从而继续鼓励和推动竞争。**四是灵活性**。随着新技术的导入、竞争的发展，以及普遍服务定义随着时间变化而变化，机制是否也能相应地变化。**五是保护性和先进性**。机制是否能保护现有的基础设施和现有的业务水平不会退化，机制是否可以激励投资以实现对提供普遍服务的设备进行升级。**六是可转换性**。机制能以竞争中立的原则为所有符合条件的运营商提供适量的资助。**七是可预测性**。机制能使得竞争者或者主导运营商预见到其用户可以获得资助的数额。**八是实际性**。机制在经济上和管理上是否可行。**九是透明性**。机制要透明和开放以便于监督和检讨。**十是成本效率性**。机制要能帮助以最低的成本达到预期的目标。

市场竞争以及技术发展带来环境的不确定性，要求花大量的精力对市场有效性进行监督和评估，并对各种政策和计划进行周期性的检讨，这就需要有准确的信息。同时，要监督宽带市场上的竞争在多大程度上实现了它原本承诺的利益，这是一个极其关键的任务。

我们看到政策制定者们正在不断调整政策，并且监督宽带接入、服务质量以及价格制定上是否存在不平等情况；评估并解决那些阻碍宽带业务推广的问题。有些国家的监管机构要求运营商定期报告其对用户要求提供高速宽带数据业务的等待时间，并对宽带发展情况进行统计和对外公布，使政策的制定和消费者便于监督。一些国家的监管机构正在制定一些评价指标，以便动态跟踪实现目标的进展情况。

第三节　宽带生态系统的发展与监管

一、宽带生态系统及其监管的必要性

　　宽带生态系统涉及两个层面。一是核心层。包括网络、服务、应用和用户四个方面。二是渗透层，包括环境、教育、数据隐私和安全、版权保护、医疗等领域都融入该生态系统。两个层面共同组成了一个宽带生态系统，相互促进、相互制约。核心层的发展将促进信息通信技术向各行各业的渗透；而各行业的信息化发展又反之带来了对宽带建设的需求。见图4—7。

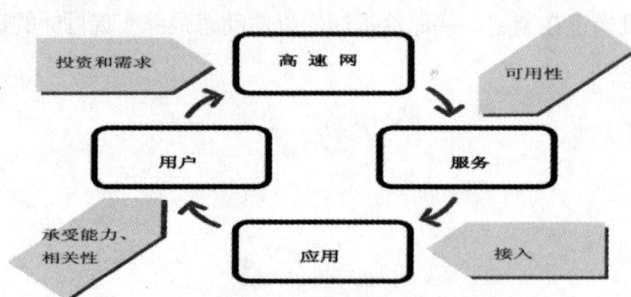

图4—7　宽带生态系统的核心层

资料来源：世界银行 GICT 部门的《发展中世界的战略和政策》。

　　在宽带生态系统的核心层，无线与有线的高速宽带网络更多地强调可用

性，以满足消费者不断增加的带宽需求；而从网络运营商到服务提供商的接入层面更多地要考虑公平性，由于宽带接入具有一定垄断性，因此，需要政府介入监管。从应用到用户体验方面要更多地考虑宽带的速率与资费，让用户能够用得起和用得好，这也需要政府的价格管制和速率监测。可以说，信息通信技术的采用和运用不仅取决于宽带所支持的服务和应用的可用性，还取决于它们对于消费者的相关性和价格可承受性；用户的需求程度决定高速宽带网络的投资水平，并且，由于宽带是重要的基础设施，所以需要超前投资。这里再次体现了电信发展要超前于国民经济的发展。

为扩大宽带生态系统，电信监管机构必须一如既往地专注于提供具有竞争力的接入网络（即有线和无线宽带网络），因为这些网络依然是生态系统中连接其他元素的关键管道线。然而，还必须重视促进对宽带应用和服务的提供并刺激需求。宽带网络的连通将增加对诸如互联网协议电视（IPTV）和互联网协议话音（VoIP）、云计算和在线视频流等服务和应用的需求。

二、国外基于宽带生态系统的监管体系

应对宽带生态系统的监管需求，主要发达国家电信监管机构都在构建新的监管体系。

1. 事前监管与事后监管

由于宽带价值链中各个环节所承受的竞争压力不同，在推进信息通信技术的发展过程中，监管机构需要考虑是否要建立行业前瞻性监管（事先监管），以防止或促进某些活动，或建立或依赖于竞争法来纠正具体的反竞争行为（事后监管）。鉴于技术的飞速进步以及人们对竞争价值认识的提高，政策制定者越来越多地应用事后监管以促进创新性市场的形成，同时针对具体的市场问题，特别是宽带物理层的问题，有目的地实施事先监管。

为扩大宽带生态系统，政策制定者必须一如既往地专注于提供具有竞争力的

接入网络，因此，需要事前监管。并且，由于网络开放性和公平接入性，需求呈现出加强宽带生态系统事前监管的态势。事前监管主要包括三种主要方式：

一是强制基础设施共建。ITU 统计显示到 2010 年，超过 70 个国家要求强制铁塔、基站、管道等设施共享，超过 120 个国家要求开放移动接入网络。见图 4—8。

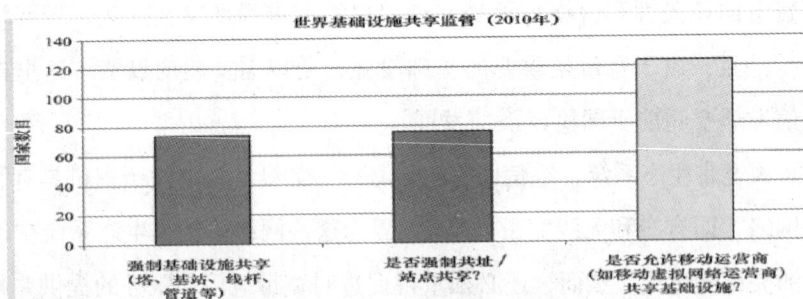

图4—8 世界基础设施共享监管情况

资料来源：国际电联世界电信/ICT 监管数据库。

二是公平接入要求延伸到了产业链上下游。随着 P2P（peer to peer, 对等网络或对等连接）等耗费大量带宽的应用逐渐普及，运营商需要不断大量投资、迅速扩容来解决网络拥塞问题；与此同时，运营商没有从 P2P 等业务中获得任何收入，反而面临"管道化"加剧的风险。从 2004 年年底开始以威瑞森电信、美国电话电报公司及康卡斯特为代表的美国宽带网络运营商提出要加强对互联网的管控，欲建立"分层的互联网"，对有服务质量保证的"网络快车道"收费。网络运营商的计划遭到了以谷歌为代表的互联网企业的强烈反对，它们提出了"网络中立"的概念。所谓"网络中立"就是指运营商不得通过调整网络配置使服务产生差别，即平等对待所有使用该网络的用户与应用。至此，美国开始了电信和互联网两个行业的"网络中立"的激烈之争，并且上至美国国会，下至普通消费者，几乎全部卷入这场争论。在此期间，美国最大的宽带运营商 Comcast 曾采用管控手段对用户的 P2P 业务进行了阻断与减速，被告到联邦通信委员会，2008 年年底联邦通信委员会裁决康卡斯特违规，并进行了处罚。康卡斯特不服裁决，进行了上诉。2010年4月美国哥伦比亚特区联邦上诉法院裁决联邦通信委员会无权要求康卡斯特遵守网络中立规定并加以制裁。联邦法院的裁决使本来已经开始降温的网络中立问题再次成为了业界的焦点。在经过五年的不断争论后，威瑞森电信和谷歌公司2010年8月10日发布了一项联合声明，就网络中立问题阐明了其7项原则立场：赞同在固定宽带业务上推行网络中立原则，但不将该原则延伸至无线宽带和新型高速网络等业务上，以免妨碍正在迅速发展的新领域中的创新和投资热情。它们的联合声明在社会上引起极大的反响，电信行业认为该联合声明是向利于宽带发展的方向迈出了积极的一步，而网络中立支持者则认为谷歌是叛徒。至此，争论达五年之久的网络中立问题暂时有了一个阶段性的结果。但是，2005年开始的网络中立之争至今没有结束，已经成为美国ICT行业目前最热的一个议题，而且随着宽带计划的推进不断有新的热点出现。

三是实施网业分离（功能性拆分）。网络分离是近年来国际电信管制发展的新趋势，它主要用于解决由电信产业垂直一体化所带来的反竞争问题。主要是要求主导运营商在所有权不分拆的情况下，将其接入网络与核心网络和零售部门分离，打破接入瓶颈。从网络分离的类型来看，有结构性/所有权分离和功能性分离两种类型；从分拆模式看，主要有LoopCo和NetCo两种模式。从实践来看，已有六个国家在电信业中采用了网络分离政策；其中，英国、意大利、新西兰采用的是功能性分离和LoopCo模式，新加坡、澳大利亚和蒙古采用的是结构性分离和NetCo模式；前三国针对的是旧有的铜线接入网，后两国（除蒙古）针对的是下一代高速宽带网络（国家新建的垄断型网络）。但是，理论上网络分离由于出现了相互分离的实体，协调成本的增加会影响投资和创新，英国功能性分离后的评估在一定程度上证实了这种观点。

2. 生态系统的协同管理

信息通信产业的融合使监管机构在在线服务和应用的纵向和横向整合中面临新的挑战。宽带生态系统涉及多个行业部门的性质要求监管机构开展跨行业合作。由于信息通信部门与环境、网络犯罪和安全、教育、医疗和银行等各重大社会问题和经济部门相互影响，相互交叉，政府有必要协调各方利益。电信监管机构在加大与银行、环境和医疗等其他行业的监管部门合作，确保信息通信技术进步的好处惠及社会所有成员。由于融合的 ICT 对各行各业均有影响，监管机构在确保让信息通信技术的好处惠及整个经济的过程中处于独一无二的地位。

3. 宽带普遍服务

随着信息社会的发展以及越来越多的经济、教育、信息和娱乐元素都与网络相关，人们更加担心因为有一部分社会群体没有接入网络而形成整个社会里信息富有与信息贫穷的两极分化。而解决宽带普遍服务问题需要一个系统性的解决方案，需要体系性的规划、设计、实施与监管政策。（第二节已专门论述，此处不再评述。）

4. 宽带接入价格与专线价格监管

宽带生态系统不仅涉及零售层面的价格监管，主要是指宽带接入价格，还涉及专线价格，也可以叫批发价。

从宽带接入价格监管看，国外政府开始关注并实施一定程度的监管。例如，法国政府推出"互联网社会资费"。为了保障对于低收入人群的互联网服务，法国政府要求低收入人群每月以不高于23欧元的资费来享受无限的互联网与固定电话服务，且不能要求合同期限。目前法国已有七家运营商提供此类服务，其中爱丽斯（Alice）与 Numericable 提供每月低于20欧元资费套餐服务，该套餐包括互联网、固定电话及电视三项服务。

从专线价格看，国外监管机构也在加强监管。例如，英国电信监管机构英国通信管理局宣布，计划对宽带服务提供商 BT 互联网专线价格设定上限。对于互联网服务供应商和受 BT 支配的其他公司如 O2、沃达丰和 Plusnet 来说，设定价格上限的提议会导致"实际降价"。预计，英国通信管理局的提议会促使这些参照专线价格上限的公司比享受到降价的企业给予客户更多实惠。英国通信管理局建议，在未来三年内，使用旧技术的专线价格不得超过零售物价指数（RPI）加上6.5%。使用以太网技术的新线的价格至少应当比零售物价指数减少8%。英国通信管理局在提案中也表示，英国电信正面临着来自伦敦东部、西部和中部的其他供应商的更大的竞争威胁。在上述这些地区，英国电信具有"较弱的控制力"。英国通信管理局表示，建议设定的上限额"旨在到2015年，使英国电信的这些产品与其成本相匹配"。

除此之外，英国、美国监管机构持续开展宽带测速，保护用户知情权，提升服务质量。

三、中国需要建立基于宽带生态系统的监管框架

首先，我们需要建立基于宽带生态体系的监管体系，既包括事前监管，也包括事后监管，即电信监管与反垄断监管相结合形成一个完整的宽带监管框架。在事前监管中，重点要解决公平接入、共建共享的问题；在事后监管中，重点监测主导运营商的反竞争行为。

其次，在价格方面，宽带接入零售价格的高低取决于互联网骨干网的结算价格，因此，需要解决宽带生态系统的价格体系，而不仅仅是宽带接入价格。现阶段要加强宽带生态系统的体系监管，宽带接入需要制定上限管制，以解决高成本地区的宽带接入收费问题，以及在竞争不激烈的区域中出现高价问题。同时，降低结算价格，解决骨干网的竞争不足问题等。

更重要的是，宽带发展并不仅仅是接入带宽、速率与资费问题，还涉及深层次改革与政策设计。接入层面的市场开放与强化竞争将对技术创新与价格下降有决定性的意义，因此，进一步开放市场是宽带发展的重要政策。同时，应构建有利于宽带发展的政策框架。

第四节　"宽带中国"战略对中国社会经济发展的深远影响

高速宽带网络已日渐被认同为经济和社会发展重要的基础设施，它既为整个经济活动提供沟通和交易平台，也能通过对各行业的渗透而提高生产率。因此，促进国家宽带网络发展已成为众多国家信息网络战略中的重要组成部分。全球127个国家和地区已经出台宽带战略或者行动计划，我国也于2013年8月发布了"'宽带中国'战略及实施方案"（简称"宽带中国"战略），首次提出"宽带网络是新时期我国经济社会发展的战略性公共基础设施，发展宽带网络对拉动有效投资和促进信息消费、推进发展方式转变和小康社会建设具有重要支撑作用"。"宽带中国"战略出台将推动我国宽带基础设施快速健康发展，并将深刻影响我国经济转型与社会发展。

一、"'宽带中国'战略及实施方案"出台背景

1. 我国宽带网络发展水平仍比较低，需要促进全面发展

"十二五"（2011—2015年）以来，我国宽带网络发展提速，但与发达国家相比差距仍然明显。我国从2002年开始推动宽带发展，到2011年的9年间年均新增用户12,539万户，平均增长58%，年均宽带普及率提升1个百分点。2012年，工信部推动"宽带普及提速计划"。2013年，八部门出台"关于实施宽带中国

2013专项行动的意见"，在此推动下，到2013年6月，全国固定互联网宽带接入用户总数达1.83亿户，70%的宽带用户签约的宽带产品速率已到4兆及以上。根据国际测速机构的报告，目前我国的宽带速率位于全球中等水平，但与发达国家相比仍有差距。

固定宽带普及率低，区域发展水平不平衡。2011年我国的宽带普及率仅仅为11.7%，超过全球的平均水平（8.5%），但远低于发达国家25.1%的水平，落后的差距从2005年的10%扩大到13.4%。互联网接入的家庭普及率在2011年是30.9%，远低于发达国家70%的水平。国际电信联盟报告显示2011年我国在国际上的排名是78位，比五年前还后退了一位。我国宽带区域发展不平衡，东部地区的宽带用户份额为56.1%（人口份额为33%），西部地区宽带用户份额为16.8%（人口份额为29%）；东、中、西部宽带人口普及率差距呈现扩大趋势，中东部差距从2010年的6.6个百分点拉大到2011年的7个百分点，西部和东部的差距从2010年的7.3个百分点拉大到2011年的7.5个百分点。

综上，我们从普及程度、宽带速度看，跟发达国家有非常大的差距。我国宽带网络提升的空间还很大，远远不能满足全社会对宽带网络的需求，需要通过出台"宽带中国"战略进一步推动发展。

2. 宽带网络的重要性导致需要通过国家战略解决发展中的问题

宽带网络基础设施不仅影响通信行业本身的发展，而且还支撑着互联网、物联网、云计算等高新技术产业的发展，因此，它涉及国家经济发展与社会生活的方方面面。但是，宽带的发展不仅需要攻克最后一公里接入这个难题，还需要网间、网站等环节的配合，否则用户的感知同样上不去；需要建设部门、文化部门等合作共进。因此，国家需要通过出台"宽带中国"战略，协调跨部门间的管理问题与利益问题。如无线宽带发展必须有足够的频谱资源，应统筹我国的频率资源来保障宽带的发展等，类似重大问题都需要通过"宽带中国"战略来逐步推进。同时，也需要通过国家战略的出台引导地方政府重视宽带基础设施，并像重视公路、铁路一样关注宽带网络设施的发展。

3. 需要推进宽带普遍服务以解决数字鸿沟问题

对于农村地区的网络覆盖和低收入群体的宽带服务，如果仅仅依靠市场行为是很难满足需求的。国际电信联盟早已把宽带纳入"普遍服务"，很多国家都设有"普遍服务基金"，为农村地区或低收入群体提供资助。我国也需要通过国家战略确定对落后地区的发展与支持政策，以平衡区域差距，解决数字鸿沟问题。

4. 宽带网络滞后成为信息消费瓶颈，需要快速提升

促进信息消费不仅是拉动经济增长的有效动力之一，更是促进产业结构优化、降低交易成本、节约能耗，促进经济转型和社会进步的有效途径，需要政府通过政策机制大力促进我国信息消费的发展。信息消费包括信息产品消费、信息服务消费以及信息消费间接带动的其他领域的消费三个大类。其中，信息服务消费指通信网、互联网上承载的各类业务、内容或应用的服务消费。如网络音视频、网络游戏、互联网金融等典型服务形态，市场潜力巨大，是当前和今后信息服务消费的基石，但面临的最大问题就是网络基础设施薄弱，现有的网速与资费无法支撑新型信息应用的发展与渗透。日、韩、美等国之所以能引领世界信息消费潮流，得益于其超前部署的宽带网络，我国也亟待通过出台"宽带中国"发展战略来快速提升宽带网络水平。

二、"宽带中国"战略的主要目标

1. "宽带中国"战略的目标

到2015年，初步建成适应经济社会发展需要的下一代国家信息基础设施。基本实现城市光纤到楼入户、农村宽带进乡入村，固定宽带家庭普及率达到50%，第三代移动通信及其长期演进技术（3G/LTE）用户普及率达到32.5%，行政村通宽带（有线或无线接入方式，下同）比例达到95%，学校、图书馆、医院

等公益机构基本实现宽带接入。城市和农村家庭宽带接入能力基本达到20兆和4兆，部分发达城市达到100兆。宽带应用水平大幅提升，移动互联网广泛渗透。网络与信息安全保障能力明显增强。

到2020年，我国宽带网络基础设施发展水平与发达国家之间的差距大幅缩小，国民充分享受宽带带来的经济增长、服务便利和发展机遇。宽带网络全面覆盖城乡，固定宽带家庭普及率达到70%，3G/LTE用户普及率达到85%，行政村通宽带比例超过98%。城市和农村家庭宽带接入能力分别达到50兆和12兆，发达城市部分家庭用户可达1吉。宽带应用深度融入生产生活，移动互联网全面普及。技术创新和产业竞争力达到国际先进水平，形成较为健全的网络与信息安全保障体系。

2. "宽带中国"战略的发展时间表

全面提速阶段（至2013年底）。重点加强光纤网络和3G网络建设，提高宽带网络接入速率，改善和提升用户上网体验。**推广普及阶段（2014—2015年）**。重点在继续推进宽带网络提速的同时，加快扩大宽带网络覆盖范围和规模，深化应用普及。**优化升级阶段（2016—2020年）**。重点推进宽带网络优化和技术演进升级，宽带网络服务质量、应用水平和宽带产业支撑能力达到世界先进水平。

3. "宽带中国"战略的主要任务

（1）**推进区域宽带网络协调发展**。支持东部地区先行先试开展网络升级和应用创新，与国际先进水平接轨。给予政策倾斜，支持中西部地区宽带网络建设，增加光缆路由，提升骨干网络容量，扩大接入网络覆盖范围，与东部地区同步部署应用新一代移动通信技术、下一代广播电视网技术和下一代互联网。将宽带纳入电信普遍服务范围，重点解决宽带村村通问题。

（2）**加快宽带网络优化升级**。加快互联网骨干节点升级，推进下一代广播电视网宽带骨干网建设，提升网络流量疏通能力，全面支持IPv6；积极利用各类社会资本，统筹有线、无线技术加快宽带接入网建设；统筹互联网数据中心建设，利用云计算和绿色节能技术进行升级改造，提高能效和集约化水平。

（3）**提高宽带网络应用水平**。不断拓展和深化宽带在生产经营中的应用，加快企业宽带联网和基于网络的流程再造与业务创新，利用信息技术改造提升传统产业，实现网络化、智能化、集约化、绿色化发展，促进产业优化升级；着力深化宽带网络在教育、医疗、就业、社保等民生领域的应用。加快学校宽带网络覆盖，积极发展在线教育，实现优质教育资源共享；依托公众网络增强军用网络设施的安全可靠、应急响应和动态恢复能力。

（4）**促进宽带网络产业链不断完善**。一是推进实施新一代宽带无线移动通信网、下一代互联网等专项和863计划、科技支撑计划等关键技术研发。二是在光通信、新一代移动通信、下一代互联网、下一代广播电视网、移动互联网、云计算等重点领域，加大对关键设备核心芯片、高端光电子器件、操作系统等高端产品研发及产业化的支持力度。三是面向教育、医疗卫生、交通、公共安全等重点领域，积极发展物美价廉的移动终端、互联网电视、平板电脑等多种形态的上网终端产品。四是在宽带网络相关技术领域，推动国家工程中心、实验室等产业创新能力平台建设。

（5）**增强宽带网络安全保障能力**。一是提高宽带网络信息安全与应急通信技术支撑能力。二是构建下一代网络信息安全防护体系，提升网络基础设施攻击防范、应急响应和灾难备份恢复能力。三是提升宽带网络的应急通信保障能力。四是提高主动安全管理能力，构建全方位的社会化治理体系，着力打造安全、健康、诚信的网络环境。

4. 政策措施

一是建立"宽带中国"战略实施部际协调机制，加强统筹和配合，协调解决重大问题，务实推进战略的贯彻实施。**二是**要完善法律法规、健全监管体系、推动开放竞争与深化应用创新。**三是**严格落实宽带网络建设规划和规范。保障宽带网络设施建设与通行。深化网络设施共建共享。**四是**加大财政资金支持，加强税收优惠扶持，将西部地区宽带网络建设和运营纳入《西部地区鼓励类产业目录》，扶持西部地区宽带发展。同时，将宽带业务纳入《中西部地区外商投资优势产业目录》。**五是**明确国家无线频谱路线图，促进频谱资源高效利用，加强公共频段上无线设备的监管。**六是**优先保障人才发展投入，加大高层次人才引进和培养。**七是**加强网络基础资源国际合作，深化网络空间国际合作。

三、"宽带中国"战略出台对经济发展与社会的作用

1."宽带中国"战略出台对信息通信业发展的作用

长期以来，宽带作为基础设施的定位不明确，"宽带中国"战略提出"将宽带网络作为国家战略性公共基础设施"，这将在法律或政策上明确宽带作为国家下一代信息基础设施的地位，在很大程度上缓解目前地方宽带建设难的问题，通过政策激励构建一个良好的宽带发展环境。

"宽带中国"战略作为国家在宽带发展方面的纲领性文件，不仅着力于提高网络性能和应用拓展，而且涵盖信息通信产业链的合作发展。通过多种技术协同构建下一代国家基础设施，这对基于高速宽带网络运行的通信业与视听多媒体的发展具有重要的意义。

2."宽带中国"战略有利于提升国家综合竞争力

面向信息社会的国际竞争，宽带网络的发展水平和信息技术应用的程度日益成为决定一个国家竞争力的关键因素。宽带网络不仅是提升国家经济、科技、军事等竞争硬实力的基本手段，也是提升文化软实力的基本保障。主要体现在以下四个方面：**一是**信息网络是支撑信息化发展的关键基础设施，它的发展不仅决定了一个国家的信息化发展水平，也决定了信息技术与国民经济各领域深度融合的程度。过去，我们评价一个国家的竞争力水平时，主要参考指标是 GDP 等经济发展水平指标，但是，现在除了考虑经济指标，一个国家的宽带网络发展水平以及信息技术通过优化产业结构和资源配置，来显著提升国家经济实力的作用也普遍得到了大家的认可。**二是**信息通信技术与信息网络是作为一种通用技术和通用基础设施，除具有基础性、高渗透性和通用性的特征，还具有快速技术创新和快速应用创新的特征。它们的贡献不仅发生在信息技术部门内，而且可以向非信息

技术部门溢出，提高全社会平均劳动生产率，进而提升经济增长效率。宽带网络发展为信息通信技术创新提供了网络平台，带动创新主体的延伸和创新范围的拓展，极大地促进国家科技实力的增强。**三是**宽带网络和信息技术也是提升国家军事实力的基础和保证，它们在武器装备、作战样式、指挥体系、战场建设等领域的广泛应用，可极大提升军队的协同作战能力和作战效果。四是信息技术和信息网络为国家价值观传播、文化宣传以及国家形象塑造等提供了新的手段和途径，信息网络成为当前全球意识形态及价值观碰撞的重要阵地，信息内容成为本土文化与外来文化相互交融的重要载体，为扩大我国在全球的影响力奠定了基础。

3. "宽带中国"战略对社会进步的深远影响

宽带网络发展将有利于提高社会管理效能和服务水平、促进社会管理多主体间资源整合、推动基本公共服务均等化和社会服务有序发展。其一、基于网络的城乡社区信息化建设成为强化基层管理、延伸公共服务、拓展便民渠道的重要内容，持续推动了社区自治能力的提升，推动基层组织社会建设的健全和完善。其二、政府网站、微博问政、网上信访投诉、网上民意征集等新方式拓宽了网络民意表达渠道，有力促进了政民互动，为及时了解民情、解决民忧、从源头上预防和减少社会矛盾提供了新模式。其三、社会组织的服务与管理信息化，为信息公开、网络互动、热线投诉等提供了基础性平台支撑，并推动社会组织运营管理的透明化。其四、信息技术与信息网络的应用与普及将延展医疗、教育、社保等基本公共服务的服务范围，极大提升公共服务的便捷性、公平性、可及性。而这些都是基于宽带网络基础设施发展起来的，一个国家没有高水平的宽带网络就不可能有当今的社会进步与社会管理创新。

综上，"宽带中国"战略出台对我国经济发展与社会进步具有重要意义，但是，更重要的是推动实施。在"战略"出台之后，中央与地方相关政府部门还将出台相关实施细则，加大实施力度，以保障"宽带中国"战略能够真正对我国经济发展与社会进步产生深远影响。

第五章

中国信息通信产业的
发展与监管

第一节　新一代信息技术产业与中国

一、新一代信息技术产业能否成为中国"支柱产业"？

1. 什么才是中国的"支柱产业"？

何谓"支柱产业"？顾名思义就是整个工业体系的栋梁，能够支撑、拉动整个国家经济和社会的可持续发展。美国以往的支柱产业是铁路、钢铁、石油、飞机和汽车制造业，现在是航天、信息产业、军工业。靠着这些"支柱"，美国现在几乎垄断着全球 GPS、军火工业、客机等市场，以暴利支撑美国在政治、经济、军事和文化方面的主导地位，全方位打造信息时代的全球帝国。日本是靠汽车、电子、光学等产业奠定世界经济第二的基础，实现了国家复兴。韩国是曾将船舶制造业列为支柱产业的，以此为基础，现在韩国不仅在汽车、信息产业还在军工产业方面异军突起，称雄世界。

对于何谓支柱性产业？国家发改委政策研究室曾提出九条考察指标：产业增加值在国民生产总值（GNP）中所占比重达 5% 左右；出口创汇稳定增长，国际市场占有份额上升；就业人员占全国就业人员总数的权重有所提高，同时在紧密相关的产业部门就业人员大量增加；行业关联度高，影响力及感应度系数均大于 1；较高的产业集中度和骨干企业的市场占有率，集约化、社会化的大生产方式，配套协作的企业组织网络；与国际同行业相比，技术比较成熟；需求收入弹性高于1, 在1.5左右; 经济效益好, 附加价值率一般在25%—40%; 具有高于国民经济总增长率的、持续的、较高的部门增长率。

从这些指标来看, 长期支撑我国经济发展的支柱性产业包括钢铁产业、汽车行业、房地产等。虽然九条指标是根据工业部门的产业特点提出的, 并不完全适用于其他产业, 但是, 还是具有一定的参考意义的。**目前对支柱产业的普遍定义, 一般是指在国民经济中占有较大比重、对经济增长贡献率较高的产业, 它们具有市场容量大、产业关联度高、带动系数大等特征。**

房地产业在2003年被国务院文件正式定位为"支柱产业"。有专家估计, 房地产业在中国能拉动约50个相关产业的发展, 对于GDP的贡献在11%左右, 加上14%—15%的间接贡献, 房地产对于整个国民经济的贡献超过25%。但近几年由于房地产价格上涨过快, 在社会上引发了一系列争议。

2. 为什么中国要提出新兴战略性产业?

钢铁产业、汽车行业、房地产等一直是支撑着我国经济增长的支柱产业, 但由于环境、资源及民生问题难以维系其持续发展, 那么什么支柱产业能够支撑中国经济未来10—20年, 甚至更远的发展呢? 必须培育新兴产业, 这就是提出新兴战略性产业的初衷。通过培育、发展战略性新兴产业, 并不断扩大规模, 才能逐渐形成我国未来的"支柱产业"。同时, 我们看到美国、日本、欧盟、韩国也正在推动信息通信产业、新能源、高端制造等新兴战略产业, 并力争在未来发展中处于领先地位。

在2010年10月18日, 中国共产党第十七届中央委员会第五次全体会议提出"坚持把经济结构战略性调整作为加快转变经济发展方式的主攻方向"。在2011年出台的《国务院关于加快培育和发展战略性新兴产业的决定》中提出, 要在2020年让节能环保、新一代信息技术、生物、高端装备制造产业成为国民经济的"支柱产业", 同时也要让新能源、新材料、新能源汽车产业成为国民经济的"先导产业"。我国计划用20年时间, 使节能环保、新一代信息技术等七大战略性新兴产业的整体创新能力和产业发展达到世界先进水平，为经济社会可持续发展提供强有力的支撑。2010年，信息通信产业的增加值占 GDP 的5.82%，已经成为我国新的"支柱产业"。这意味着新的经济发展方式开始确立，也意味着钢铁、房地产业等传统产业作为支柱产业的地位正在发生改变。

3. 我国新兴战略性产业的推动政策与机制

在金融危机之后，世界各国都非常重视新兴产业的发展。2009年年底，美国出台了"重塑美国制造业框架"的政府文件，其中涉及六大产业，绝大多数都跟我国的"七大战略性新兴产业"有相似性；欧洲出台了"2020年可持续与包容性的智能发展战略"；日本也出台了"日本2020新增长战略"。

从发达经济体的选择来看，对新兴技术的选择日益趋同，各国基本上都把新能源、生物技术和信息技术作为本国或本地区今后发展的重点。这些发达经济体普遍认为，在这些领域将形成新的发展机遇，目前已经到了产业化突破的临界点，政府的推进将促进形成新的增长点，进而带动整体经济的新一轮增长。

《国务院关于加快培育和发展战略性新兴产业的决定》指出，中国将设立战略性新兴产业发展专项资金，建立稳定的财政投入增长机制，制定完善促进战略性新兴产业发展的税收支持政策，鼓励金融机构加大信贷支持以及大力发展创业投资和股权投资基金。

为此，国务院成立由发展改革委员会牵头的战略性新兴产业发展部际协调机制，编制并发布了国家战略性新兴产业发展规划和相关专项规划。2012年7月，《"十二五"国家战略性新兴产业发展规划》正式发布实施，提出了战略新兴产业发展的指导思想、基本原则、发展目标、重点发展方向和主要任务。

在新一代信息技术产业发展上，规划提出，要把握信息技术升级换代和产业融合发展机遇，加快建设宽带、融合、安全、泛在的下一代信息网络，突破超高速光纤与无线通信、物联网、云计算、数字虚拟、先进半导体和新型显示等新一代信息技术，推进信息技术创新、新兴应用拓展和网络建设的互动结合，创新产业组织模式，提高新型装备保障水平，培育新兴服务业态，增强国际竞争能力，带动我国信息产业实现由大到强的转变。"十二五"期间，新一代信息技术产业销售收入年均增长20%以上。

4. 为什么下一代信息技术产业会成为"支柱产业"？

下一代信息技术是信息通信技术新的发展方向，是当今时代创新最活跃、渗透性最强、发展速度最快、应用范围最广的关键通用技术。同时，信息通信技术产业[1]已成为提升经济社会运行效率，打造新兴产业体系，转变经济发展方式，奠定国家长远竞争优势的重要引擎和核心载体，并在全球范围得到普遍高度重视。

（1）信息通信技术对经济发展的贡献方式

信息通信技术是典型的通用目的技术[2]，应用并渗透在经济社会的各个领域。与传统技术相比，信息通信技术可与各细分行业实现深度耦合，产生更强的关联和带动效应，不断创造出新的经济增长点，衍生新的产业形态，有效提高增长质量和效益。这意味着，信息通信技术具备产业关联强、社会需求广、经济效益好等基本特征。

信息通信技术产业可以全方位变革传统产业组织模式。当前，在信息通信技术的驱动下，研发、设计、生产、营销、配送和服务的全球资源配置和国际分工体系正在加速形成。生产设备智能化、生产方式柔性化、生产组织灵巧化正重构着产业价值链，使经济增长的源泉从传统的资本和劳动要素转向信息、知识、科技和管理等新的要素。

信息通信技术产业奠定创新的基础平台和先决条件。金融危机以来，各国普遍认为，宽带和网络化的信息通信技术是全球经济结构调整的驱动器、新的数字

1　信息通信技术产业包括通信服务业、电子制造业、软件服务业以及互联网服务业。

2　通用目的技术（General Purpose Technology，简称 GPT）特指可以适用于各行各业并深度耦合的技术。目前公认的 GPT 技术是内燃机、电力、信息通信技术。

服务的创造者，是集聚全球科技与经济资源、实现创新协同、供应链协作和产业升级的基础。

信息通信技术产业衍生并带动大批脑力劳动岗位。基于信息通信技术衍生出大量高技术就业岗位，对于稳定和解决就业、优化就业结构具有重要意义。以电子商务为例，不仅直接创造了"网络客服"、"网商"等新型就业岗位，还间接拉动了物流、金融支付、数据挖掘等行业的发展。

（2）国外发达国家信息通信技术产业对经济增长的突出贡献

评价信息通信技术产业对经济发展的直接贡献，常见方法是测算信息通信技术产业增加值占GDP的比重。以美国信息通信技术产业为例[1]（见图5—1），在过去十年，信息通信技术产业以较快速率增长，带动信息通信技术产业增加值占GDP的比重从1991年到1993年的年均3.4%，增长至2005年到2009年的年均4.2%[2]。总体上，信息通信技术产业占GDP的比重增长近25%，其他任何产业都无法与其媲美。

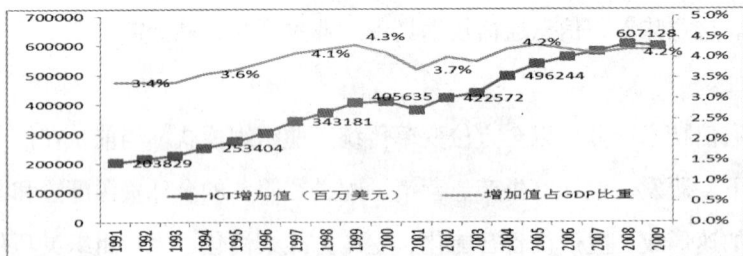

图5—1 ICT产业对美国GDP的贡献

---

1 美国ICT产业包括计算机及相关电子产品、软件、出版业、信息和数据处理服务、计算机系统设计及相关服务等。

2 除非特殊说明，此处引用的美国数据均来自于"The Contributions of Information and Communication Technologies to American Growth, Productivity, Jobs and Prosperity"，SONECON，2011年9月。SONECON现任主席是美国商务部前副部长罗伯特·夏皮罗（Robert Shapiro），服务对象包括英国前首相布莱尔、美国前总统克林顿、美国前副总统戈尔等。

在直接就业方面[1]，OECD 国家信息通信技术产业从业人员在总从业人员中的比例从1995年的2.8% 提高到2010年的3.6%。美国 ICT 就业人员占比从2005年的3.3% 上升到2010年的4.0%，说明 ICT 产业的就业吸纳能力在快速增长。

ICT 产业的基础性和先导性决定了它的贡献是多方面的，仅用直接创造的经济增加值来度量其贡献是不完整的。国内外研究普遍认为，ICT 产业对经济增长的间接贡献大于直接贡献。根据美联储分析，从1995年到2001年，美国生产率增长的28% 来自 ICT 技术的应用，对 ICT 技术的资本投资贡献了另外的34%，而由于 ICT 创新而带来的企业结构和工人技能的变化带来了另外10% 的生产率增长。最新情况是，2009年 ICT 产业向美国 GDP 贡献了1万亿美元，其中包括6,000亿美元的直接贡献以及4,000亿美元的间接贡献（来自其他使用 ICT 的行业）。从溢出效应上看，以上测算仅是保守的估计，它只计算了直接溢出效应，并未将间接的溢出效应计算在内，例如 ICT 产业降低了其他产业的成本。伴随着 ICT 产业的发展，受益最大的是制造业、信息产业、金融和保险业、科研及技术服务。在经济总盘子中，2009年 ICT 产业投资带来的间接效应为 GDP 贡献了4,014亿美元，ICT 企业的直接贡献达到5,998亿美元。两者相加，2009年 ICT 产业对美国 GDP 的贡献合计达到10,011亿美元，占到全年 GDP 总量的7.1%。

（3）我国信息通信产业对经济增长的贡献

我国 ICT 产业持续快速增长，对 GDP 的直接贡献稳中略降。从2005年到2010年，信息产业收入规模从4.1万亿元上升到8.7万亿元，年均增长16.3%；信息产业增加值从1.4万亿元上升到2.3万亿元，年均增长10.6%。2010年 ICT 增加值占 GDP 的比重为5.8%，比美国2009年的7.1% 低1.3个百分点。在 ICT 促进经济发展的同时，ICT 产业还提供大量就业岗位，创造新的就业机会。据估算，截至2010年年底，整个 ICT 产业从业人员总数占全社会就业总量的1.9%，占城镇

---

1 OECD 国家 ICT 产业从业人员占比数据来自 OECD 官方网站，详见：http://www.oecd.org/document/23/0,3746,en_2649_34449_33987543_1_1_1_1,00.html。

就业总数的4.1%。

ICT产业对经济增长的间接贡献不断扩大。ICT产业通过自身的渗透性、倍增性和辐射性作用，在加速推动经济结构调整和经济增长方式转变的同时，拉动了相关产业的发展，对经济增长的间接贡献快速增长，并因此推动ICT产业在国民经济中的战略地位持续提升。同时，ICT产业与国民经济众多产业相互依存、相互影响，并直接和间接地促进其他产业的发展。

综上，我国ICT产业已经成为支撑经济发展的支柱产业，并且还将在未来的经济增长与生产方式转型中发挥更大的作用。

二、新一代信息技术的趋势性特征与推动机制

1. 新一代信息技术的趋势性特征

我国的新一代信息技术产业包括核心基础技术与器件产业、下一代信息网络和新兴信息服务业。移动互联网、物联网、云计算、下一代网络等新兴技术和业务的发展标志着信息通信技术发展进入新的阶段，并构筑了信息社会的网络与技术基础。

新一代信息技术产业是信息社会的关键信息基础设施，是获得竞争优势的核心要素，是促进经济发展方式转变最强大的动力。在绿色、智能、包容和可持续发展中，新一代信息技术产业扮演着关键的角色。同时，新一代信息技术将推动形成开放、透明、民主的政府管理，形成国家创新体系战略的关键基石和核心力量，从而推动信息社会的发展。

新一代信息技术融合发展，以芯片性能和信息服务能力快速突破为基础，以融合、宽带和泛在的信息网络为平台，以人类社会及物质环境的互动信息为分析对象，服务决策智能化的本质已经清晰显现。核心技术趋势表现为集成电路保持快速创新；半导体市场格局基本稳定，但由于移动互联网的发展，产业发展模式和格局面临重塑；研发和生产成本上升，代工模式受到更多重视；智能终端成为重要的融合平台；在新兴信息服务业方面，云计算推动服务模式的变革，移动互

联网和物联网快速发展，大数据时代正在来临。

2. 新一代信息技术的发展规律探索

技术与应用需求相互促进，向系统化和融合化发展，同时技术的系统性和共性更突出。在信息通信技术产业发展的早期，单一的科学计算需求、关键技术领域的突破创新以及孤立、零散的业务应用发展占主流。随着关键技术的突破和业务应用的推广，技术创新的系统化和集成化特点日益突出，产业发展模式变得清晰。信息通信技术从产业内向工业、政务和社会等领域延伸、渗透，应用不断深化；随着需求的系统化和融合化日益增强，科研需求和应用需求的界限被突破，民用需求和军事需求的界限被突破，民用需求各领域的界限被突破，技术的系统性和共性更突出，新一代信息技术产业融合发展，对各技术领域提出新的挑战，形成从局部到系统整体的创新循环。

技术创新改变物质环境和思维空间，不断形成新的虚拟的信息空间。互联网广泛普及，技术和应用创新层出不穷，政府、个人和企业活动的互联网化，使互联网成为经济社会运行的基础平台，形成了网络化、虚拟化的数据信息空间。

新一代信息技术的宽带化、移动化、融合化、智能化和泛在化趋势已经显现，并进入加快发展和渗透的关键阶段。这使新一代信息技术全面、系统地进入到社会经济发展的关键领域。同时，从重大技术创新，到应用探索和业务应用清晰化形成了清晰的产业发展模式。

企业建立全球整合的平台生态系统，建立开源创新平台。IT硬件、软件、服务企业、电信运营商、终端企业等普遍采取全球整合集成战略，建立平台生态系统，全方位融合发展。开源创新平台成为产业生态系统的实现形式，在芯片和集成电路和移动互联网等领域，出现了具有很强竞争力的开源创新平台。

新一代信息技术产业依托国家整体优势，实现集聚发展。美国在国家层面和产业层面上，基于人才和科学研究、资本市场、产学研结合体系、经济和产业发展水平等国家整体优势，实现了新一代信息技术全面领先。在产业层面上，ICT企业在硅谷等科技园区集聚，形成集成电路、软件、网络通信设备、智能终端、互联网服务等优势领域。新一代信息技术产业是高度集成化、系统性、融合化的产业，芯片、软件等核心基础技术、下一代信息网络和信息服务都出现了全球产业生态系统，并对不同技术和业务应用进行协同整合。在国家层面上，以国家战略目标为导向，整合技术和产业资源，发挥政府和公共服务的引领作用和基础研究中的主导作用，充分发挥国家实验室的人才、资金和技术集聚作用，推进新一代信息技术的创新和发展。同时，美国中央或者联邦政府都建立顶层领导机构及各部门分工合作的组织体系，以保障政策措施和计划的有效执行。

3. 新一代信息技术产业发展的推动机制

美国新一代信息技术产业发展的推进机制是目标导向，研发支撑，政府引领，系统推进。首先，在基础研究、应用创新和市场推广三个层面，实行明确的目标导向，以经济、社会和国家安全等国家战略目标为导向，引导新一代信息技术产业的发展。其次，加大政府投资以强化新一代信息技术基础研发、应用研究和产品开发，并将政府和公共服务需求作为新一代信息技术产业发展的试验田与助推器。美国联邦政府在高新技术和基础研究方面一直承担重要责任，并建立跨部门合作的组织机制，NSF 和 DARPA 是其中的关键角色；同时，政府保障和增加新一代信息技术核心基础研究的投资，国家实验室更是发挥了不可替代的关键作用。

在推进组织体系方面，突出系统推进。一是目标的系统性。在国家战略层面上，确立包括国防、能源、交通、政府、社会等全面系统的目标，在每个战略目标上制定出详细的分项目标。二是政策工具的系统性，包括系统的经济政策、技术研发政策、技术推广和应用政策。三是政策推进主体的协同性。美国联邦政府机构与地方政府、行业部门共同形成统一协调的组织体系。四是形成系统的技术研发和应用推进计划。

我国推进新一代信息技术发展，不仅需要发挥市场规模优势，也要发挥国家优势。充分利用我国的互联网、移动互联网、电子商务等面向消费者和企业的市场规模优势，带动提升我国企业创新能力和竞争力，提升我国的新一代信息技术基础研究能力。同时，我国是一个发展中的政治、经济和文化大国，有巨大的公共服务需求，国家和政府可以充分发挥引导和协调作用，让新一代信息技术体现服务国家战略目标的核心基础地位。

三、推动新一代信息技术产业发展的政策

1. 多国政府纷纷出台推动新一代技术发展的战略和政策

近年来，发达国家和地区围绕新一轮信息革命，聚焦物联网、云计算、移动互联网等新兴技术，出台了一批促进 ICT 产业发展的战略。同时，以云计算、物联网等为重点，从法律、标准、技术、公共采购等出发，出台了一系列落实 ICT 产业发展战略的政策，积极培育新兴产业。包括：一是修改完善隐私和数据保护法规，为新兴技术产业的发展解决法律瓶颈。如，美国新发布了《Cloud2》云计算文件，对跨境数据流动提出了建议。二是建立统一的技术标准，推动统一市场的形成。如，欧盟通过 FP7 资助云计算和物联网标准研究，确保不同云（私有云，混合云）应用系统和不同物联网应用系统之间的兼容性。三是投入公共资金，支持新兴技术研究及应用推广。如，美国政府分别投资34亿美元和500亿美元用于智能电网和智能医疗技术的研究和推广；欧盟2011年支出9亿欧元用于支持智能建筑、智能家居等研究。

2. 我国政府出台产业政策着力点在支持企业创新、融资与国际化

2011年，发改委对战略型新兴产业有关政策进行了细化和完善，重点是微观主体的融资、创新支持，政策着力点在国际化、多元融资、创新扶持三个方面，通过资金、技术的引导和市场的培育推动整个产业的发展。

从国际化发展角度，国家开始系统部署战略型新兴产业国际化发展战略，出台了《关于促进战略性新兴产业国际化发展的指导意见》。从创新扶持角度，购买设备、创业投资、成果转化、创新能力建设关键环节都给予政策支持。为此出台了《关于高新技术企业境外所得适用税率及税收抵免问题的通知》。在多元化融资方面，支持专项资金、民营资本进入。为此，出台了《关于印发鼓励和引导

民营企业发展战略性新兴产业的实施意见通知》、《新兴产业创投计划参股创业投资基金管理暂行办法》、《科技型中小企业创业投资引导基金股权投资收入收缴暂行办法》和《物联网发展专项资金》。

　　金融危机后，地方政府发展 ICT 产业的热度持续高涨。地方政府积极行动，大举兴办 ICT 产业基地或中心，出台了相关规划或优惠政策。如山东济宁全力打造省物联网基地；重庆建立国家电子信息物联网产业示范基地；广东省物联网应用产业基地正式落户佛山乐从；北京"祥云工程"、上海"云海计划"……遍及环渤海、长三角和珠三角。地方政府不仅打造产业基地，还重点营造产业发展的政策环境，加大基础研究和共性技术的扶持力度，并促使提高技术成果的转化率。目前，我国信息通信技术产业主要集聚在广东（31%）、江苏（24%）、上海（10%）、山东（7.6%）、北京（4.2%）、福建（3.9%）[1] 等沿海地区。

1　括号中为该省市电子信息制造收入在全国中所占的份额。

第二节　我国信息通信设备制造业的发展与挑战

入世十多年以来，中国通信制造业产业发展迅速，已经成为国民经济的重要产业。同时，我国也已成为世界主要的通信设备制造国，产业竞争力不断提升，对外贸易突破发展，企业综合实力和创新能力大幅提高，产品与技术不断升级。入世给通信制造业产业的发展带来了更为宽松的国际环境和广阔的发展空间，并取得了很大成就。展望未来，机遇与挑战并存。

一、我国加入世贸组织以来，通信设备制造业取得突出成就

1. 市场规模快速提升，成为通信设备制造与出口大国

入世十多年来，我国通信设备制造业在全球经济和信息化快速发展、技术进步与市场需求旺盛等多重因素推动下，得以持续、平稳、快速地发展，产业规模继续扩大，一系列重大技术不断突破，已经成为世界主要的通信设备制造与出口大国。

信息通信设备工业规模和产品出口实现大幅增长。2011年1—8月，我国通信设备行业出口保持较快增长，出口额794亿美元，同比增长33.4%。我国成为世界最大的手机生产国。2010年，我国生产手机9.98亿部，居全球第一位，超过

2001年产量的11倍。

2. 通信设备企业成为我国企业成功走向国际化的典范

这十多年来，中国通信设备企业成功进入了各种通信产品的高端市场，在欧洲、拉美、独联体、亚太、北美等市场取得了一系列重大进展，全球市场份额不断上升。无论是技术含量、市场范围，还是订单的数额，均获得了突破性的进展。全球电信市场越来越认可中国电信设备制造商的技术实力和服务能力。中国企业已经在 NGN、3G 等通信最尖端的市场取得突破。

在传统通信设备的成本优势进一步得到巩固的基础上，中国企业整体解决方案的优势和根据运营商需求灵活反应的优势逐渐凸显出来，形成了包括成本、技术、服务在内的全面优势。因此在很多领域，我们已经具备了不亚于其他国际电信设备制造业巨头的实力。前几年中国通信设备海外拓展的主要优势是价格，但是现在已经提升为整体优势。2010年，中兴公司营业收入约为702.64亿元人民币。其中，国际市场为380.66亿元人民币，占整体营业收入的比重达54.18%；欧美地区收入占整体营业收入的比重为21%，成为中兴通讯海外收入比重最大的区域。

3. 企业研发创新能力显著提高，知识产权拥有量大幅增加

据国家专利局统计，2000年以来，中国国内在信息技术领域专利申请逐年增多。到2007年，中国国内通信产业领域专利申请总量已达64,130件，已超过国外57,019件专利申请总量。信息技术领域专利的技术含量在国内各行业中位居首位。在已发布的2010年国内发明专利授权量前十的企业名单中，前两位都是通信设备制造企业，体现了行业在发明专利上取得的重要成就。与此同时，各主要通信企业也积极开展知识产权工作。

4. 技术不断突破，产业升级加速

通信设备企业科研成果丰硕，带动企业产品与技术不断提升。在2009年度

国家科学技术进步奖评选中，中兴、华为、大唐电信、武汉邮电科学研究院等百强企业的多个科研项目荣获二等奖。

从系统设备市场看，在下一代互联网领域，我国已建成全球最大的纯 IPv6 示范网络。在宽带无线移动通信领域，我国自主的 TD-SCDMA 标准和技术已大规模商用，并形成涵盖系统设备、基带和射频芯片、终端产品和关键测试仪表的完整产业链。TD-LTE-AD 成功入选 IMT-ADVANCED，成为 TD-SCDMA 之后又一个由中国主导的国际通信标准。它吸纳了 TD-SCDMA 的主要技术元素，体现了中国通信产业界在宽带无线移动通信领域的最新自主创新成果。

5. 国内国际竞争力提升明显，表现出较强的竞争优势

我们看到，中兴、华为，上海贝尔、普天东方通信、武汉邮电科学研究院、大唐电信进入了2010年电子信息企业百强行列。其中，主营业务收入超过100亿元的通信设备企业有华为、中兴、上海贝尔三家，凸显这些企业在国内电子信息领域的竞争地位。

根据 WTO 国际贸易统计年鉴数据计算所得到的显示性比较优势指数（RCA，Revealed Comparative Advantage Index），我国电子办公和通信设备 RCA 达到了2.05，介于1.25和2.5之间，表明具备了很强的国际竞争力，在比较的主要经济体中也排在首位。考虑进口因素后的显示性竞争比较优势指数（CA，Competitive Advantage）为0.50，仍表现出较强的国际竞争力，在贸易表现上优于日本、美国和欧盟，比新加坡和韩国稍差。细分产品中电子数据处理产品和电信设备两个指数均表现突出。

表5—1　我国部分电子信息产品显示性比较优势情况（RCA）

	电子办公和通信设备	电子数据处理产品	电信设备	集成电路
美国	0.76	0.77	0.80	1.24
欧盟 27 国	0.42	0.43	0.79	0.36
中国	2.05	2.66	2.98	1.16

（续表）

	电子办公和通信设备	电子数据处理产品	电信设备	集成电路
日本	0.97	0.63	0.99	2.17
韩国	1.51	0.62	2.58	2.56
巴西	0.11	0.05	0.29	0.03
新加坡	0.90	0.93	0.88	7.89

资料来源：International trade statistics 2010,WTO；基于2009年贸易数据计算。

表5—2　我国部分电子信息产品显示性竞争比较优势情况（CA）

	电子办公和通信设备	电子数据处理产品	电信设备	集成电路
美国	− 0.30	− 0.48	− 0.95	0.77
欧盟 27 国	− 0.44	− 0.54	− 0.21	− 0.10
中国	0.50	1.78	2.16	− 3.53
日本	0.15	− 0.12	− 0.01	1.00
韩国	0.61	0.17	2.00	− 0.14
巴西	− 0.56	− 0.52	− 0.69	− 0.91
新加坡	0.75	0.74	− 0.18	2.02

资料来源：International trade statistics 2010,WTO；基于2009年贸易数据计算。

二、全球信息通信制造产业的发展趋势

1. 信息通信业成为国家关注和国际竞争的重点产业

信息通信产业具有产业规模大、科技含量高、技术进步快、产业关联度强等特征，在国民经济中占据重要地位，是国际竞争的制高点。近年来，世界主要经济体纷纷推出新的信息通信产业发展战略。比如日本2009年12月推出"新增长战略"，通过修订制度和规定，促进信息通信产业发展和产品应用，旨在建成IT导向的国家。德国2010年7月推出"2020高技术战略"，通过资助一系列项目，大力发展信息通信技术和网络。美国2011年推出"美国创新战略"，旨在构建高级信息技术生态系统，促进下一代信息通信技术研究。可预见，在未来较长时间内，信息通信产业仍将是最具增长潜力的产业之一。

2. 全球信息通信技术产业略好于总体宏观经济

全球信息通信技术产业与宏观经济变化趋势相同，但波动幅度更大，具备"放大特征"（见图5—2）：2010年V字型复苏，近两年增速高于GDP，但仍没有恢复到2009年之前的水平。2011年全球ICT产业规模28,497亿美元，同比增长6.1%，增速与2007的7.7%、2008年的10.7%仍有较大差距。

ICT产业是与GDP的强关联性产业，由于全球金融动荡，宏观经济继续调整，全球ICT产业增速将略微减缓。经济危机后的各国刺激政策，对ICT产业技术推动很大。

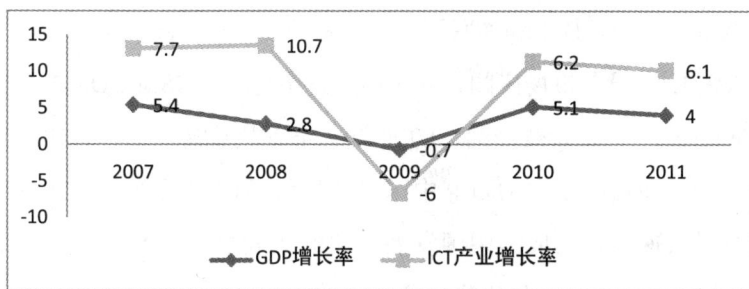

图5—2　全球GDP和ICT产业增长率

资料来源：Yearbook of World Electronics Data、IMF、GARTNER。

2011年全球ICT产业规模28,497亿美元，同比增长6.1%，2012年预计产业规模超过3万亿美元，同比增长6%。

3. 信息通信技术发展呈现综合化、集成化态势，整合能力成为决定竞争成败的关键因素

随着云计算技术和物联网应用的逐步成熟，信息通信产业发展的集成融合特征更突出，表现出多技术群的协同发展，集成电路和网络技术相互促进，快速向其他领域渗透。技术、人才、资金、管理相配合，终端、网络、软件、内容、服务的有机协调互动成为产业发展的主要趋势。跨国企业纷纷通过并购重组战略来

整合优势资源和产业链，打造综合集成能力，巩固和获取竞争优势。

4. 全球网络通信设备市场稳定增长，LTE、光通信成为网络设备新亮点，宽带将拉动未来几年发展

全球网络设备市场规模2011年增长3.9%，比2010年提高4.7个百分点，比ICT制造业低1.29个百分点。我国运营商的网络建设投资保持较快增长。2012年，我国三大运营商逐步推进固网宽带、Wi-Fi和光通信以及扩大LTE的建设，对网络设备与优化的投资将达到预计超过3,800亿元，网络投资规模快速反转。到2013年，有望达到4,114亿元，同比增长预计超过9%。

LTE技术、云计算技术和物联网技术及移动互联网市场前景广阔，产业链跟进积极。未来LTE设备市场广阔，五年内可达十亿级。GSM/CDMA阵营全力发展LTE，Wimax厂家逐渐被吸纳。LTE产业链基本形成，日益健壮。光纤接入成为近期推动光通信的重要力量。中国光通信设备产业近年来一直保持30%—40%的较高增长速度，已成为中国发展最快的产业之一。到2012年，中国光通信市场规模将超过400亿元人民币。

5. 信息通信产业制造和消费趋于绿色化

随着人们对气候变化和环境安全关注的提升，信息通信制造产业也存在绿色化的趋势，比如，日本政府在"数字日本创新计划"中提出要开发和实施无所不在的绿色ICT，加速推动低碳革命；韩国政府在"绿色IT国家战略"中提出到2012年或2013年为止投入13.7万亿韩元，用于世界最尖端IT产品的开发、快速网络系统的构建以及利用IT技术营造低碳工作环境。

6. 新兴经济体发展迅猛，格局继续深化调整

在过去一段时期内，以中国、印度、巴西、东欧等发展中国家和地区为代表的新兴市场，其信息通信技术产业规模不断扩张。随着发展环境的变化和企业战略的调整，产业链的聚合重组，信息通信制造产业的全球布局调整将进一步深

化。受市场重心转移的影响，亚洲和其他新兴经济体的市场份额将保持较快的持续增长，美国、日本、西欧等发达经济体的市场份额仍将出现下调。新兴市场国家将进一步向电子信息产业价值链高端环节延伸，但发达国家在核心技术和关键产品上的控制及主导地位仍难打破，发达国家通过投资收购，或战略投资开拓新兴市场也将成为未来产业发展的另一重要趋势。

巨大的市场规模既意味着广阔的发展空间，同时也意味着激烈的竞争。在生产、消费都表现出深度全球化的今天，竞争与合作的关系将更为复杂化，更需要一国从宏观经济、贸易投资、产业发展等多个角度思考该产业的发展开放问题。可以确定的是，贸易自由化仍是信息通信产业发展的主要趋势，但基于产业核心能力的培育和关键领域的争夺将受到更大的关注。

三、多哈回合谈判对我国通信制造业的影响

1. 我国信息通信制造产业已经充分开放

信息通信制造在全球都是开放度高的产业，《信息技术协议（ITA）》的成员国覆盖全球信息技术产品贸易总量的95%以上。从关税水平看，属于ITA覆盖范围的产品已实现零关税，范围以外的产品也维持在较低的关税水平。从其他政策看，我国已取消了大部分信息技术产品的进口许可和配额限制，但是，知识产权保护，电子信息产品进口的海关核查，政府采购政策不透明等问题仍然存在。

2. 非关税壁垒已经成为谈判的焦点

多哈回合关于信息通信制造产业的谈判焦点主要集中于：扩大ITA的覆盖范围与分类，进一步削减非关税壁垒、绿色贸易壁垒等。其中，绿色环保壁垒是近年来兴起的贸易壁垒形式。一些发达国家针对报废电子电气设备制定环保标准，或者在电子电气设备中禁止使用某些有害物质，以维持、保护和提高环境质量、保护人类健康，要求所有电子电气设备必须达到环保方面的要求。这

不仅涉及信息通信产品整机制造商，而且涉及原材料、化工及包装物料等上下游企业，对产品的出口形成壁垒。

更重要的是，一些成员提出在电子信息产品领域，澄清和改进《反倾销协定》和《补贴与反补贴措施协定》的一些规定。许多方面涉及中国企业，我们也需要多加关注。

四、未来的挑战与改革

根据当前国际形势和我国通信设备制造业发展状况，我们认为需要：

1. 认真研究非关税壁垒对我国企业的影响

非关税壁垒是当前信息通信产品贸易的主要壁垒，已经发生多起诉讼。我国一方面通过积极采用国际标准，及时掌握国际生产信息和生产技术水平，增强我国产品的竞争力；另一方面要加快完善技术标准和技术法规体系。我们需要逐步建立起与国际接轨的技术法规和标准认证体系，重视绿色环保，加快与国际环境标准接轨的步伐；同时，要加大企业的技术与标准化法制意识，适应国际贸易对技术标准方面的特殊要求。

2. 建立常态化的贸易摩擦预警应对体系

鉴于针对我国信息通信设备进出口的贸易摩擦日益频繁的趋势，应由政府牵头、行业协会执行、企业配合建立常态化的贸易摩擦应对机制。首先，要系统收集各国（地区）关于进口、外国投资及其他与外经贸相关的法律、法规和行业标准，建立相应的数据库，以便企业及时了解目标市场对某种商品采取什么标准、措施和政策，提前预防。其次，要系统研究信息通信业发生过的典型贸易摩擦，总结相关经验和教训，提升灵活利用国际惯例、规则的能力。再次，需要实时监测国际贸易状况，对潜在的贸易摩擦进行预警，并做出有针对性的预案。另外，需要完善应对体制，明确分工，以便做出快速响应。

3. 加强对知识产权的保护与管理

随着中国企业知识产权纠纷的增多，知识产权保护问题的受害者已经不仅是外国企业，中国企业也成为侵权受害者。近期，中国企业知识产权纠纷越来越多，恰恰说明自己的核心竞争能力正在日渐强大。因此，需要利用国际规则对自身权利予以充分保护。

虽然，中国最高法院和最高检察院联合颁布了新的司法解释，加重知识产权侵权的刑事责任，同时，政府、舆论和民众也认识到保护知识产权的重要性，但企业要想掌握知识产权的话语权，既需要在研发领域积极突破，也需要在知识产权领域善于防守，必要时主动出击。

第三节　电信运营业的发展与转型

一、为什么电信运营商要转型？

互联网发展的历史，是一部网络应用不断创新、增值业务机遇丛生、网络管道不断贬值的历史。几乎所有的互联网商业模式都建立在使用户的信息交换成本最低、沟通聚集成本最低、买卖交易成本最低、注意力到达成本最低的业务模式之上。互联网应用服务提供商为了自身的生存与效益最大化，必须竭尽全力实现所有客户体验环节的代价最低化，以此换得在广告、订阅等方面的价值收益。而"所有客户体验环节的代价最低化"就势必带来包括网络管道的迅速贬值化，甚至出现局部免费化的趋势。

大量的免费数字产品，包括流行的电影、电视剧、歌曲、图书、软件，都可以在互联网上免费得到。互联网已经成为最主要的数字产品获取与下载渠道，而其中相当部分是免费获取。互联网服务提供商已经越来越娴熟地面对免费经济的挑战，创造出大量的全新免费经济盈利模式，数字产品的免费化浪潮已经不可抵挡。在这样的商业游戏中，一个日趋免费化的数字产品分发时代已经出现，各类商业力量都致力于降低各个分发环节的成本，客户也在免费习惯的培养下不愿意再回到高分发成本时代，网络管道的价值就在这样的挤压过程中不断贬值。

这些对电信运营商产生了极为重大的影响。今天，电信运营商网络带宽的50% 以上都被不断流动的免费影音等数字产品所占据。但这种免费流动所带来的商业价值，大部分以各种不同方式为互联网服务提供商所占据，而并没有流入到承担管道职责的电信运营商的囊中。电信运营商赚到了承载比特的管道钱，但对于每个比特开采、挖掘、衍生的钱基本没有赚到。电信运营商的话音、宽带等传统核心业务，在逐渐成为互联网服务提供商的低成本支持工具的同时，商业价值被大量掠夺已不可避免。从管道运营到流量运营，电信运营商在各方挤压、掠夺之下不进则退。

为降低用户的沟通聚集成本，互联网服务提供商不遗余力地引入了大量软件工具或即时通信工具，这些工具大部分具备支持 VoIP、在线视频、多人社区、信息交换等功能，其数量之丰富、功能之实用，对电信运营商造成了巨大冲击。这些廉价甚至免费的应用，不仅形成了对传统电信网络管道价值的冲击，对电信运营商自己推出的诸多基于电信网的新型融合业务也呈现出强有力的替代掠夺。2008 年 10 月，美国第一大交友网站 MySpace 在即时通信工具中集成 Skype 的网络电话功能，以进一步增强社区内客户的便利交流与顺畅体验。2009 年 2 月，诺基亚开始在 N 系列手机中全面集成 Skype（讯佳普），其中 N97 手机用户将能够利用 3G 和 WLAN 技术拨打和接听免费的 Skype 到 Skype 语音电话，以及费用低廉的 Skype 到固网和手机电话。正是在多种商业力量的驱动下，大量基于互联网的廉价甚至免费 IP 技术被频频采用，用于支持互联网时代以人气、注意力和交互性为核心的免费化商业模式。

二、电信运营商转向何方？

面对互联网应用咄咄逼人的价值掠夺，电信运营商需要重新考虑并改造自身的价值来源。其中的重点在于，围绕客户体验的完成过程，通过自有及合作资源，把电信运营商的传统交付物与互联网应用服务提供商的社区、游戏、内容等交付物进行整合，成为客户数字体验的完整服务提供者。在应对互联网力量冲击的同时，**电信运营商可以借助终端、业务与应用的融合，构建客户数字体验的整体解决方案，使电信业务与互联网应用成为密切衔接的客户体验互补品，以合作而不是竞争的方式实现各自的价值增长。**

除了提供完整数字服务，避免价值被掠夺之外，电信运营商还可以通过成为ICT生态系统的基础设施服务提供商，对各类互联网的商业模式运作过程提供全程支撑服务。从提供互联网数据中心（IDC）服务、云计算服务到安全管理服务，从提供计费支撑、客户管理支撑到服务支撑，从提供下载及使用门户、应用布放到汇聚提供，电信运营商可以将自身定位于城市水、电、煤、气、路等基础设施供应商的角色，以完整精细的支撑服务成为互联网不可或缺的一部分，参与到开发新增商业价值的过程中去。电信运营商通过把自己的基础资源与能力进行开放，供外部力量所调用，将逐渐成为互联网商业力量生存发展所不可或缺的基础设施，从而实现更加持久与低风险的生存与发展。

应对互联网的发展与冲击，除了定位于数字体验整合者和生态体系支撑者的角色，以合作代替竞争之外，电信运营商必须成为关键互联网应用的差异化开创者与赶超者。首先，用户的互联网身份识别、认证与应用领域，是电信运营商需要进入的。未来电信运营商的用户数据系统将是客户物理社会身份信息、电信网络社会身份与行为信息、互联网社会身份与行为信息的总集成。在互联网身份识别认证领域，最具有代表性的是即时通信应用。即时通信身份是在海量应用中唯一识别用户的基础标识，即时通信业务通过对用户的注册与身份认证管理，成为后续互联网应用的基础环节。在即时通信领域，电信运营商可以通过发挥固移融合优势、运用丰富的业务关联、不断挖掘集成的用户数据信息，建立在这个应用领域的独特差异化竞争优势。其次，构建云服务平台、通过通信与产业的结合的物联网运用也是运营商的重要转型领域。如车联网应用是一个很好的切入点。

第四节　面向开放与融合的信息通信监管创新

随着信息通信产业链的横向融合、纵向整合和跨国渗透加速，特别是互联网仍处于创新活跃期，移动互联网、云计算等蓬勃发展，行业格局的重塑，以及各国加强了对网络安全与信息保护的重视，这一切使得信息通信监管的重点、对象、范围不断变化与扩展，网络与信息安全管理任务更趋繁重，对网络架构、产业组织模式、管理体系等带来深刻影响和挑战，整体行业监管处于转型调整期。面对日益复杂的监管环境，全球信息通信监管迈入转型与创新的新时期。

一、信息通信行业创新监管与完善立法

1.监管机构融合

目前全球监管机构融合有两种主要模式。一是分设网络和内容监管机构，原有以纵向产业划分为核心的纵向分业监管向以产业链功能划分为核心的横向分层监管转变。主要有法国、德国、日本采用这个模式。二是设立涵盖电信管理、广播电视管理、频谱管理、信息技术管理甚至信息内容管理合一的监管机构。主要有英国、韩国等采用这一模式。

2.监管职责扩展

扩大互联网监管的职责。在一些国家的融合监管机构扩大了职责范围，将

邮政、信息技术、广播内容和频谱管理等纳入监管职责；除传统职能外，一些融合监管机构还负责监管广播内容、互联网内容、网络安全，甚至参与气候变化的活动。见下图。

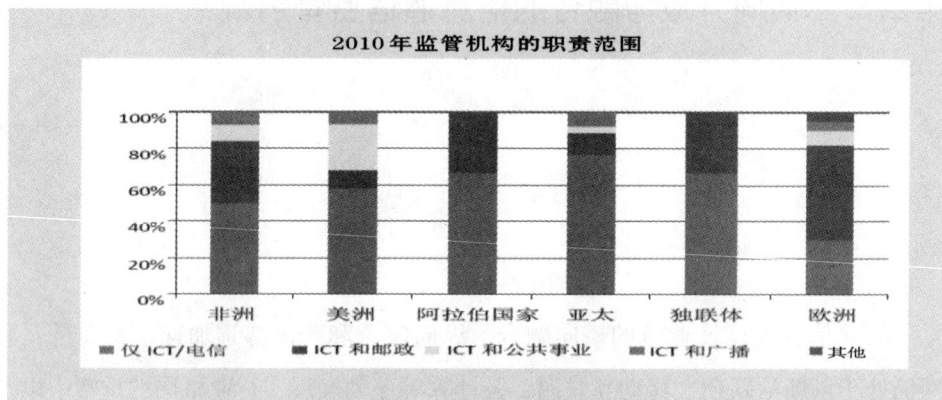

2010 年监管机构的职责范围

图例：■ 仅 ICT/电信　■ ICT 和邮政　■ ICT 和公共事业　■ ICT 和广播　■ 其他

横轴：非洲　美洲　阿拉伯国家　亚太　独联体　欧洲

图 5—3　监管机构的职能（2010 年）
资料来源：国际电联世界电信 /ICT 监管数据库。

强调 ICT 应对气候变化的作用。国际电信联盟与全球电子可持续性计划（GeSI）联合发布了一份有关如何利用 ICT 应对气候变化的研究报告，认为 ICT 对于减少温室气体排放具有极其重要的意义，能帮助所有国家适应气候变化，以及应对灾难性气候。报告提出，ICT 能从以下三个主要方面帮助实现减排目标：一是减少 ICT 领域自身的温室气体排放；二是帮助其他领域减少温室气体排放，提高其他领域的能源使用效率；三是利用基于 ICT 的系统监测全球气候与环境，并快速完成数据传输、分析与预警。

为减少 ICT 对环境的负面影响，可以采用更加高效的设备和网络，以及在电子设备的整个生命周期实施更好的废品管理。而所有的经济领域都可借助 ICT 减少对能源的需求，例如通过智能电网减少配电过程中的损耗，有效利用可再生能源，从而提高电力系统的效率。

ICT 在地球气候与天气观察、自然灾害预警方面具有关键作用。每年，监测系统利用卫星和传感器采集的数据帮助成千上万的人摆脱生命危险。对于监测数据的分析和结果的传输，计算能力和宽带网络起着必不可少的作用。ICT（特别是宽带网络连接）对于创造和支撑可持续的发展起着越来越重要的作用，例如通过提供在线的教育和医疗服务，ICT 能够系统性地监测全球的水资源和粮食的供应与短缺情况，并向农民提供如何提高产量的建议。

ICT 是一种独特的强大工具，能帮助所有领域降低温室气体排放，并在气候科学研究中扮演十分重要的角色。因此，ICT 为温室气体减排提供了巨大机遇，对于能源生产、垃圾处理、建筑、交通等二氧化碳高排放行业尤其如此。ICT 能够积极促进低碳经济，切实实现可持续的 ICT 对于实现可持续发展极其重要。

在 2007 年《巴厘岛行动计划》和联合国气候变化框架条约中，ICT 都被纳入了行动计划以促进基于技术的可持续发展，包括缓解气候变化和适应气候变化。国际电信联盟的研究报告号召各国把 ICT 纳入各自的国家级气候变化缓解计划中。同时，国际电信联盟与全球电子可持续性计划还签订了合作协议，将就 ICT 对气候的影响展开联合评估，目标是制定标准化的通用方法，以评估 ICT 领域自身的温室气体排放情况，以及 ICT 协助其他领域减少温室气体排放的情况。

3. 修正和完善立法

多国的通信立法以网络安全与个人信息保护为重点，修订了《电信法》，增加了对互联网监管的权力。美国、英国和日本在对电信立法进行修改时，探讨了增加通信监管机构对互联网监管的权力问题。

2011 年，美国拟对 1996 年《电信法》进行修正。本轮《电信法》修正（甚至是重写）主要关注核心有以下几点：将宽带传输划归普通运营商服务的范围；对联邦通信委员会监管互联网方面的权力进行明确；电信补贴可能直接补贴给用户。

2011 年 5 月，英国政府宣布开始对 2003 年通信法进行重审和修改，主题有三个：发展、变革和放松管制；为发展提供基础的通信基础设施；为媒体内容产业的繁荣创造良好环境。

从发展趋势看，各国通信法制建设的重点从传统通信网转向互联网、个人数据与信息保护法、网络安全立法。同时，电子商务法、数字内容版权立法等促进网络发展的立法也成为重点。

二、管制机构调整监管政策

1. 号码携带扩大并强化实施

为了推动市场实现公平竞争，保护消费者利益，60多个国家政府推动号码可携带政策实施，并向发展中国家扩展。2011年塞尔维亚、阿尔巴尼亚、加纳、巴林等国开始实施固定和移动号码携带。而在发达国家的号码携带实施趋于严格，英国、法国加速号码携带处理进程，处理时间由10天缩减为3天。

2. 推动"数字红利"频谱资源释放

2007年ITU世界无线电通信大会（WRC-07）做出决定：将450兆赫—470兆赫、2300兆赫—2400兆赫两段频段作为全球划分频段用于IMT技术；在698兆赫—802/862兆赫和3400兆赫—3600兆赫频段以国家脚注的方式注明部分国家将用于IMT。其中，698兆赫—802/862兆赫频段（通称700兆赫频段）过去用于模拟广播电视，模拟电视数字化以后，随着数字电视频谱压缩技术的进展与模拟电视禁用频道的有效利用，规划释放出一部分频率资源用于未来的移动通信或公共安全业务，从而为人类的社会和经济发展创造新的效益，故也称为"数字红利"。目前，大多数发达国家已接近完成电视广播系统的模/数转换，发展中国家也已开始电视广播系统的模/数转换。

美国"一马当先"，早在2005年就通过了数字电视转换和公共安全法案，规定了美国对电视广播系统的模/数转换后释放频谱的分配。2008年3月，美国联邦通信委员会对700兆赫"数字红利"频段进行了拍卖，拍卖所得创下了195.9亿美元的纪录。其中，高通公司则利用新频谱扩展MediaFLO TV服务以及进行未来4G服务和技术试验。

欧盟国家纷纷释放"数字红利"频谱。欧盟频率管制政策的改革将符合两个目标：其一，对频谱进行自由化使用，这意味着技术和业务的中立性；其二，加大频谱交易和建立频谱市场。欧盟要求成员国自2012年起全部实现从模拟电视向数字电视的转换，并释放由此所产生的"数字红利"频段。2012年3月欧洲议会通过了一项为期5年的无线电频谱政策计划，其中要求在2013年1月1日前，所有欧盟成员国应授权将700兆赫频段用于无线宽带通信。欧盟委员会估计，如果2015年之前能够统一欧盟区"数字红利"频段的使用，则此后15年将为欧盟带来200亿—500亿欧元的经济利益。

亚太国家地区紧随其后。2010年，APT（亚太电信组织）推出了面向700兆赫频段的2×45兆赫频段计划，以便实现频段调和并确保各国及其消费者均可获益于规模经济以及更低的设备和手机成本。据GSMA的研究，如亚太各国政府将"数字红利"频谱用于移动宽带通信，到2020年亚太地区的GDP将增加近7,300亿美元，税收将增加1,300多亿美元，亚太各国可以享受重大的社会经济利益并为数百万人提供所需的低成本移动服务。

3. 全球电信资费监管政策的变化趋势

随着宽带与互联网发展正在成为多国政府与企业的关注重点，消费者保护与市场监管也随之成为中心；同时，随着宽带与互联网的发展及其向政治、经济与文化的深度渗透，互联网管理、网络与信息安全与智能终端的安全问题成为重要工作，从而导致网络监管成为公共政策的核心之一。同时，发展与管理重点的转变导致电信资费趋势也随之调整，发达国家的资费管制重点由话音资费转到宽带与数据的资费管理。由于不同国家的社会经济发展水平不同，网络发展与管理的重点不一，导致发达国家与发展中国家的电信资费管理重点也大有区别。

（1）欧美等发达国家资费监管的重点

一是宽带资费成为监管的重点。

在管理方式方面，为了保障宽带价格的稳定，制定批发上限区间。如新加坡资讯通信发展管理局规定，宽带网络配套的批发价在网络启用的最初两年中只能跟着原料价下调，五年内不能上调，以保证宽带零售价格保持稳定。

在普遍服务方面，降低宽带价格使普遍服务延伸到城市平民中。如法国政府推出"互联网社会资费"。为了保障城市低收入人群能够拥有互联网服务，法国政府要求电信运营商提供给低收入人群每月不高于23欧元的资费，来享受无限的互联网与固定电话服务，且不能要求合同期限。目前法国已有七家运营商提供此类服务，其中爱丽斯与Numericable提供每月低于20欧元资费套餐服务，该套餐包括互联网、固定电话及电视三项服务。

在垄断价格监管方面，监管机构督促禁止对宽带接入市场的歧视性定价。由于宽带接入市场存在自然垄断，因此，主导运营商有可能滥用其市场优势地位对跟自己有竞争关系的竞争对手给出高价，而对于没有竞争关系的企业则给出优惠的价格，形成价格歧视。美国、欧盟已有多个案例高额处罚宽带接入市场的歧视性定价。

二是欧盟逐步建立了移动话音与数据漫游费的上限管制、竞争机制。

2010年5月，欧盟发布了《欧洲数字化议程》五年计划，提出了七个重点发展领域及相关措施，其中"建立单一的充满活力的数字化市场"是第一大目标。为此，欧洲数字议程提出要在2015年实现漫游资费与国内资费间的差异接近零。

欧盟从2007年起针对欧盟境内漫游实施资费监管政策，2009年又启动了针对数据业务漫游资费的监管。2011年7月提出漫游长期监管政策建议，计划引入结构性措施促进竞争。2012年7月1日起将全面下调欧盟范围内的移动通信漫游费用。消费者使用手机在欧盟境内接听、拨打电话，发送、接收短信，上网浏览的漫游费用较之以往将有不同程度的下降

在下降移动漫游费价格的同时，欧盟力求打造区内移动漫游的竞争市场，通过竞争给消费者带来更大的福利。欧盟规定，消费者可以使用同一个手机号码分别从不同的运营商购买国内服务和漫游服务，在欧盟范围内漫游时可以自由切换运营商而无需缴纳任何手续费。这标志着欧盟已经开放欧盟区内的移动漫游市场。

三是要求运营商实施国外漫游的告知义务。

欧盟要求运营商对国外数据漫游实施告知义务。为了避免智能手机产生"突然而至"的巨额漫游费用账单，2012年7月1日开始，对于在非欧盟国家漫游的消费者来说，移动运营商必须在消费者的月漫游通信费达到50欧元（不含增值税）时以短信的形式通知用户。如Orange（奥朗日，法国最大的电信公司）用户在欧盟国家之外漫游时，Orange在通信业务资费达到"报警"限度时，通过短信提醒的方式告知用户，并在资费达到"封顶"限度时停止用户使用。在法国，Orange设置的"报警"限度为100欧元，"封顶"限度为130欧元。

四是允许用户设置自己的漫游上限。

英国电信监管机构Ofcom希望移动运营商引入新规则，允许用户设置自己的漫游上限，以避免在境外使用手机而产生天价账单。Ofcom希望运营商推出"选择加入（opt-in）"模式，即让用户选择是否设置漫游上限，以便消费者控制消费金额；也要求运营商系统采取"选择退出（opt-out）"模式，使所有用户在第一时间得到保护。Ofcom还希望运营商同意采取相关措施，实时提醒用户在境外的话费支出，甚至还考虑如果该做法不能在全欧洲推行，将首先在英国强制性执行。

五是监控移动智能终端的吸费问题。

一家专门提供山寨手机应用程序及游戏（包括疯狂的小鸟等）的公司被英国增值业务管制部门处以5万英镑的罚款。因为管制部门收到了大量投诉，都是用户关于在使用安卓应用程序商店下载免费游戏后未经授权被扣费的问题。这些山寨应用中内嵌代码，并在后台从用户手机上发送短信到增值服务代码，每条收费5英镑。只有用户将这些山寨应用删除后，这种后台吸费才会停止。而且这些山寨应用还会使这些来往信息"隐形"，使用户不可见，只有当用户收到账单后才能发现存在问题。A1 Agregator——这家注册在拉脱维亚的公司已经被要求将非法收费返还给客户，并还会在未来12个月内受到管制部门的监控。

（2）发展中国家资费监管重点是话音资费、结算费和宽带并举

一是下调话音资费与结算费。

随着南非移动市场竞争加剧，电信运营商 Cell C 在 2012 年 5 月 20 日下调预付费通话费用至每分钟 0.99 兰特；同时，下调手机上网流量的费用，从原每兆 1.99 兰特降至每兆 0.99 兰特。

乌干达电信委员会（UCC）与运营商进行多次谈判，最终将在 2012 年 8 月 1 日将互联费由 131 先令下降到 98 先令。UCC 希望，2013 年，互联价能从 98 先令下降到 84 先令；2014 年，互联价下降到 73 先令。

二是调整电信资费的计费方式。

印度电信管制机构（Telecom Regulatory Authority of India, TRAI）发布管理办法，要求移动运营商至少应该有一个预付费和后付费资费套餐按照秒为单位对本地和国内长途话音业务进行计费。但是这项要求不针对国际话音业务按照分钟计费。管制机构同时对增值业务进行限制，其价格不得超过本地话音或 SMS 业务价格的四倍。

三是降低国际漫游费。

南亚智囊机构提出，南亚地区高额的移动漫游费用限制了国家之间的贸易和商业。南非邻国之间的通话费用通常要比打给美国和英国这样距离更远的国家还高。例如从阿富汗漫游到孟加拉国，打给孟加拉本地要支付 159 倍的通信费用。高额漫游费用促使旅行者购买本地 SIM 卡，而向亲朋好友发布新号码，或许还需特意打电话通知。他们也在力促降低漫游费，以促进邻国间的商业与经济发展。

（3）国外资费监管对我国的启示

电信资费监管的重点与该国电信发展的阶段与市场竞争水平密切相关。由于宽带与互联网的发展导致主要发达国家的运营商和政府部门均将电信资费的制定与监管重点由固定与移动话音资费调整到宽带、数据、国际漫游费、智能手机的管理上，并从保护消费者出发出台多个管制政策，收到了较好的市场效果。

发展中国家还处于电信业务快速发展与话音资费逐步下降的过程中，包括移动资费、互联费、漫游费等都在逐步下降以扩大规模，增加用户。同时，也由于这些国家还处于发展宽带与互联网数据业务的调整发展阶段，所以它们提出宽带普遍服务、降费提速，保证用户可以消费得起。确切地说是处于话音与宽带数据资费监管交叉并进的阶段。

我国虽然按照人均 GDP 水平衡量属于发展中国家，但由于中国经济发展的不平衡，北京、上海、深圳等大城市的人均 GDP 与 CPI 均处于较高的水平上，因此，我们既需要不断下降电信资费，同时，也要改革资费管理方式与调整结构；更重要的是，为了促进无线与有线宽带的发展，需要下调资费，并将保护消费者利益放在首位。

第六章

Web 3.0 时代的互联网治理

第一节　无处不在的互联网

2013年9月，联合国教科文组织发布了《互联网普遍性：建设知识社会和推进2015年后可持续发展议程的途径》报告[1]，提出了"互联网普遍性"的新概念。报告指出，互联网的"普遍性"是指：一是互联网基于人权的准则；二是"开放"的准则；三是强调"人人可及"的准则；四是多重利益相关方参与扶植的准则。

从技术角度而言，互联网是一个全球性体系，各种工具相互链接，使用标准的互联网协议（TCP/IP）为全世界数十亿用户服务。经过三十年的发展和使用，互联网已经成为一个多样化、不断演进的网络之网，包含了数以百万计的私营、公共、学术、商业和政府联结点，从地方到全球，通过一系列有线和无线技术进行互动。特别是互联网承载着范围广泛的数据和信息资源、服务和应用。不仅如此，互联网远远超过基础设施的范畴：它还包含围绕这一基础设施的社会关系。反过来，这些社会关系又构成了一套行为准则。互联网因其社会政治影响而愈益受到关注，并因为对人类社会所产生的深刻影响而得到认可。

报告指出，"互联网普遍性"可以理解为一种探试，凸显互联网的技术、社会、法律、经济以及其他体系有赖于特定的准则和价值观。

1　http://www.unesco.org/new/fileadmin/MULTIMEDIA/HQ/CI/CI/pdf/news/internet_universality_ch.pdf.

1. 基于人权

通过确定互联网同基于人权准则之间的关系是自由的组成部分,"互联网普遍性"有助于强调互联网的发展及使用与人权之间持续的和谐关系。这一意义上的自由互联网意味着尊重行使人权的自由并使这种自由得以实现。"互联网普遍性"要求我们考虑不同人权与互联网之间全部的相互依存和相互关系,例如表达自由、隐私、文化参与、性别平等、安全、教育等。在这一方面,"互联网普遍性"意味着在互联网上发挥影响的任何限制措施都必须顺应人权,必须符合在法律上对此类行动提出要求的国际标准,必须是适当的,必须服务于民主社会的合法目的,并且必须建立起不同权利彼此角力下各种公共利益之间的平衡,例如在数据搜集方面的隐私与安全之争。

2. "互联网普遍性"

它强调互联网须秉持开放性准则,例如开放标准、互操作性和开放的应用接口。还说明了参与者轻松进入互联网市场、避免封闭的重要性,实行封闭可能会通过排他性的许可制度或保护主义式的限制来规定提供何种服务,从而人为地偏向垄断企业或陈旧的技术平台。开放性必不可少,虽然开放程度尚不够充分,但是创新所需要的条件已经使得互联网从发展的边缘走向了发展的主流。通过"开放性","互联网普遍性"彰显互联网的完整性,使得日常的全球交流得以实现,而不是被局限于以不兼容技术为基础的"高墙花园"之内。"开放性"还表明了开源软件、开放数据以及开放式教育资源的重要性,这些都是互联网积极的构成部分。

3. "人人可及"

它作为"互联网普遍性"的一部分,提出了技术可及性以及由经济收入、城乡不平等等因素造成的数字鸿沟的问题,表明了人人可最低水平地连接基础设施这一准则的重要性。这一关切还使我们对设备能力方面可能存在的差异敏感起来。与此同时,也可以清楚地看出,囿于识字水平、语言、性别、残障等因素导致无缘上网的社会排斥问题，这种水平的"可及性"不足以解决"无障碍上网"的问题。而且，鉴于人们上网时不只是消费者，还是内容、准则和服务的生产者，使用者能力的问题便可视为"普遍性"存在于可及性层面的一部分。因此，有一点变得重要起来：

就互联网的"人人可及"而言，同样重要的是，可持续且可靠的商业模式能够为互联网的普遍利用提供资金支持，通过维持一系列多样化的内容和服务，进一步保证互联网的可及性。互联网链条的所有组成部分，从基础设施到硬件，从创新内容生产到网络出版，都必然包含必须预见到并且分担的各种费用。可持续的资源提供，从公共/私营伙伴关系直至大众化协同生产，以及适当的准则性措施和政策措施，是实现有效的普遍性服务所不可或缺的。

也可以说，"人人可及"假定互联网用户对互联网存在一定程度的信赖，而这有赖于用户对数字记录和保存怀有信心，从而保证数据持久的完整、安全和真实，同时有充分的理由预期自己的权利不会因为数字交互、处理和存储而受到损害。

4. 在多重利益相关方的参与下得到扶植的

随着互联网日益影响到各种各样的人类活动，利益相关方范围扩大，产生了将其概念化的情况，这也是上述层面的组成部分。无论是作为"技术迷"，还是投资者、监管者、社交网络用户、微型金融家，抑或数不清的其他各类人，人类的主流与这一公用事业休戚相关。在这个意义上，不能仅仅从"供给方"来看待互联网，还需要辅以一种"以用户为中心"的视角。"互联网普遍性"的参与性，特别是多重利益相关方的参与，有助于理解各类不同主体（代表着不同的部门，以及不同的社会经济地位，还有妇女和女童）在各个层次上发展和管理互联网方面所发挥的作用，以及需要继续发挥的作用。此类参与的前提是要实现有关可及性的准则，这也是对与权利和开放性相关的准则的保证。

"互联网普遍性"的概念植根于历史，突出了一些根本性、永恒不变的问题。同样，对于发展，这一概念的内容应当保持灵活性并有所反应。

第二节　探索互联网平台化治理机制

一、互联网开放平台的发展趋势

1. 什么是平台?

"平台"早已存在，平台是能帮助创新者、开发者、创业者解决基础问题的基础设施或服务。平台通过提供更有利的环境来降低创新成本，以促成更多创新。同时，平台也是一种交易空间或场所，促成双方或多方客户之间的交易，收取恰当的费用而获得收益。

平台是 ICT 产业的一种普遍现象。在 PC 时代, wintel 架构是最典型的平台体系。在移动互联网时代，平台更加多样化。微软与 ARM 合作，英特尔与诺基亚 MeeGo 合作建立终端硬件平台。苹果，安卓，微软，Linux 等建立开放或封闭的终端软件平台。IBM、甲骨文 / 太阳、微软、亚马逊等 IT 服务企业建立云计算平台。网络搜索平台有谷歌、Bing / 雅虎和百度等，数字媒体平台有苹果，社交网络平台有脸谱、推特和腾讯等。通过建立各类平台，ICT 产业更加集成融合，形成激烈的跨界竞争。硬件、软件、终端、服务、移动通信、互联网等企业形成错综复杂的竞争合作关系。

2. 为什么互联网平台要开放?

"开放平台"广义指第三方能自由地利用平台及其资源，没有明显限制和障

碍。在以"开放"为潮流的竞争时代，中国互联网巨头纷纷实施开放平台的战略。2011年，从阿里巴巴、百度、新浪微博，到360和腾讯，五大盟主先后现身，五大开放平台逐渐形成，改变了中国互联网的游戏规则，而新的商业模式也在这个过程中被不断创造出来。

为什么要开放？互联网需要分享，只有充分开放才能吸引更多的用户。互联网开放不仅仅是一种态度，也是一种必然趋势，势不可当。包括百度、盛大在内的互联网大佬涉水"开放"后，淘宝投入3个亿扶持第三方合作伙伴发展，360设立1亿元的开发者奖励基金和10亿元的360创新投资基金，腾讯投入5个亿布局电商开放平台，际通宝通过推出运营模式创新来打造行业网站集群平台的开放。此外，拥有SNS（社交网络）基因的人人网、开心网，以及移动互联网UC优视也进入了开放平台的行列。

互联网的开放之路，是整个产业继续发展的必经之路。一方面，随着互联网的快速发展和智能终端的"平民化"，用户对互联网体验和应用的需求也趋向多元化；另一方面是互联网企业资源有限，面对用户需求的多样化和较快的变化，一家之力难以满足企业用户的无限需求，需要通过开放平台来整合各方资源。必须看到的是，在流量开始集中，用户习惯逐渐形成的大环境下，谁能吸住流量，手握用户，谁就掌控无限商业价值。未来谁能够应需而变，谁的供应能力强，谁的平台用户多，谁就能继续维持优势。对互联网巨头来说，用户需求将会是推动一切变革的基调，而平台的开放，将需求多样化和资源有限性之间的矛盾最终转化成了平台开放的动力。

开放，是为了尽可能吸纳互联网优质资源为己所用。无论是苹果或者脸谱都已证明，只要自己的平台能与更多的应用服务商紧密捆绑，就能满足用户更多的需求，让用户在自己的平台上停留更久。庞大的互联网使得细分需求甚至更细分的需求都能孕育出令人艳羡的市场前景，行业的低门槛也使大批互联网拥护者趋之若鹜。从来没有过一个时刻，普通中国人像现在这样离创业和成功如此之近。开放平台的兴起也在很大程度上减少了恶性竞争，带给我们更全面的资源共享和更积极的成长模式。

在互联网领域里，开放平台总是取代封闭平台。脸谱开放应用，它和30万开发者并肩超越击败 Myspace；安卓提供免费开源代码，击败 WindowsMobile，Wikipedia（维基百科）和30万个网络编辑制造的百科全书，让微软取消 Encarta（因卡塔，微软开发的电子百科全书）；谷歌长尾广告让人人可以做得起广告，得到200万广告主支持，击败了雅虎。

平台的开放度可以用数据丰富度和平台开放度衡量。脸谱提供用户关系链，助 Empire & Allies（帝国与同盟，一款游戏）在9天达到1,000万用户（魔兽世界花了6年）。推特开放所有接口，开发者完全可以复制一个推特。亚马逊的云服务比谷歌、微软更开放，不捆绑技术平台，让开发者来去方便。

创业者的时代来临了。开放平台、开源、云计算降低了开发门槛；社交推广和登录降低了用户获取门槛；应用商店降低了营销渠道门槛；天使投资和超级天使降低了投资者门槛。

随着互联网平台的开放，从互联网巨头到电信运营商，从中小企业到开发者，都意识到挑战与机遇同在、利好与暗流共存。开放能够让人在现有资源的基础上通过模仿和创新而产出独特而全新的产品，从而不断实现网络产业的价值最大化。

二、开放平台的责任

平台的出现给现有的法律制度提出了不少新的课题。其中首当其冲的是，如何在法律上界定平台的地位和责任，平台与各相关方应属于一种什么样的法律关系？

开放平台不是传统意义上的委托或代理，平台不同于传统的信托，不同于一般的居间关系。例如电子商务平台，不同于一般的财产租赁或柜台出租的租赁关系。实体店中，店铺或柜台的出租，出租人一般不介入商品的交易。网络上的平台则不同，它要为用户间的买卖交易提供一些服务。同时提供广告、搜索等服务。商品的买卖，往往通过计算机系统撮合而形成买卖双方之间的交易。

平台总体上提供的是一种服务。例如电子商务平台，是在网络环境下为用户搭起虚拟的空间平台作为交易市场。平台服务的提供者具有专业经验，但他不是经纪人，只提供在线平台作为交易市场，不做代客交易。他借助于网络构架出与真实的物理空间完全不同的市场空间，这些服务都能够通过数字信息传输、搜索、存储、编辑或发布等功能得到体现。电子商务平台提供的是一种综合化的服务，是一种融合了交易服务、支付服务、信息服务、物流服务、信用服务、数据服务和广告服务等的综合化服务。很难找到现实环境中的完全对应的主体，平台是一种全新的网络化的现代综合服务模式。因此，平台责任也必然是一个复杂而全新的问题。

平台是一个复杂的系统，需要处理和涉及的问题复杂。例如电子商务平台既涉及物流、资金流、信息流，也涉及知识产权保护、打假、打击欺诈、保护消费者等领域；既会面临反洗钱、反套现、信息安全保护、违法和不良信息治理、违禁物品禁售方面的问题，也有信用服务、数据服务、实名制、第三方调解等服务内容。

综上，不同类型平台的责任范围不同，主要包括两大类：法律责任与治理责任。法律责任又包括法定义务、合同责任与侵权责任；治理责任主要包括合同责任与自律责任。例如电子商务平台治理责任大多都不是外力强加的，是平台出于推进新商业文明和建设一个透明、健康、高效、诚信的虚拟市场的需要而主动承担的。法律责任只是责任的底线而不是全部，平台愿意做得更好，政府需要通过平台加强互联网的管理，所以平台才有了治理责任。平台是一种全新的现代服务业的形态。法律责任是平台责任的底线，是判断平台合法性的准绳，也是平台治理工作的最低要求；治理责任很好地扩大了法律责任的外延，并且，在治理责任中，平台扮演的是一种多重的角色，并非法律责任中所要求的固定角色。

平台自身有一个从小到大、从不完善到完善、从规则不健全到健全的过程，在这一过程中，平台承担责任的能力也逐渐增强，无论是法律责任还是治理责任。尤其是治理责任，平台在成为巨型平台后有能力也有经验做更多的事情，促进市场完善、公平和透明、有序。

平台在遵守国家法律、服从政府监管的前提下，为消费者提供完美稳定的交流、游戏、娱乐和购物等体验，为经营者及各类企业提供安全自由的发展环境，为合作伙伴提供宽广通畅的合作渠道，也为社会创造更多的就业机会和内部需求。平台以法定义务为责任边界，在此基础上，注重自身的社会责任，不断为社会和谐与发展做出积极贡献。平台有权制定并执行内部管理规则。在规则执行过程中，应充分尊重消费者、经营者、合作伙伴、政府及社会舆论等各方的意见，力求审慎透明。

三、平台化治理

开放式平台如何治理？这是一个关系到平台开放是否成功的关键。从微软到雅虎到易贝、淘宝，再到谷歌，平台治理在信息社会中起到了怎样的作用呢？

1. 什么是平台化治理？

通过平台化治理维持了作为复杂系统的平台正常运转，创造了某个领域全球化治理功能，打造了公开公正、透明诚信的环境，支撑了信息社会的发展。平台化治理具有个性化、人性化、生态化、开放式、信息化、动态化、综合化和创新驱动等八个方面的鲜明特点，在自治的层面很好地解决了发展与规范统一协调的问题，在协助政府监管方面发挥一定的作用。而且这八个方面的特性相互关联、包容或互动，形成了一个有机的整体。[1]

平台的共性是高度依托互联网的新型服务模式来提供综合性的，交互的、跨地域的多业务服务。平台与用户的接口是一个网站，而网站的背后，是个性化的服务、完善的规则体系、多样化的功能和海量用户之间的互动。实际上，平台系统是一个生态产业链，平台的价值在于对生态产业系统的支撑，这种支撑是靠服务、技术和规则完成的。

1　阿里研究中心与中国电子商务法律网合作 2011 年网规发展研究报告《平台化治理》，相关部分。

互联网在给人们带来便利、快捷、高效的同时，其全球性、虚拟性和管理的非中心化等特点也带来了各种风险：交流、交易与合作主体身份不确定的风险、信用风险、法律风险、技术风险等等。如何降低或规避这些风险，需要在自律、行业规范、立法等各个层面对平台所涉及的关系进行规范。而平台治理在一定程度上，可解决法律环境不够完善的问题，形成重要的第三方治理的规则与平台。

2. 为什么需要平台化治理？

平台化治理既是平台履行责任的结果，也是平台承担责任的过程。平台责任与平台化治理密不可分，从法规遵从的角度，我们看到的是平台的各种责任，透过责任，我们看到的更多的是平台化的治理。

（1）平台化治理是顺应信息社会复杂环境治理要求的结果

互联网的高速发展、海量与个性化，对治理的快速响应要求，多样性、生态化与跨区域性，以及低成本等，都使得传统的治理模式不能很好地适用于电子商务，客观上需要与这一现实相适应的治理模式。平台化治理就是顺应这种信息社会复杂环境治理要求的结果。

平台化治理确保了平台的开放性和动态性。平台既是交易、交流、开发的平台，也是数据信息、信用与消费者保护的平台，还是治理的平台。在一个开放的治理平台上，网民才可以充分参与到治理过程中，成为治理的主角，而不仅仅是被约束者；同时，只有平台化治理，才可以建立起治理的生态系统，使大量第三方专业机构也参与进来，用它们各自的特长为平台治理贡献力量。

（2）平台化治理是第三方治理

现代市场经济既不同于计划经济，也不同于传统的自由市场经济。与计划经济相适应的是全能政府，而与现代市场经济相适应的是法治政府和服务型政府。治理的主体不再是单一的，被治理者的自治和第三方的治理快速发展，成为政府治理的有力补充。平台化治理成为这种自治和第三方治理的代表，发挥着重要的作用，并将为我国现代市场经济的发展完善探索新的路径。

（3）平台化治理是适应信息社会的需要

信息时代既不同于农业社会，也不同于工业社会。人们从一元世界进入两元世界——现实世界和虚拟世界，尽管网络世界是现实世界的延伸，但其具有不同于现实世界的诸多特点。现实世界由于民主化、市场化、信息化和全球化的演进，对软性规则的需求大大增加，而虚拟世界人与人关系的调整以及秩序的维护则更依赖软性规则。虚拟世界一开始就是由软性规则支撑的，没有软性规则机制，虚拟世界的运作是不可想象的。

（4）平台化治理是适应经济全球化与互联网发展的需要

经济全球化大大加强了世界各国的相互依赖与联系，尤其网络世界，使得各国间的开放与合作更为重要，无国界的平台化治理逐步发挥更大的作用。平台上的企业、消费者、网商都在自愿遵守的前提下认可共同的技术、经济以及交易规则，认可诚信与开放、分享，使得平台上国际间的治理成为现实。[1]

2. 如何实施平台化治理 [2]

由于平台是复杂的生态系统，同时，平台上的相关主体众多，且很多是无契约关系的。因此，治理体系是非常复杂的。需要人性化、生态化、开放化、动态化的治理方式。

（1）个性化治理

个性化是平台治理的重要特征之一，它体现在各个开放平台不同的特点与结构。个性化是平台服务多样化、生态化的必然结果。个性化的业务是平台创新得以持续的保证，个性化的业务与产品带来个性化需求的满足，而个性化的规定和个性

1　明安：《完善软法机制，推进社会公共治理创新》，载于 http：//www.aisixiang.com/data/37079.html，最后访问时间：2011 年 2 月 21 日。

2　阿里研究中心与中国电子商务法律网合作，2011 年网规发展研究报告《平台化治理》，"平台化治理"部分。

化的治理则是平台治理规则能够在没有政府监管强力保障的前提下得以有效实施的主要原因之一。个性化带来人性化，个性化和人性化的治理源自"客户第一"的价值观；个性化与人性化带来理解和认同，带来发自内心的遵从和自发秩序。[1]

（2）人性化治理

面对互联网与应用的层出不穷，治理措施也必须具备足够的延展性和灵活性。而灵活性与延展性的来源就是治理规则、治理手段的个性化、人性化。人性化治理带来效率，带来生机，带来规范与发展的统一。

（3）生态化治理

平台治理面对的是前所未有的用户流、信息流、资金流和产品流的量变和质变，面对的是前所未有的复杂性和矛盾，没有一个生态化的系统和规则体系是不可能完成平台治理的。系统和规则体系正在形成，一个有机的、生态化的、分布式的、多元的、柔性的生态治理系统正在发展中。

（4）开放式治理

开放是互联网的核心精神，开放带来信息共享，带来信息不对称的消除，从而带来公正、透明、分享与和谐、发展，带来充满生机的生命体，带来枝繁叶茂的生态圈。开放式治理与生态化密切相关，生态带来开放，开放营造生态。既然互联网一定是开放的，平台治理就一定也是开放的、多元的。治理的开放带来透明、效率和公正，也使治理本身成为一个有机体。

（5）治理信息化

信息社会的大背景下的平台治理是建立在信息化为基础和手段上的治理，这是信息社会对治理层面的必然要求，也是实现治理动态化、多样化、多元化的有效途径。围绕开放式平台中可能出现的虚假信息、知识产权保护、假冒伪

---

[1] 阿里研究中心与中国电子商务法律网合作，2011年网规发展研究报告《平台化治理》，"前言"部分。

劣商品识别、身份认证、数字签名、信息安全、隐私保护、欺诈识别、权利救济等诸多方面的问题，必须使用信息化的工具。

信息化使治理无处不在，也使治理大象无形，真正做到了发展与规范的统一；信息化使治理"软化"，治理措施化身为善意的提醒和及时出现的警示，防患于未然；信息化使治理延展，跨出国界，动态跟踪、海量存储。

（6）治理动态化

互联网产业自身特有的技术发展快、业务创新快等不确定性既是其生机和活力所在，也使其不断带来新的问题，同时呼唤新的治理，要求相关的规则能够尽量跟上产业发展变化的步伐，加快修订和翻新的周期。生态化治理、信息化治理、开放式治理、基于诚信的治理本身就都是动态化的，而我们这里所指的动态化，更多地是指规则的及时调整。

（7）治理综合化

围绕互联网的治理，法律、自律与技术手段并举是长久的主题。信息通信技术应用的多样性与复杂性、网络主体的多样性，或称之为生态的多样性决定了互联网治理主体与手段的综合性。

（8）创新治理

生态化、个性化推动创新；创新带来更多的动态化和更适宜的生态。制度创新将建立在大量的治理创新的基础上。开放、透明、分享和责任，既是创新的方向，也是检验创新是否有效的试金石。

四、平台化治理对信息社会管理的借鉴意义

1. 对多元化治理的借鉴

开放平台既是一个虚拟的社会，也是现实社会的一个缩影，大量的交易、服务、沟通、分享与合作都在平台上有序运转着，一个有效的平台化治理也一定会

对社会治理，尤其是信息社会的治理有着全面的借鉴意义。

信息技术的特性是多样性，平台的特征是生态化，而信息社会管理的特征则是多元化。平台化治理的个性化、生态化、基于开放式、信息化和综合化等都为现代信息社会治理模式的构建提供了绝好的标本。

2. 对政府职能转型的借鉴

目前，我国市场经济体制的建立、全球化进程的加速、科学技术的发展、大众消费社会的来临、虚实空间的互动及相互影响，以及城市化进程的加快，都使得今天经济社会生活在日益复杂化。这种复杂化的经济社会生活，客观上要求政府具备更有效的管理能力。而政府如何面对信息社会的挑战，加速职能转型，转变经济结构，建立更加科学、合理、有效的治理结构，似乎可以从平台化治理中找到很多可供借鉴的经验。

3. 治理创新方面的借鉴

平台在治理方面做了大量的创新，尤其在实名制、信用制度、交易安全保障、欺诈防范、纠纷调解、消费者保护等围绕交易的核心环节，创新最集中，凝结着大量平台工作者的智慧、信念、追求和辛勤的劳动，值得在确立行业规则时借鉴，值得在订立相关法律法规时参考。可以借鉴的不仅是这些创新本身，更是这种通过创新实现和改善治理的思路。

4. 软规则方面的借鉴

平台在没有任何强制权的情况下，充分利用种种"软约束"，实现了有效的治理，这方面尤其值得政府借鉴。如果我们的政府部门在治理中能够尽量避免动用强制力和行政命令，可大大促进社会和谐，并减少行政执法的成本。

5. 低门槛方面的借鉴

许可制带有浓厚的计划经济色彩，除了少数涉及国计民生和人身安全的重大关键领域，减少和降低门槛应是社会主义市场经济的发展方向。我们的有些政府部门习惯于使用许可证管理市场的做法必须得到纠正。在这方面，平台在治理网商、网货时没有发一张许可证的做法非常值得借鉴。

第三节　信息时代的网络安全与数字内容的监管

一、信息通信技术发展的负面影响——网络安全的隐忧

网络的每一个特点在使我们能够相互沟通、分享信息的同时，亦不可避免地带来负面的影响如网络欺诈、网络犯罪等。数字化时代使政府、企业和个人不断对新的网络与信息安全问题加以关注。我们对信息通信技术越依赖，意味着公共网络和家庭网络等基础设施越脆弱、越易受攻击。毋庸置疑的一点是，网络系统中的任何软肋，就算遭受很小攻击，也可能引发很严重的后果。因此，人们越来越深刻地认识到，必须权衡国家安全与公民言论权利两者的关系，必须高度重视网络安全[1]并打击网络犯罪[2]。

1. 信息通信技术发展带来巨大的安全威胁

网络犯罪和网络空间的违法行为超越了国界并对多个行业和部门构成影响。其犯罪现场属于虚拟世界，证据多以电子形式出现而不具备物理形式。网络犯罪发生的"邻近区域"在全球网络中，因而就像在现实世界中一样无法随时对其进行遏制或监控。互联网的扩散性和全球性意味着，罪犯可以利用某一

---

[1] "网络安全"是指各种可用来保护网络环境和组织与用户资产的工具、政策、安全保障、指导原则、风险管理方法、培训、最佳做法和技术。

[2] "网络犯罪"往往定义为在计算机网络内部借助计算机或针对计算机从事的犯罪行为。

区域的漏洞攻击其他许多地方的用户。此外，由于网络犯罪源于日新月异的技术的使用，也为打击网络犯罪增加了挑战。

智能终端、无线网络和互联网的结合给网络安全带来巨大安全威胁。在原有的互联网安全的威胁仍然存在的情况下，开放的无线网络更容易受到攻击；随着技术发展网络系统更加复杂，随之漏洞增加，且新兴业务层出不穷，带来了新的安全问题；移动恶意代码数量不断增加，智能终端安全机制相对不足；用户隐私泄密事件不断，移动内容的监管缺乏有效手段。从根源上来看，是网络 IP 化将互联网的威胁引入到电信网，互联网开放的业务平台带来了更多的安全问题，同时，移动智能终端存储的隐私和包含的经济利益是攻击的首要目标。

这个新的时代带给了人类无限的可能去认知新的事物，去利用信息与通信的力量。但同时，这也意味着我们由于对这样的科技缺乏了解而面临新的挑战，还有这些科技存在被恶意利用的可能性。

数字化时代已经使政府、企业和个人产生了新的安全忧虑。我们对信息和通信技术的日益依赖，意味着公共网络和家庭网络等基础设施，已经日益脆弱、易受攻击。毋庸置疑的一点是，网络系统中的任何软肋，就算遭受很小攻击，也可能引发全球性的后果。但这并不意味着我们应当肆意地限制公民使用私人通信，我们必须权衡安全利益和公民自由权利之间的关系。

2. 虚拟的漏洞：网络和基础设施的安全性问题

信息通信技术革命的到来，恰逢国际冲突与对抗的历史格局发生戏剧性变化的时期。自冷战结束以来，国与国之间已不大可能发生全面、大规模的军事行动。恐怖主义甚嚣尘上，成为世界和平的头号威胁。同时，地区冲突持续不断，敌对政权枕戈待旦，迫使国际社会时刻保持高度警惕。在这样的环境下，信息和通信技术基础设施与服务跃升至了国家安全问题的首位，促使决策者们重新评估本国的国防和情报政策。

在上述国际环境下，数字通信技术是一把双刃剑，它既能有效确保安全，也能导致安全事故的发生。从国家安全系统到恐怖组织，各方都拥有全套先进的网络技术，用于收集和分享情报，进行间谍活动，以保持联络、传递消息。但从预防和应对威胁的角度来看，我们最担心的是这些通信资源是多么的不堪一击。这是一个无法估量的挑战，因为虚拟攻击可能在任何时间、任何地点打击一百万高危目标当中的任何一个。

虚拟领域存在诸多漏洞。在20世纪的最后几个月中，许多人担忧所谓的"千年虫"会导致建立在电脑基础上的一些关键系统陷入瘫痪。虽然后来事实证明这些担忧是多余的，但也给我们提了个醒，电脑基础设施之间的依赖性过强，牵一发就可动全身，有目的的攻击可以造成毁灭性的后果，这些可能包括电网、电信网、政府和商业数据库、金融机构和军事网络等等。网络攻击最常见的形式之一，是分布式拒绝服务（DDoS）攻击，即成百上千台电脑在入侵者的控制下向网站或其他在线网络传输发送不间断的信号，造成站点过载崩溃。其他的网络攻击形式还有：利用病毒进行局部攻击，或是直接接管目标系统的命令功能（command functions）。

以上威胁都是真实存在的，甚至在一定程度上已经存在很久了。自计算机和现代通信技术诞生以来，各种形式的电子间谍和破坏活动就层出不穷。在某种程度上，电子间谍是进行渗透活动的理想形式，因为敌对势力无须跋山涉水，就可以窃取别国政府的机密资料、威胁国家的整体安全。过去几年所发生的多起泄密事件已经警告我们，未来我们可能面临更大的风险。同时，网络恐怖主义——即非国家行为者针对核心基础设施的大规模破坏行为也时有发生，其中一个突出的例子发生在2007年，众多网站在爱沙尼亚受到大规模分布式拒绝服务攻击，导致爱沙尼亚多个政府部门，以及爱沙尼亚两大银行的网络临时性瘫痪。

二、国外网络安全监管框架与应对措施

1. 各国政府都逐渐认识到，有必要投入大量资源，应对安全问题

各国政府都逐渐认识到，有必要投入大量资源，以应对从自发组织的网络恐

怖分子，到国家政府发起的网络战攻击，再到个体黑客的恶意行为。为此，各国政府制定了各类应对方案。时至今日，最常用的应对方法是"被动防御"，比如防火墙和其他物理与虚拟模块。然而，这些方法可能将变得越来越脆弱，因为它们的更新速度还赶不上黑客破解它们的速度。

另一个可行的战略类似于冷战时期的核威慑，即开发出一种以毒攻毒的响应机制，在遭受网络攻击时，对攻击方发起同样的网络攻击。但这一机制要解决的关键问题，不是确定攻击源的位置，而是确定攻击源的身份（是政府、军事组织、企业、恐怖分子还是独立黑客？）。政府可以雇佣民间代理，甚至是不同国家的民间代理来进行攻击。但是如果没有准确地识别攻击源的身份的话，网络报复可能是徒劳或适得其反的。

最近，人们已经更为注重发展多边国际机制来遏制网络战和网络恐怖主义。在俄罗斯的提议下，世界几个主要国家，包括俄罗斯、中国、美国和印度，都已通过联合国展开磋商，讨论构建国际网络安全条约，建立共同的原则和标准，规范电子"武器"的使用，保护重要基础设施免受入侵和攻击。此外，国际电信联盟也通过建立全球网络安全议程（GCA）而起到了带头作用。国际电联全球网络安全议程是在2007年推出的一项国际合作框架，旨在增进人们对信息社会的信心、巩固信息社会的安全。GCA 侧重于在侦查、预防和克服网络威胁方面建立伙伴关系与合作渠道。GCA 制定了"五大支柱"，即五大合作领域：法律措施、技术与程序、组织结构、能力建设和国际合作[1]。GCA 已发起了多项活动，如"儿童在线保护"等。

2. 多国出台系列重大战略政策，强化国家网络安全框架

随着网络空间对国家经济与社会的重要意义与日俱增，网络安全上升到国家利益的层面。因此，主要发达国家都高度重视网络安全。遏制和防止网络犯罪可被视为网络安全和重要信息基础设施保护战略不可分割的一部分。近年来，以美

---

1 资料来源：国际电联。

国为代表的西方以维护网络空间的国家利益为核心，出台系列重大政策。同时，很多国家目前正在制定有关网络安全的法律和监管框架，包括应对网络犯罪的法律框架。并且，通过多种技术手段保证网络空间的安全。例如，南非国家安全部已经批准了《南非国家网络安全政策框架》。该政策框架中阐述的政策包括：解决与网络空间相关的国家安全威胁；打击网络战、网络犯罪和其他网络弊病；完善、审查以及更新现有的实体法和程序法；为信息和通信技术的安全使用建立信心。根据该政策框架，南非将建立相关机构和制度以协调多个安全部门的工作。同时，该框架明确了一些政府部门具体的职责范围，国家安全部被授权对在全国范围内协调、完善和实施网络安全措施负总责。

3. 打击网络犯罪必须团结利益攸关多方

由于性质不同，解决网络犯罪问题对传统的监管方式和刑事处罚方式构成挑战。传统的电信集中监管模式，即政府位于行业决策层顶端，难以应对网络犯罪的跨区域性特点，因为互联网发展已超越了国家、区域政府的直接干预范围，对旧有的政府、企业和民间团体间的职责分工模式提出了挑战。因此，对网络犯罪的打击要以利益攸关多方的参与为基础，可以由不同利益攸关方单独来执行或由两个和更多利益攸关方共同承担任务，形成打击网络犯罪生态系统和利益攸关多方共存的环境。利益攸关方包括政府和公共部门（包括监管机构）、企业、民间团体、学术界和个人用户，以及区域性和国际组织。它们具有不同的责任，承担不同工作以及具有打击网络犯罪的不同手段。目前，一些国家有效应对网络威胁和打击网络犯罪的手段日臻完善，已在更广泛的国家间和国际跨行业范畴内建立了相互合作的机制。

4. 通信监管机构打击网络犯罪领域的具体职责尚未得到明确确定

通信监管机构的传统作用在发生变化，它们参与了很多追踪网络空间违法行为的活动，其中包含新的职责和责任，也有一些是监管机构正常工作的延伸。打击网络犯罪已经成为监管机构从集中的监管模式走向更灵活和平面化结构的组成部分。但是，从目前各国情况看，虽然通信监管机构在打击网络犯罪领域的具体职责尚未得到明确确定，但是其职责在打击网络犯罪的领域内又被进一步延伸或加强，包括：一是消费者保护，例如，教育消费者、禁止垃圾信息和打击恶意软件的传播；二是信息安全和网络安全责任，例如，保护关键信息和通信基础设施的可靠性和安全性；三是向新的监管机构授予有关互联网安全的工作职责。

5. 确保为监管机构配备发现网络威胁必不可少的工具和资源

随着融合性监管机构职责的变化，重要的是要确保为监管机构配备发现网络威胁必不可少的工具和资源，提高利益攸关各方的认识并调动某些利益攸关方的积极性，使其在打击网络犯罪中发挥作用，协调公众机构和私营部门做出的响应，为加强各国和各区域之间的合作和协调做出贡献。

展望未来，网络安全问题为信息通信监管机构带来种种挑战，同时也为其在打击网络犯罪中发挥重要作用提供了机遇。由于技术飞速发展、网络威胁错综复杂，因此，任务更加艰巨。监管机构通常担负着确保互联网可靠性和避免使消费者、企业和政府出现导致对经济造成重大影响的网络中断的重要责任。履行该责任要求监管机构能够迅速做出响应，应对网络威胁。

三、网络信息内容的监管

1. 为什么需要内容监管？

对于传统电信监管者来说，数字内容监管是新的挑战，过去只是对广播电视和印刷品内容进行监管。人们认同对数字内容有限监管是必须的，但是如何实行是巨大的挑战。各国政府都对公民具有自由言论权形成了共识。然而，所有社会都会在公民的自由表达和信息的权利上加以限制。如何定义和实施这些新的限制是信息领域监管的关键问题。

信息通信技术发展给社会和政治带来深远的影响。这种力量通过互联网和其他新媒体以更加自由的表达方式被释放出来，给社会经济发展带来很强的影响，包括对信息通信技术产业本身。对于广电的内容监管是过去近一个世纪内容监管的核心。但是在泛在的、无线媒体的新世界，重要的问题是广播电视是否还值得特别监管。虽然已有法律没有改变，但广电的独特角色被洪水般的其他内容来源和传播媒体淹没，广播电视的用户在逐步减少。这一点特别在电视上突出地显现，因为电台广播仍然保留着移动媒体的特点，特别是对于上亿的汽车司机来说。然而，对于电视台来说，仅仅通过电视信号观看节目的人正在迅速减少。在发达国家已经只有少数的群体在这样看电视了，只有在大多数发展中国家的偏远受限地区的一些观众仍然主要靠看电视。

2. 什么需要内容监管？肯定的回答是网络的黑暗面

我们的每一次沟通与分享，总是不可避免地伴随着升级的诈骗和一些黑暗元素的创造。在数字化浪潮中最明显和遍布到处的缺陷就是可以更容易地创造和传播大量的不良信息，而与此同时，我们也更难在这样的环境中保护最容易受到伤害的群体。一些最具有破坏性的数字内容在网络世界是独一无二的，像病毒、垃圾邮件、恶性软件这些东西通过电子代码本身传染传播。在发达的数字时代，越来越多的监管往往变得徒劳无功，一些大家共认的负面内容为我们的监管带来了挑战，其中包括：

黄色、数字色情：全球每年庞大的数字色情行业以某种方式产生着数十亿美元的收入。一些检索网络色情的措施、过滤和监测技术的效果非常有限。

仇恨言语、煽动暴力：这是难以界定和限制的问题，但政府已明确了各种形式的仇恨散播、煽动暴力、阴谋和犯罪的相关行为应该受制于法律，其中包括煽动叛乱或煽动反对国家，但这是很难和政治不同意见者分开的。

赌博：以网络为基础的赌博行为在很多国家被视为违反道德而被明令禁止的，然而，线上赌博网站仍然盛行，无法被警方有效查处。

剥削与虐待儿童：几乎每一个文明社会都认为虐待和剥削儿童是不可接受的，在互联网世界，要进一步保护儿童不被一些欺骗性的在线论坛所引诱。对于许多国家的政府和执法机构而言，对于脆弱的受害者可能面临的风险要拥有最优先级的预防、调查和起诉的权利。

网络盯梢：许多有关部门已开始意识到网络跟踪已经对互联网用户形成了新的威胁，尤其是年轻人、精神病患者和其他弱势群体。网络盯梢通过大众传播媒介的各种组合对受害者进行一次或是多次恶意的对峙、恐吓或仅仅是以娱乐为目的。其主要行为包括持续地在社交网络上发布侮辱的言论；发布相关的照片（真实的或是被篡改的）；散布短信或者图像；反复发送侮辱和恐吓性的电子邮件和语音邮件；通过各种媒体传播恶意谣言。已经发生的一些非常严重的案子甚至导致受害者自杀及其他后果。这些后果足以促使立法者和监管者确认这是一种新的骚扰形式，并给予特别的关注。

欺诈、诈骗：特别值得关注的是通过网络、电子邮件甚至是电话服务而滋生的欺诈行为。在许多情况下，即使人们被诈骗，互联网的性质使得对肇事者的追查变得难上加难。

以上每一个罪行的伤害都足以要求一整套的法律法规、执法标准和执行准则。同时，总是会有无数模棱两可的案件来拷问相应的法规条款、基本假设和规则目标是否适用。因此，内容监管充满着挑战。

3. 如何实施对数字内容的监管

监管机构需要对不同的数字内容进行监管，但在信息通信技术高度发达的今天，只有一些有限的办法来限制某些特定类型的传输，并没有100%可靠性。越是成功的信息通信技术革命，就越难控制带给人们的不良影响。

目前的内容监管方式：**一是事先约束与审查**。在互联网的情况下，可能无法从字面上阻止不良内容的创造，但事先约束最接近的等效方法就是阻止用户访问这些内容，也就是通过 Web 过滤来完成。**二是调查，制止（删除），起诉**。采取与对其他非法活动一样的方式。困难是谁对这些非法内容负责？运营商？ISP？个人？另外，互联网无国界，各国的规定不一样，被托管的服务器可能在国外。因此，实施难度大。**三是合作**。最好的方式是鼓励信息服务提供商，政府机构和用户之间的合作；同时鼓励跨区域、跨国间的监管机构合作。

全欧洲、美国等互联网发达国家和地区历来重视公民身份信息管理。它们自2011年以来，纷纷制定并积极推行国家（地区）网络身份管理战略，保证网络身份的真实与可信，加强对公民网络信息监管和保护。2011年4月15日，美国白宫发布《网络空间可信身份国家战略》，提出要在美国建立一个以用户为中心的身份生态认证系统。2010年12月15日，欧盟正式启动《欧洲2011—2015电子政务管理行动计划：利用信息和通信技术促进智能、可持续和创新的政务管理》，决定在欧盟范围内普及网络电子身份证的使用。

从网络安全与信息安全监管的关系看，数字内容监管往往不是通信监管机构的主要职责，通信监管机构更多是发挥辅助角色，数字内容监管主要是由其他相关机构来实施分级监管。而网络安全将是通信监管机构的重要工作，并且通信监管机构对其承担着极大的责任。由于网络与内容融合，电信、广电与互联网的融合，网络监管与内容监管难以完全分开。

四、国家安全和公民权利应当如何平衡?

随着网络攻击和多种其他形式的安全隐患日益增多，许多国家的政府对此忐忑不安。在"9·11"和其他一些恐怖袭击事件发生后，几乎所有发达国家都掀起了一场论战，围绕公民自由和国家安全之间的微妙平衡。国家对公民隐私的潜在威胁，其程度之严重，已经可以匹敌恐怖袭击对国家安全的威胁。每个国家都必须决定，到底怎样程度的隐私入侵是可以接受的。

1. 电子监控

自从电报和电话通信问世以来，各国政权就试图通过拦截电波来监听敌人、间谍、罪犯和各种邪恶阴谋的策划者。随着固定电话和移动电话的普及，包括国际长途的大幅增长，这种监听行为的重要性有增无减。从理论上来说，安全官员可通过实时监控电子通信来识别威胁并获得情报。具体办法分为两种：一是随机监听大量语音通信，以期捕获可疑的对话片段；二是针对性窃听特定的犯罪嫌疑人（或有前科者）。这两种方法都被广泛采用，且都饱受争议。

在大多数情况下，一国的监视监听法律都会要求官员在对个人或团体进行针对性窃听之前获得法庭手令或类似的授权，申请此类行动的理由必须充分合理。对此，人们争论的焦点在于：此类行动应该获得多大的权限？界限在哪里？要认识清楚以下几个关键问题：要证明采取监控行动的合理性，当局必须出示什么样的依据？手令有效期持续多久？在何种情况下手令有效期可以延长？如何判定有多少人或机构需要受到监控？最重要的问题也许是：在什么样的特殊、紧急情况下当局可以无须申请手令，直接进行电子监控？

在"9·11"恐怖袭击事件发生以后，《美国爱国者法案》提出仅不到一个月就获签署，历史罕见。该法案放宽了对美国执法机构的限制，使其更轻易地获得授权，以针对潜在犯罪嫌疑人开展广泛的调查。该法案专门修改了当时的外国情报监视法案（FISA），其中涉及对海外强国或其机构的电子侦听活动，不包括本国公民。虽然 FISA 仍然要求任何此类侦听活动必须首先获得手令，但2005年曝光的一项丑闻显示，布什政府曾在未取得手令的情况下，秘密授权侦听机构对国内外通信进行广泛拦截，时间长达数年。虽然此活动在曝光不久后就已中止，但在2008年，美国国会通过重新授权爱国者法案，从而使参与非法窃听活动的电信公司获得追溯豁免（retroactive immunity），再度引起公众不满。

近年来，许多国家的政府已经要求所有蜂窝移动电话用户在国家数据库中注册其 SIM 卡。但标准的预付费移动服务通常并不需要任何形式的鉴定或登记，政府安全官员已提议对 SIM 卡用户进行登记，将每一个手机号码都与其用户的姓名、住址和其他个人信息相关联，以利于政府部门的调查或研究。但事实证明，尽管在硬件方面已准备充分，但要落实此项政策依旧是困难的，对于那些尚未注册的手机号码，政府只得延迟其作废期限，以给予未注册用户充分的缓冲时间。许多用户都反对提供他们的个人信息，他们担心个人信息登记是政府监控公民隐私的手段，且这样的手段今后还会更多[1]。

---

1 资料来源：AudienceScapes，2010年。

2010年，意大利政府采取了与此相反的动作，提出减少对侦听手段的使用。意大利并未严厉管制警察和私人团体的窃听行为，导致每年发生多达10万起窃听事件，而在美国和英国，这一数字仅为几千。由于意大利的执法部门和国家媒体过于依赖这种谨慎的信息收集方法，所以一旦有人要求减少侦听手令的发放，就必然招致两者的抗议，甚至还出现过国家媒体集体罢工一天的情况。

2. 数据访问

在信息时代，人与人之间的交流很多时候不再依赖语音通信，转而通过多种电子数据通道，以各种形式传递信息，安全机关在对犯罪或威胁进行调查取证时，所面对的目标对象的范围不断扩大。恐怖性组织和犯罪团伙之间的通信方式大多是电子邮件、短信、聊天室、经过编码的论坛帖子，以及其他新型现代化的手段。对于跨国作案团伙来说，更多地使用多种电子渠道来进行更隐蔽的通信。

执法机关和国家安全部门有职责对各种可能的通信机制进行定位、识别、监控、破译和评估。这难免对公民自由产生干涉，因此争论之声不绝于耳。几乎所有的网络调查都将不可避免地涉及访问无辜的普通公民的私有数据。再次说明，问题的核心是**踩准平衡点：一方面对政府工作人员所拥有的获取和检验私人数据的权力采取最为合理、有效、符合实际的限制，另一方面合理限制公民的隐私权**（完的隐私权会阻止警察或安全机构染指公民个人信息与通信数据）。

安全机构的人员获取通信数据的最常见的方式，是要求互联网服务供应商和其他网络和服务提供商给予实际服务器数据库的访问权，使其能够访问直接传输链路或是复制数据文件，这都是对个人隐私的严重侵犯，也是许多企业难以接受的行为。**难度在于权衡调查的紧迫性和必要性与数据主人、数据操作人和数据使用者的权力。但底线应当是，授权此类数据调用的法庭手令能适当收紧，以保证无辜用户的数据不受侵犯，且私人数据曝光度不会大幅度增加。**

2010年，印度、阿联酋、沙特阿拉伯取缔黑莓制造商，加拿大行动研究公司（Research in Motion, Ltd., RIM）提供的安全网络。在这些国家，黑莓手机广受企业客户的青睐，而颠覆和恐怖活动的威胁是非常高的，因此安全部门坚持要求获得权限，访问黑莓手机发出的加密电子邮件、电话、短信等内容。尽管 RIM 公司表示愿意配合，但同时也显示出为难，因为其整个商业模式都基于为企业客户提供安全通信，黑莓用户所传输的加密信息就连 RIM 公司都无法破解。

在这种僵局下，政府发出了威胁，阻止所有通过黑莓系统传输的数据，此举可能使黑莓的服务全盘瘫痪，并迫使数百名客户更换服务提供商，或转而使用新的、非加密的设备。截至2010年年底，各方仍在试图达成双方协定。与此同时，安全部门还将视线转向了谷歌、雅虎和其他跨国的个人电子邮件服务提供商，要求他们提供用户信息访问权限。国家安全和公民自由之间的这种冲突之所以出现，部分是由现代通信技术本身的性质造成的。

从理论上来说，要截获并保存流经某个网络服务器的所有电子信息是可行的，虽然如此，大多数运营商并不情愿对这些信息进行监控和保留。一方面是因为，宽带网络用户数以百万计，要将他们传输的所有数据文件无限期地保存，所耗费的存储容量将很快成为天文数字，尤其是当更多人用网络收发多媒体数据时，存储成本令人望而却步。此外，RIM 公司表示，在设计加密协议之初，就没有考虑过要为第三方访问提供接口，要满足政府的信息访问要求，就需要将加密协议完全改写或彻底抛弃。此外，用户也反对此类政策，毕竟没有人希望将自己的私人信息暴露给政府。因此，这些政策不仅将在政治和公民自由方面产生深远影响，在商业和经济领域也是一样[1]。

五、建立与完善我国网络与信息安全的监管体系

我国互联网产业加速向各行业、各领域渗透、融合，在国民经济和社会各领域中的影响和地位日益突出。但是，网络安全面临的形势也十分严峻。据中国互联网络信息中心报告显示，2011 年上半年，遭遇过病毒或木马攻击的网民为 2.17 亿人，占网民的 44.7%；有过账号或密码被盗经历的网民达 1.21 亿人；另有 8%

1　资料来源：英国，2010年。

的网民最近半年内在网上遇到过消费欺诈。网上损害公共利益、侵害他人权益的现象时有发生，各种违法和有害信息屡禁屡现，制作传播计算机病毒、危害网络安全的网络犯罪日趋增多，严重损害人们对互联网的信心。特别是黑客攻击，已经成为网络安全的严重威胁。

针对互联网安全问题，我国制定了《国家网络与信息安全事件应急预案》，确立了"谁主管谁负责，谁运行谁负责"的原则，强化了信息安全管理体制和工作机制。初步建立了涉及多行业多领域、包括安全监测、事件预警、应急处置支撑机制等在内的国家信息安全应急保障体系，并已形成标准制定和测试、设备安全准入、网络安全等级保护为主的网络安全监管体系。

同时，信息安全等级保护制度不断完善，基础信息网络和重要信息系统的安全防护受到重视。一方面，开展信息安全密码等级保护、密码管理相关工作，研究制定了等级保护密码管理办法和相关标准规范。公安部、国家保密局、国家密码管理局、国务院信息化工作办公室制定了《信息安全等级保护管理办法》，成为网络发展与网络安全和谐发展的重要保证。另一方面，着力推进涉密信息系统分级保护工作，对涉密信息系统分级保护进行总体部署、试点和重点推进。另外，坚持齐抓共管、密切协作，进一步完善部门之间、政府和企业之间的联动机制。加强信息资源的共享，加强行政监管和技术支撑之间的协调配合，改善网络与信息安全管理整体工作状况。在此基础上，还需要通过加强技术手段和力量建设，提升对网络与信息安全事件防范、发现和应对处置能力。

第四节　我国互联网的发展、治理与法规

一、我国互联网的发展状况

1. 我国已经成为全球最大的互联网市场

互联网曾一度受到年轻白领阶层的追捧，如今不仅正迅速发展成为一种大众媒体，而且更重要的是成为一个国家承载全社会信息化的关键网络基础设施，并发挥着愈加重要的作用。

我国已经成为全球用户最多的互联网市场。截至 2012 年 12 月底，我国网民规模达 5.64 亿，排名全球第一；但互联网普及率为 42.1%，仍有很大的发展前景。我国手机网民规模为 4.20 亿，网民中使用手机上网的用户占比由 2011 年底的 69.3% 提升至 74.5%，已超过使用 PC 上网的 71% 的用户比例。我国网民中农村人口占比为 27.6%，规模达到 1.56 亿。2012 年中国网民人均每周上网时长达到 20.5 小时，相比 2011 年提升了 1.8 个小时，已经高于美国网民的平均上网时间。2015 年，我国将新增近 2 亿多网民，互联网用户总数将超过 7 亿，几乎是日本和美国互联网用户之和的两倍。到 2015 年，互联网在我国的整体渗透率将从 2012 年的 42.1% 增至 50% 以上。51 岁及以上年龄的城市消费者将成为增长最快的细分群体，这一现象表明互联网正在席卷全

国，并以每年20%以上的速度扩大。

网络购物用户已经是全球第一，2015年中国将成为全球最大的网络零售市场。截至2012年12月，我国网络购物用户规模达到2.42亿人，已经超过了美国。网络购物使用率[1]提升至42.9%，到2015年有望超过50%。手机端电子商务类应用使用率整体大幅上涨。相比2011年，手机网民使用手机进行网络购物的比例增长了6.6个百分点，用户量是上年底的2.36倍[2]。在网民数量不断增加以及消费者对电子商务的接受程度逐步提高的推动下，2012年，中国的网络零售总额突破了万亿人民币，达到1.3万亿，在社会消费品零售总额中占到6.3%。据阿里研究中心测算，到2016年，中国网络零售交易额将达到5万亿，占社会消费品总额的12%。到2020年，这两个数字将分别达到10万亿和16%[3]。我国将成为世界最大的网络零售市场，近15%的零售销售将在网上进行。

微信、微博用户持续增长，用户逐渐移动化。截至2012年12月底，我国微博用户规模为3.09亿，较2011年底增长了5,873万，网民中的微博用户比例较上年底提升了六个百分点，达到54.7%。相当一部分用户访问和发送微博的行为发生在手机终端上，截至2012年年底，手机微博用户规模达到2.02亿，即高达65.6%的微博用户使用手机终端访问微博。[4]

2012年底，腾讯微信及WeChat（微信的国际版）的用户达4亿；到2013年上半年，微信及WeChat的用户将近5个亿，其中合并月活跃账户达到2.358亿，环比增长21.3%，同比增长176.8%[5]。

2. 互联网基础设施、应用水平与企业国际化水平有待提升

中小企业互联网基础设施建设仍需完善。截至2012年12月底，受访中小

1　网络购物使用率是指使用网络购物的总人数占网络使用总人数（即网民人数）的比率。
2　根据cnnic.cn公布的第31次中国互联网络发展状况统计报告。
3　"增长极：从新兴市场国家到互联网经济体"报告。阿里研究中心，2013。
4　根据cnnic.cn公布的第31次中国互联网络发展状况统计报告。
5　根据腾讯公司2013年第二季度的财报。

企业中，使用计算机办公的比例为91.3%，使用互联网的比例为78.5%。固定宽带普及率为71.0% [1]。因此，我国中小企业互联网普及率仍然偏低，宽带建设也需要进一步推进。

互联网应用水平有待提升。与此同时，与 OECD 公布的部分成员国 2011 年年末的在线采购、在线销售普及率相比，我国中小企业开展在线销售的比例为 25.3%，处于平均水平以上；在线采购的比例为 26.5%，低于平均水平；利用互联网开展营销推广活动的比例为23.0%。由于我国中小企业对在线采购的认识不足，法律和制度环境、物流和支付体系等方面的支撑力度薄弱，同时缺乏内部信息化的推动力，造成在线采购普及程度相比国外先进水平还有较大差距。

互联网企业的国际化水平差距很大。按月访问量计算的前10大网站中前8大网站均为美国的，依次是谷歌、微软、脸谱、雅虎、维基百科、亚马逊、苹果、Glam Media、腾讯、百度。美国网站访客的81%[2]来自国外，中国互联网企业的国际化之路任重道远。

3. 互联网成为我国社会生活中不可缺少的重要组成部分

在短短几年间，我国已发展成为世界上最大的互联网市场。在不久之后，它也将成为全球最具影响力的互联网市场。随着我国消费者对互联网的接受程度日渐提升，人们变得更加勇于尝试各类网络活动。例如，中国互联网用户发送即时讯息比例高于美国，同时，我国互联网用户也是在线音乐和在线阅读的更大消费群体。互联网正日渐成为我国社会不可或缺的组成部分，这一速度快于互联网在全球其他主要经济体的发展。我国企业若能掌握这一趋势就能从互联网在中国市场的快速增长中获得千载难逢的机遇。

---

1 根据 cnnic.cn 公布的第31次中国互联网络发展状况统计报告。

2 Mary Meeker，"2013年互联网趋势报告"。

二、互联网行政管理体制

从20世纪90年代中期开始，伴随着互联网在我国的大规模商用以及互联网应用的日趋普及和深化，我国开始对互联网治理问题给予关注与重视。在多年的实践和探索中，逐步形成了具有中国特色的以政府为主导，社会各界共同参与，行政、法律、技术、市场和自律等多种手段综合运用的治理模式。

我国互联网行政管理体制有两个明显的特征：其一是在已有的国家行政管理体制的基础上，将原有行政管理部门职能和职责向互联网活动领域扩展，以应对和满足互联网管理的广泛需要，如规划、政策和规章的制定，形式多样的网络活动的准入许可和管理、网络活动的监管以及对网络违规活动的处罚等；其二是在各部门各司其职的情况下，强调多部门的协同监管和联合行动。由于网络活动的复杂性、广泛性和多样性，在明确各部门职责分工的情况下，加强部门间的协同监管对于互联网管理效率的提高至关重要。事实上，在互联网治理的诸多领域，如互联网营业场所管理、未成年人在线保护等方面，多个部门间的合作和联合行动已经迈入了制度化轨道，同时，在互联网管理规章的制定方面，也存在着广泛的部门协同和合作。

2008年行政管理体制改革之后，国家进一步明确了互联网主要管理部门及其职责（表6—1）。除了表中所列的部门之外，许多政府部门也或多或少兼有互联网管理的职能，或者将其监管领域扩展到互联网相关活动领域。例如，金融监管部门的职责由传统互联金融向网络金融领域扩展，商务部门也从传统商业活动向电子商务领域扩展等。

表6—1 互联网主要管理部门及其职责

部门	职责
工业和信息化部	统筹推进国家信息化工作，组织制定相关政策并协调信息化建设中的重大问题，促进电信、广播电视和计算机网络融合，指导协调电子政务发展，推动跨行业、跨部门的互联互通和重要信息资源的开发利用、共享；统筹规划公用通信网、互联网、专用通信网，依法监督管理电信与信息服务市场，会同有关部门制定电信业务资费政策和标准并监督实施，负责通信资源的分配管理及国际协调，推进电信普遍服务，保障重要通信；承担通信网络安全和国家信息安全保障体系建设，指导监督政府部门、重点行业的重要信息系统与基础信息网络的安全保障工作，协调处理网络与信息安全的重大事件。

（续表）

部门	职责
文化部	负责文艺类产品网上传播的前置审批工作，负责对网吧等上网服务营业场所实行经营许可证管理，对网络游戏服务进行监督（不含网络游戏的网上出版前置审批）。
公安部	指导、监督地方公安机关的公共信息网络的安全监督工作；打击网络刑事犯罪活动。
教育部	负责各级各类学校网络文化建设与管理工作。
新闻出版总署（国家版权局）	负责对互联网出版活动和开办手机书刊、手机文学业务进行审批和监管；负责组织推进全国软件正版化工作和数字网络版权监管工作。
国家广播电影电视总局	起草信息网络视听节目服务的法律法规草案，拟订相关技术标准和部门规章；负责信息网络视听节目服务机构和业务的监管并实施准入和退出管理；监管信息网络视听节目，审查其内容和质量。
国家工商行政管理总局	负责对从事互联网经营活动的企业、单位、个人以及外国（地区）企业常驻代表机构等市场主体进行登记注册与监督管理；指导互联网广告业发展，负责互联网广告活动的监督管理工作。
国务院新闻办公室	制定互联网新闻事业发展规划，并指导协调互联网新闻报道工作。

注：本表根据上述部门网站中所发布的部门职责整理而成。有关部门的职责均是根据第十一届全国人民代表大会第一次会议批准的国务院机构改革方案和《国务院关于机构设置的通知》〔国发（2008）11号〕而确定的。

三、互联网法律法规体系

我国互联网法律法规体系建设遵从两种基本路径：一种是针对互联网发展过程中所面临的突出和重大问题，制定多层次的专门性法律法规，包括全国人大制定的专项法律、国务院发布的行政法规、部门及地方发布的规章；另一种是对既有的法律法规加以修订和补充，使之扩展到网络活动领域，以适应网络发展所带来的新问题。目前，已经颁布和实施的法律法规已经能够覆盖互联网监管的绝大多数领域，为互联网治理奠定了一定的基础。

1. 互联网重要资源的管理法规

互联网重要资源如域名和 IP 地址等的管理是互联网法规体系建设的一项基

础性工作。1997 年，随着互联网开始在中国大规模的商用化，互联网域名的国内注册管理成为当务之急。为此，原国务院信息化工作领导小组办公室拟定了《中国互联网络域名注册暂行管理办法》。之后，又分别在 2002 年 3 月和 2004 年 11 月进行了两次重大修订。除了基本的管理办法外，原信息产业部还相继制定了域名争议解决办法，有效解决了因恶意注册和使用域名所产生的争议问题。除了域名管理之外，原信息产业部还出于网络监管和安全的需要，在 2005 年 2 月发布了《互联网 IP 地址备案管理办法》。该办法颁布后，绝大多数网站和 IP 地址已在相关部门登记备案。

2. 网络安全法规

早在 1994 年 2 月，国务院就已发布《中华人民共和国计算机信息系统安全保护条例》，该条例提出对包括联网在内的计算机信息系统实行安全等级保护，对国际联网的计算机系统进行登记备案，查处危害计算机信息系统安全的违法犯罪案件等。1997 年 12 月，公安部制定了《计算机信息网络国际联网安全保护管理办法》，该办法针对一般性的网络犯罪问题，诸如非法侵入计算机系统、制造和传播计算机病毒等行为的界定、惩罚等事项做出了明确规定。2005 年 12 月，公安部发布了《互联网安全保护技术措施规定》，其中，明确要求互联网服务提供者和联网使用单位应当落实"防范计算机病毒、网络入侵和攻击破坏等危害网络安全事项或者行为的技术措施"。

3. 网络信息内容管理法规

我国互联网领域的大多数法规都与网络信息内容管理密切相关，表 6—2 对有关网络信息内容领域的法规状况进行了梳理。2000 年 9 月由国务院发布的《互联网信息服务管理办法》，是一个综合性和基础性法规。该管理办法为互联网信息内容服务的监管确定了一般性规则，涉及信息内容服务的准入、非法信息内容的界定、监管部门的职责、网络和内容服务提供商的责任以及对违规行为的处罚等。继该管理办法之后，新闻、出版、广电、文化、通信、教育等内容监管部门还各自制定了针对特定网络信息内容服务的部门性规章。

2012年12月28日，第十一届全国人民代表大会常务委员会第三十次会议通过《关于加强网络信息保护的决定》。该《决定》提出：国家保护能够识别公民个人身份和涉及公民个人隐私的电子信息；网络服务提供者和其他企业事业单位在业务活动中收集、使用公民个人电子信息，明示收集、使用信息的目的、方式和范围，并经被收集者同意，不得违反法律、法规的规定和双方的约定收集、使用信息；对公民个人电子信息必须严格保密，不得泄露、篡改、毁损；不得出售或者非法向他人提供。在发生或者可能发生信息泄露、毁损、丢失的情况时，应当立即采取补救措施。

2013年7月，工信部发布了《电话用户真实身份信息登记规定》和《电信和互联网用户个人信息保护规定》。按照《电话用户真实身份信息登记规定》要求，从2013年9月1日起，用户办理固定电话、移动电话（含无线上网卡）等入网时，须进行实名制登记。此次，工信部正式规定的出台，也终于确定了我国电话实名制的实施时间。同期发布的《电信和互联网用户个人信息保护规定》，也对电信业务经营者、互联网信息服务提供者对于用户姓名、出生日期、身份证件号码等信息的保护提出了明确的要求。

表6—2 信息内容管理法规一览表

法规名称	发布机构	发布时间	监管范围
《互联网信息服务管理办法》	国务院	2000年9月	互联网信息服务的许可和备案
《互联网电子公告服务管理规定》	信息产业部	2000年10月	电子公告服务的申请和备案、行为规范
《互联网出版管理暂行规定》	新闻出版总署信息产业部	2002年6月	监管在线出版内容
《关于审理涉及计算机网络著作权纠纷案件适用法律若干问题的解释》	最高人民法院	2003年12月	网络著作权纠纷的司法解释
《互联网等信息网络传播视听节目管理办法》	广电总局	2004年6月	信息网络传播视听节目许可证及业务监管

（续表）

法规名称	发布机构	发布时间	监管范围
《互联网文化管理暂行规定》	文化部	2004年7月	互联网文化单位的许可证和备案、监管
《互联网新闻信息服务管理规定》	国务院新闻办公室、信息产业部	2005年9月	在线新闻服务的监管
《互联网电子邮件服务管理办法》	信息产业部	2006年3月	电子邮件服务的监管
《互联网视听节目服务管理规定》	广电总局、信息产业部	2007年12月	互联网视听节目服务的监管
《互联网医疗保健信息服务管理办法》	卫生部	2009年5月	互联网医疗保健信息的监管
《外国机构在中国境内提供金融信息服务管理的规定》	国务院新闻办公室、商务部、国家工商行政管理总局	2009年4月	外国机构在中国境内提供金融信息服务的监管
《关于加强网络保护信息的决定》	全国人大常委会	2012年12月	网络信息保护的监管
《电话真实身份信息登记规定》	工业和信息化部	2013年7月	电话实名制的监管
《电信和互联网用户个人信息保护规定》	工业和信息化部	2013年7月	用户信息保护的监管

注：表中的资料根据有关部门发布的法规整理而成。

4. 网络著作权保护法规

由于互联网著作权保护涉及许多复杂的网络技术问题，加之互联网内容侵权成本更低，侵权更为便利等因素，导致互联网著作权侵权现象较之传统的著作权侵权现象更加普遍，著作权保护任务也更为艰巨。2006年5月，国务院正式颁布了《信息网络传播权保护条例》。该条例的内容主要涉及保护范围的界定、合理使用和法定许可、处理侵权纠纷的"通知与删除"简便程序、网络服务提供者免责条款以及对侵权行为的处罚等。该条例是我国网络著作权立法领域的一个里程碑式的法规，对于网络著作权保护和网络内容服务的发展都产生了重大影响。

5. 其他重要法规

除了上述法规以外，我国还制定了许多与互联网相关的基础性法规。

2001 年 4 月，原信息产业部联合公安部、文化部以及国家工商行政管理总局发布《互联网上网服务营业场所管理办法》，对网吧的经营许可和营业的监管做出了明确的规定。该办法的一个重要目的是加强对未成年人的在线保护。

2003 年 8 月，全国人大通过了《行政许可法》。该法律第三章规定："行政机关应当建立和完善有关制度，推行电子政务，在行政机关的网站上公布行政许可事项，方便申请人采取数据电文等方式提出行政许可申请；应当与其他行政机关共享有关行政许可信息，提高办事效率。"该法律对各级政府电子政务的建设具有重大的指导意义。

2004 年 8 月，全国人大颁布了《电子签名法》，2005 年 2 月信息产业部据此制定和发布《电子认证服务管理办法》，2009 年由工业和信息化部修订后再次发布。这些法律法规为电子商务和电子政务活动中的身份认证和管理提供了重要的基础性法律保障。

2006 年 12 月，国家颁布了新修订过的《未成年人保护法》。其中，青少年的在线保护是修订和补充的一个重要部分，包括网吧管理、隐私保护、过滤软件和网络防沉迷等相关法律条款。

2007 年 4 月，国务院发布了《政府信息公开条例》。该条例规定，政府网站是政府主动信息公开的主要方式之一，也是公民、法人或者其他组织依申请获取政府信息的主要渠道之一。自该条例正式实施后，政府信息公开工作取得了突破性进展。

2009 年 12 月，国家颁布了《侵权责任法》，将包括隐私权在内的各项民事权利保护纳入法律保护的框架内。其中，针对社会各界普遍关注的互联网中的侵权和隐私保护问题做出了明确规定。该法律的出台，在一定程度上填补了我国在网络侵权和隐私保护领域的法律空白，将为解决互联网上日益增多的侵权纠纷和隐私保护问题提供法律支持。

2010 年 1 月，最高人民法院和最高人民检察院联合出台《关于办理利用互联网、移动通讯终端、声讯台制作、复制、出版、贩卖、传播淫秽电子信息刑事案件具体应用法律若干问题的解释（二）》。该项法规对 2004 年发布的同名法规进行了更进一步的阐释，从而为有关部门依法惩治利用互联网和移动通讯终端制作、复制、出版、贩卖、传播淫秽电子信息等犯罪活动提供了强有力的法律依据。

四、自律机制

在互联网治理体系中，自律机制的建设是行政管理和法律监管之外的一个重要的补充部分。自律机制包括行业的自律机制、网站和服务商的自律机制以及网民的自律机制。

1. 行业自律

行业自律的主要推动力来自于各种非政府组织，包括与互联网直接相关的社会团体，如各种互联网的协会、学会、专业团体，也包括关注互联网发展的其他社会团体，如青少年组织等。行业自律一般是通过推出自律章程、发表自律宣言、组织以网络文明为主题的宣传教育活动等方式，促进网络的各利益相关者遵从网络的相关法律和规范。其中，作为中国互联网领域最有影响力的社会团体，中国互联网协会在推动行业自律方面发挥了重要作用。2002 年 3 月，中国互联网协会组织从事互联网服务，网络产品开发和生产，以及与互联网有关的科研、教育、服务等活动的行业的有关单位，联合发布了《中国互联网行业自律公约》，提出了"爱国、守法、公平、诚信"的自律原则。2006 年，该协会组织会员单位签署《抵制恶意软件自律公约》，对于抑制互联网上日益泛滥的恶意软件的制作和传播行为发挥了积极影响。2007 年 5 月，该协会针对博客上不良信息内容的泛滥问题，发起《博客服务自律公约》，提出了博客服务应当遵守"兼容并蓄、文明守法、诚信自律、和谐发展"的自律原则。该协会还成立了行业自律工作委员会，发起了无线互联网行业"诚信自律同盟"以及"网络版权联盟"等活动。同时，该协会还通过评选"中国互联网行业自律贡献奖"以及组织形式多样的自律活动，推动互联网行业自律机制的建立。除了中国互联网协会外，有关网络媒体还发布了《中国互联网视听节目服务自律公约》，倡导从业者弘扬优秀民族文化；中国青少年网络协会还致力于促进青少年互联网络服务机构的健康发展。

2. 网络公司自律

网站、接入服务商等企业自律的动力来自于企业文化和规范，特别是企业对社会责任和公共利益的认识。例如，许多网站都在其管理章程、注册登记，以及上网过程中加入了约束网站和网民行为的条款，有些网站对内容服务的安全性、及时性、连续性，以及网民隐私行为的保护等方面做出承诺。

3. 网民自律

培养网民的自律意识和责任感，引导网民自觉遵从基本的网络道德和规范，是互联网自律机制的一个重要方面。一个基本的共识是，网络中低俗和不良信息内容的泛滥不仅仅与网站和网络服务商有关，而且也与部分网民缺乏自律有关。因此，从 2004 年开始，有关部门和社会团体就多次联合倡导以"文明上网"、"绿色上网"为主题的宣传活动，教育网民自觉抵制网络不良信息内容和网络上的各种不正之风。

五、我国互联网治理的特点

1. 多管齐下，共同治理

从互联网治理多年的实践经验来看，无论是法律、行政、技术、市场还是自律等各种治理手段，都各有其优势和局限性。就法律手段而言，法制是市场经济健康运行的基础，健全互联网的法律法规体系，依法治理互联网是互联网治理的基石和根本目的所在。但受立法周期、程序、时机等因素的限制，以及法律一旦颁布就不能频繁修订的制约，有关互联网的立法进程很难适应技术和应用创新的快速变化。这从一定程度上削弱了法律手段的作用。就行政手段而言，行政手段适应性更强，可以根据需要和形势的变化迅速调整，但其局限性也是十分明显的，即行政约束力要远远小于法律的约束力，而且随意性强，容易受到部门利益和政策协调等问题的困扰。就技术手段而言，互联网治理的许多问题因网络技术而产生，而网络技术的发展也为解决其中的许多问题提供了高效、灵活的技术手段。例如，网络安全所面临的诸多问题可以通过安全技术的研发和技术方案的实施加以解决。技术手段的局限难以从根本上解决问题，而且经常会引发与法律的冲突和其他问题。就自律手段而言，公司和网民的自律作为一种非正式的制度安排，是对法律和行政等正式制度安排的一种至关重要的补充，但自律手段的局限性在于其约束力相对较弱，而且自律机制的形成需要一个较长的演进过程。鉴于互联网治理的各种手段的优势和局限性，综合运用、取长补短、协调配合在互联网治理中就变得至关重要。

2. 从突击治理逐步转向长效机制和制度化建设

面对现阶段互联网上突出的问题，尤其是公众强烈关注的互联网治理问题，如网络诈骗、网络赌博等犯罪问题，以及青少年在线保护问题，采取突击性的集中治理行动是我国的特色之一。这对于净化网络环境、维护互联网健康稳定发展以及经济社会秩序的正常运行是十分必要的，也是恢复和树立公众对互联网信任所必需的。但同时也应该看到，互联网治理是一项长期而艰巨的任务，逐步将工作重点转向互联网长效治理机制的建设，从而使互联网治理走向制度化和法制化轨道是互联网治理更为基本的政策目标。

建立互联网健康发展的长效机制，是一个更为艰巨和庞大的系统工程。长效机制既要着眼于互联网法制体系的建立和完善，也要强化互联网基础管理工作，如域名注册管理、网络接入和网络运营的管理等，还要强化网络运营商、接入服务商、网站的社会责任感以及网民的自律意识。

3. 国际合作

互联网的跨国性和开放性特点，决定了任何一个国家都很难单独对互联网进行有效治理，而必须参与到国际合作和协调机制中。从国内互联网治理所面对的许多问题来看，诸如网络赌博、网络诈骗、垃圾邮件、网络恐怖主义的威胁以及针对网络和应用系统的非法攻击等都表现出高度的国际化特征。许多案例都表明，形形色色的网络犯罪都呈现出境内外勾结的特征，并形成了错综复杂的跨国化的利益链，治理难度很大。因此，在互联网治理中，一方面要捍卫我国在互联网空间的国家主权，以及在互联网治理的公共政策领域的独立自主性，使互联网空间的国家主权得到维护；另一方面，也要在不损害国家主权和自主性的前提下，积极参与由联合国、国际电信联盟等国家间组织主导的互联网国际治理活动，尤其是与有关国际组织和各国政府合作，联合打击和防范跨国性的网络犯罪活动。

第七章

互联网的反垄断与竞争性监管

近几年，随着互联网的发展，互联网行业垄断问题日益突出，导致反垄断监管活动日益繁重。2011年1月，比利时针对苹果公司要求出版商通过 iTunes 商店从事杂志和报纸的订阅服务，对其展开反垄断调查；2011年9月，美国监管机构对谷歌是否滥用其在搜索服务市场的支配地位进行调查。不仅欧美问题纠纷不断，我国也是如此。2008年"反垄断第一案"唐山人人公司诉被告百度公司垄断纠纷案；2010年，3Q（奇虎360，简称360，与腾讯公司，俗称 QQ）大战导致互联网行业主管部门开始关注互联网的垄断行为以及对消费者带来的影响。面对众多纷争的案例，纠其缘由与互联网本身所拥有的经济特性有关，需要根据互联网行业的特征来研究垄断行为的监管问题。

第一节　互联网垄断及表现形式

一、互联网的经济特征导致垄断地位的形成

互联网本身所拥有的经济属性是带来如此众多案件的重要原因，因此，需要深入分析与研究其经济特性。

1. 网络外部性

当一种产品对用户的价值随着采用相同产品或可兼容产品的用户增加而增大时，即出现网络外部性。通俗地说就是每个用户从使用某产品中得到的效用与用户的总数有关，网络中每个人的价值与网络中其他人的数量成正比。网络外部性带来了正反馈、冒尖、锁定、转移成本等现象，形成"强者恒强，弱者恒弱"的

特性，导致网络产业容易产生具有支配地位的企业。

网络外部性可以分为直接外部性和间接外部性。其中，由于某一产品的用户数量增加而直接导致网络价值的增大就属于"直接的网络外部性"。互联网的直接外部性是指其用户增加，用户之间的互通直接引起网络内部用户效用以及整个网络价值也相应增加。而"间接外部性"是指随着某一产品使用数量的增加，该产品的互补产品数量越来越多、价格不断降低而产生的价值。例如，腾讯公司在推出微信（移动即时聊天工具）后，又推出公共账号、游戏等应用。在微信用户群的基础上，应用越多，对用户的吸引力就越大，对公司产生的经济价值及对社会产生的社会效益就越大。

2. 规模经济性与业务融合性

互联网行业具有典型的规模经济性，同时，由于用户对融合性业务的需求，互联网企业往往进行多业务运营。典型的例子如百度基于网页搜索，又开发出音乐搜索、视频搜索等，并且百度向其他产品线拓展的成本相对较低。因此，规模经济与业务融合性导致部分大型互联企业"赢者通吃"，不断积累优势地位。

3. 互联网还具有技术创新的快速、连续和系统性的特点

创新可以打破在位者的垄断。创新又可以对在位者形成竞争压力或竞争威胁，对在位者形成创新激励，使在位者会实施自我的"创造性毁灭"。因此，创新是破除垄断、进入市场的法宝。脸谱、推特的后来居上，正是创新的结果。360的快速成长，正是其"微创新"＋免费的结果。互联网需要持续不断的创新，企业取得优势地位可能是暂时的，丧失创新性将很难继续保持其市场支配地位。

二、互联网领域的垄断行为

互联网反垄断行为主要表现在基础设施层、应用基础层、电子媒介层和商业

层面。其中商业层是指基于电子媒介层进行商品和服务交易的买卖双方的集合，如淘宝网的买家和卖家。电子媒介层是指为用户提供信息或服务交流的平台，主要是大型社区网站，包括搜索引擎、网络广告、即时通信等具体业务层面。应用基础层是指构建互联网的所有软件的组合，包括浏览器、操作系统、防火墙、数据库等。互联网基础设施层包括服务器、光纤、卫星等，涉及宽带接入、互联互通等方面。互联网基础设施层反垄断则属于传统电信反垄断范畴。

从国内外实践来看，滥用市场支配地位是互联网行业的主要垄断行为。主要表现为：一是垄断协议。是指签订排除、限制竞争的协议、决定或者其他协同行为。包括横向定价协议、纵向定价协议、排他交易协议、联合抵制协议等。二是滥用市场支配地位的行为。是指经营者在相关市场内具有能够控制商品价格、数量或者其他交易条件，或者能够阻碍、影响其他经营者进入相关市场能力的市场地位，并有搭售行为、价格歧视、掠夺性定价（倾销）和独家交易等垄断行为。三是经营者集中。是指经营者通过取得股权或者资产的方式取得对其他经营者的控制权或者能够对其他经营者施加决定性影响。

第二节　欧美互联网反垄断的立法与实践

一、欧美反垄断立法体系

美国作为世界上最大的市场经济国家，具备充分的市场竞争机制，这与其拥有完备的竞争法律制度是分不开的。由于这些法律的目的主要是反垄断，故在美国一般都称之为反垄断法；又由于托拉斯为典型的垄断形式，故又称之为反托拉斯法。

美国基本的反托拉斯立法为数不多。主要有《1890年谢尔曼法》、《1914年克莱顿法》和《1914年联邦贸易委员会法》。此外，一些特定立法对特定行业的竞争行为做出了专门的规定，如《联邦航空法》、《联邦食品、药品与化妆品法》、《联邦电信法》等。对这些企业的竞争行为首先适用专门法，在专门法没有规定的情况下，才适用一般的反托拉斯法。

欧盟反垄断立法紧跟美国。1957年德国、法国等六个欧洲国家在罗马签署《欧洲经济共同体条约》。主要包括禁止限制竞争协议（《欧共体条约》第81条）、禁止滥用市场支配地位（第82条）、原则禁止国家补贴（第87—89条）。欧盟理事会在1989年12月制定了《企业合并控制条例》。

近十多年来，信息产业的反垄断案件层出不穷。1998年，美国司法部指控微软垄断操作系统，将浏览器软件与视窗操作系统软件非法捆绑销售，微软妥协。2004年，欧盟裁定微软垄断罪名成立，对微软处以4.97亿欧元（折合5.88亿美元）的巨额罚款，同时要求微软在欧洲推出去除媒体播放器的Windows，并同竞争对手共享通信协议相关技术信息。2009年，欧盟以阻挠竞争对手 AMD 市场竞争为由，向英特尔课以高达10.6亿欧元（约合14.5亿美元）的罚款，为反垄断案中数额最大的一笔罚金。2011年，欧盟对苹果公司及其5家全球主要电子图书出版商展开反垄断调查，调查它们是否共谋限制电子图书市场的竞争。我们看到，欧美密切关注互联网领域的反垄断问题，并通过判例不断丰富和发展反垄断法的相关理论与实践。同时，我们也看到信息产业中的软硬件层面的反垄断已经逐渐转向互联网业务层面的反垄断。

二、谷歌商业惯例与来自多国的反垄断调查

谷歌当前在全球多个国家和地区都在遭遇反垄断调查，其中包括了美国和欧盟、韩国等，主要关注点在于谷歌广告业务以及它利用其搜索引擎诱导用户使用自己的其他服务是否有碍竞争。主要案件包括：

1. 竞争对手 KinderStart 要求对谷歌搜索发起反垄断调查

案件起因是2006年3月，美国家长门户网站 KinderStart 公司以"垄断互联网流量"的罪名把谷歌送上法庭，向美国圣何塞地方法院提起诉讼，指控谷歌对该公司进行了不正当地"封杀"，损害了其互联网业务，这种行为违反了反垄断法和其他法律。

案件焦点是原告是否能够证明谷歌搜索引擎的排名构成不正当竞争。据 KinderStart 公司称，一年前在没有收到任何警告信息的情况下，被清除出了谷歌索引。被谷歌"封杀"之后，该公司网络流量下滑了70%，AdSense 广告营收也下滑了80%。在顶峰时期，KinderStart 每月的访问人数超过1,000万人。谷歌将其列在搜索结果的最末端，造成了网站的零流量，侵犯了网站的"自由言论权"。

判决结果是美国法院驳回了原告 KinderStart 的诉讼，称谷歌在该事件中并未违法。KinderStart 公司未能提供有效证据证明谷歌公司在进行搜索结果排名时违反了公平竞争原则，谷歌的搜索引擎结果排序完全依据数学公式，因此不涉及任何人为主观因素，也就更谈不上垄断，但 KinderStart 可以在对诉状进行修改

以后再次提起诉讼。

2. 阿根廷与韩国反垄断部门指控谷歌涉嫌垄断

2012年4月，谷歌向美国证券交易委员会（SEC）提交的文件中提出，该公司的部分商业惯例在阿根廷和韩国遭遇上述两个国家反垄断监管部门的调查。

谷歌公司在韩国遇到的调查始于2011年，主要是由于韩国两家最大的互联网搜索公司 NHN 和 Daum 指控谷歌涉嫌垄断。韩国反垄断监管机构怀疑谷歌在移动搜索市场不公正地对待竞争对手，公平贸易委员会曾突检谷歌韩国总部。

2012年阿根廷反垄断监管部门阿根廷竞争委员会（Argentinian Competition Commission）对谷歌公司的"特定商业惯例"展开公开调查。"特定商业惯例"就是指对谷歌是否收钱换取把特定网站放置在搜索页面首页一事进行调查。

3. 美国联邦贸易委员会对谷歌的滥用主导地位进行反垄断调查

美国联邦贸易委员会（FTC）调查的关注点在于谷歌的广告业务以及它利用自己的搜索引擎诱导使用者使用自己的其他服务是否有碍竞争。除此之外，FTC还通过其他与谷歌有业务往来的公司搜寻有关谷歌如何开展交易的信息。

从进展情况看，由微软、美国大型旅行服务网站 Travelocity、美国旅游搜索引擎 Kayak、全球最大旅游网站 Expedia 及谷歌的其他竞争对手联合组建的一个名为 FairSearch.org 的组织，要求美国监管机构对谷歌"可能违反反垄断法的规定"展开调查。主要是控告谷歌非法滥用其在搜索市场的支配地位，违反反垄断法规定的行为对其竞争对手、消费者以及对该行业的创新、经济增长及创造就业产生了损害。参议院司法部反垄断小组委员会已经对有关谷歌排名系统的指控展开调查。

谷歌坚持认为它的目标只不过是想为用户提供最相关的搜索数据，而非试图开展与用户搜索完全不相关的业务。这次的调查和谷歌以往在美国遇到的反垄断调查不同的特点是，以前的调查主要集中在并购方面，例如谷歌并购飞机票价查询公司 ITA 以及并购手机广告公司 AdMob 的计划，这两个并购最终都获得了通过，而这次是谷歌第一次被迫面对正式审查。最终美国联邦贸易委员会宣布调查行动缺乏法律依据而终止了对谷歌的调查。

4. 欧盟对谷歌的滥用主导地位进行反垄断调查

互联网流量监测机构 ComScore 的统计数据显示，谷歌占据了欧洲搜索市场大约77%的市场份额。2010年11月，包括微软在内的公司指责谷歌人为操纵搜索结果，在抑制竞争对手服务的同时推广自家服务以后，欧盟委员会（European Commission）随后对谷歌展开调查。该委员会迄今已收到了16份投诉书。大多数投诉书都是来自谷歌在全欧盟的规模较小的竞争对手。

欧盟委员会已经对主要竞争对手和顾客就谷歌公司商业模式的意见进行评估。2012年5月，欧洲最高反垄断执法机构——欧盟委员会宣布，对谷歌是否滥用其在搜索市场统治地位的问题展开正式的调查。欧委会已经向谷歌发出最后通牒，要求该公司整顿经营方式，否则就可能遭到高额罚款，这是自十年前布鲁塞尔方面发起针对微软的法律战以来，欧美爆发的最重大的竞争纠纷。

如果谷歌拒绝妥协，拒绝与欧盟委员会达成和解，该公司将面临正式指控，这些指控可能导致相当于其全球营收多至10%的罚款，以及类似于微软曾经面临的那种持续多年的马拉松诉讼。此举令谷歌处境两难。因为谷歌可能存在的一些垄断问题，包括该公司在搜索结果中优先照顾自己的产品；在未经允许的情况下"拷贝"竞争对手的内容；凭借与其他网站的广告协议把竞争对手挡在门外；以及限制广告商将其在线广告宣传移至竞争对手的搜索引擎。

欧盟委员会对谷歌的反垄断调查，反映各国反垄断监管机构对谷歌在互联网产业垄断问题的详查正在不断增多。谷歌可能会像过去的微软一样，遭遇长达数年之久的反垄断诉讼，也有可能很快与欧盟签订和解协议。

第三节　中国互联网反垄断执法与监管

一、我国互联网反垄断执法与行业监管都处于摸索阶段

从唐山人人公司与百度公司、3Q 之争、电信和联通涉嫌垄断调查等，都可以看出我国对互联网反垄断执法与行业监管都开始进入摸索与认识阶段。

从反垄断监管看，2008 年，我国《反垄断法》已经开始实施，但法院对于互联网反垄断执法问题仍在探索，互联网相关市场、市场支配地位与反垄断行为都难以界定，因此，互联网反垄断方面都还需要完善相关配套法规。

从互联网行业主管部门——工业和信息化部的监管看，其主要职责是营造良好的市场竞争环境，发展互联网产业，保护用户的权益。针对目前市场的反竞争行为及损害消费者利益的现象，2011 年 12 月工信部发布《规范互联网信息服务市场秩序若干规定》。《规定》要求在从事互联网信息服务及与互联网信息服务有关的活动时，应当遵守本规定。工业和信息化部和各省、自治区、直辖市通信管理局依法对互联网信息服务活动实施监督管理。这也表示行业管理部门的工作重点从主要侧重于产业发展转向发展与竞争监管并举。但是，我国反垄断监管仍然处于起步阶段。

二、"3Q 大战"映射出互联网反垄断监管的缺陷

1."3Q 之战"的由来与审判

"3Q 大战"是指2010年360推出"扣扣保镖"将矛头对准 QQ 安全卫士，同年11月腾讯公司发布了《致广大 QQ 用户的一封信》，要求用户在 QQ 软件与360软件之间只能选择其一使用。

早在2010年，奇虎公司就向国家工商总局提起对腾讯的反垄断调查，但是工商总局只是对腾讯进行了约见，此后就不了了之。在2011年9月，北京市第二中级人民法院对"360隐私保护器"不正当竞争案做出终审判决，360一方败诉，被判赔偿腾讯经济损失40万元。此后，奇虎360亦在广东省高院提起反垄断诉讼，称腾讯在3Q 大战期间滥用其即时通信工具 QQ 的市场支配地位，强制用户卸载已安装的360软件，索赔1.5亿多元人民币。此案因索赔金额巨大，被业内人士称为"互联网行业反垄断第一案"。奇虎360并请求法院判令腾讯公司立即停止滥用市场地位，停止实施 QQ 软件用户不得与原告交易并捆绑搭售安全产品等行为。该案件在2013年3月由广东省高级人民法院做出判决，判决奇虎公司诉腾讯公司滥用市场支配地位不成立，全部79.6万元诉讼费用由奇虎公司承担。

2011年9月，广东省高院对腾讯公司起诉"360扣扣保镖"不正当竞争进行立案。腾讯起诉书称，"360扣扣保镖"直接针对腾讯 QQ 软件，污蔑、破坏和篡改腾讯 QQ 软件的功能，同时将360自己的产品和服务嵌入 QQ 软件界面。腾讯不仅要求停止开发、传播"360扣扣保镖"及相关软件，更要求奇虎赔偿经济损失1.25亿元人民币。

根据反垄断法，判断腾讯是否滥用市场地位，必须要经过三个环节：确定相关市场；判断腾讯是否具备市场支配地位；判断腾讯是否滥用市场支配地位。根据反垄断法的规定，相关市场，是指经营者就特定商品竞争的商品范围和地域范围。确定相关市场，是判断一个企业是否滥用市场支配地位的前提条件。奇虎希望把相关市场界定为即时通信，而腾讯希望把相关市场界定得更宽，这样 QQ

所占的市场份额才会降低，才有可能不被认定为具有市场支配地位。奇虎方面认为，此案中的相关市场只包括国内的即时通信软件及服务市场；而腾讯方面认为，在即时通信服务领域内，除了即时通信软件外，还有很多产品可以提供即时通信服务，包括电子邮箱、社交网站、微博等，甚至传统的通信服务如固定电话、短信、手机都和QQ属于同一相关市场。奇虎认为电子邮件和电话通信难以替代QQ，但腾讯认为这些工具之间可以互相替代。因此，相关市场的界定实际上是互联网反垄断中最大的难点。

如果相关市场界定清楚，市场支配地位的确认也将是法院面临的一个难题。之前互联网行业的反垄断纠纷，大多以原告败诉收尾，很多原因就是无法充分证明被告具备市场支配地位，所以奇虎面临举证难题。一般来说，市场份额和市场进入的难易程度是较为常用的判定是否构成市场支配地位的标准。但在互联网行业中，市场支配地位很难确定，这跟行业的特征也有关系。因为互联网行业不同于传统行业，很多产品是免费使用的，不能简单地看营业收入来判定市场份额，但使用何种标准判断市场份额，又没有统一的标准。

2011年腾讯在即时通信的市场份额达76.2%，而其他任意一个经营者的份额都不超过7%。因此，腾讯的垄断地位是成立的。至于市场进入的难易程度，当下在即时通信领域的其他经营者难以获得维持生存的一定数量的用户，因此难以进入该相关市场或者难以在该市场中展开有效竞争。但腾讯方面认为，现在市场上出现了很多的即时通信软件，比如米聊、飞信等等，市场进入并不难。但是，都是通过技术创新而实现的。

即便认定了腾讯具有市场支配地位，也不一定意味着腾讯就是垄断。反垄断法列举了滥用市场支配地位的七种情况，其中共同的特征是"没有正当理由"。由此，是否有正当理由，也就成了判定企业是否滥用支配地位的重要标准。奇虎认为3Q大战中，腾讯公开发布的《致广大QQ用户的一封信》，明示禁止其用户使用360软件，否则停止QQ软件服务。此后腾讯拒绝向安装有360软件的用户提供相关的软件服务，并强制用户删除360软件。并且后来腾讯采取技术手段，阻止安装有360浏览器的用户访问QQ空间。而上述"二选一"的做法没有正当理由，属于反垄断法禁止的拒绝交易和限定交易行为。

但腾讯方面则反驳："QQ软件实施对360产品不兼容措施，是由于360当时实施的侵权行为所致。360推出的'扣扣保镖'可以屏蔽QQ的广告、搜索工具、QQ秀等相关服务，这对腾讯商业模式是一个颠覆，也造成了商业损失。""扣扣保镖"还对QQ的安全模块进行屏蔽和修改，并用360自身产品予以替代。"扣扣保镖"会提示用户在本地电脑备份个人资料，腾讯担心这些用户资料会被360拿走，影响用户利益。所以腾讯的做法是一种正当的自力救济行为。

2013年4月26日，广东省高级人民法院对腾讯公司诉奇虎公司不正当纠纷一案做出判决，奇虎再度败诉，并判定奇虎构成不正当竞争，并判赔偿腾讯公司经济损失及合理维权费500万元。这是2010年"3Q"大战硝烟升起以来的第三回合，奇虎三度落败。

2. "3Q之战"对我国互联网产业发展将产生重大影响

"3Q之战"的审理结果对我国互联网行业会产生深远影响，对国内互联网行业反垄断和反不正当竞争领域的推进也极具法律借鉴价值。针对互联网行业中的垄断、搭售、滥用市场支配地位、限制交易等行为，一直以来都没有一个明确的界限，也没有一个示范案例，这也造成了互联网行业秩序混乱。此案具有典型性，其判决结果将会给互联网反垄断纠纷提供一个很好的判例。

从"3Q大战"反思互联网反垄断立法与执法。首先，在互联网市场上，大企业并不等于垄断和限制竞争。对于反垄断执法而言，必须考虑到司法的错误成本，反垄断执法者既可能错误地惩罚了无害的竞争方式，也可能错误地放过了有害的竞争方式。因此，需要谨慎对待。其次，《反垄断法》和《反不正当竞争法》既是保护法，又是促进法，可以保护公共利益，保护竞争秩序，保护一部分私权，同时它也对互联网产业有促进和维护的作用。目前中国在《反垄断法》和《反不正当竞争法》对产业促进方面还没有明晰的法律规定。互联网的反垄断相关规定首先需要评估它们对于互联网产业的创新与发展的影响，面对互联网日新月异的创新，需要有好的规章制度去管理并持续推动产业发展，如果一些规章制度限制了互联网产业的创新则需要对这些规章制度进行调整，甚至替代。再次，互联网行业的市场结构很特殊，一方面互联网企业搭建了平台，从平台本身来讲具有高度的垄断性，另一方面这些平台又都是开放的，从开放的角度讲有充分的竞争性。这就是互联网本身产业的特点，所以互联网的法制应该具有特殊性。此外，公共政策选择上互联网在中国的发展仍然需要宽松的竞争环境，这就意味着在立法层面和司法层面都需要相当的谨慎。

三、我国互联网产业反垄断的主要问题及建议

1. 我国互联网产业反垄断主要问题

我国目前反垄断立法基本与国际接轨，但互联网反垄断方面需要完善相关配套法规。

一是互联网市场竞争环境有待改善。在互联网发展涉及的基础接入层面、搜索与操作系统层面、大型交易平台层面都涉及借助市场势力而出现的垄断行为。出现这种情况时首先要强调行业监管部门的管理是否到位？主导企业是否按照相关规定去做？是否有相关的监督机制？目前，这些我们都没有看到，因此，导致市场的垄断行为层出不穷。

二是与不正当竞争立法存在交叉重复。1993年立法对限制竞争的方式列举了四种，主要包括：公用企业或其他依法具有独占地位的经营者的限制竞争行为、政府及其所属部门的限制竞争行为、搭售或附加其他不合理条件的行为、招投标中的串通行为。我国《反垄断法》规定的垄断行为中行政垄断行为及滥用市场支配地位行为与不正当竞争法中的限制竞争行为有明显重复的地方。

三是互联网反垄断规定不完善。近十年来，互联网经济作为一种新经济形态得到了迅速发展，在互联网领域出现了一系列垄断行为。在互联网垄断相关市场界定、知识产权滥用、反垄断法域外适用等方面需要完善配套规定。

　　四是互联网行业监管机构职责有待加强。根据我国《反垄断法》规定，行业主管部门并非反垄断执法机构。竞争执法为"专业之专业"，应加强行业主管部门的参与，建立竞争执法机构与行业主管部门的配合协调机制。

　　五是反垄断执法机构与行业监管机构协调。反垄断法并未对行业监管机构的反垄断管辖权做出规定。反垄断执法机构与行业监管部门之间的协调与配合也并没有体现在法律之中。国家反垄断委员会作为议事协调机构，"组织、协调、指导"反垄断工作，其协调效果有待实践的检验。

2. 互联网反垄断监管需要继续完善

　　主要包括以下几方面：

　　一是创造良好的互联网产业发展环境。创造公平竞争的市场环境，加快创新，开放业务平台，引入多元化竞争机制，这是预防与打破互联网行业垄断的必经之路。这需要从多个方面进行推动。

　　二是积极探索互联网反垄断相关市场界定。互联网是反垄断执法的新领域。在此领域中尽管已经出现了一些具有垄断地位的企业，并且可能有滥用市场支配地位的行为，但是执法机构和法院应当采取谨慎的态度，以免影响行业的创新与发展。

　　三是完善行业监管机制。行业主管部门要定期对互联网市场竞争格局进行评估，掌握竞争状况；同时要完善行业监管体系，加强对互联网行业的事前监管，遏制互联网产业滥用市场支配地位等垄断行为。

　　四是加强行业监管部门与反垄断部门的合作。两个监管部门应加强行业合作与参与，建立反垄断执法机构与行业主管部门监管的配合协调机制。

第八章

网络环境下个人信息保护

第一节 个人信息保护问题频出

数字时代给个人隐私和商业信息的保护带来了众多挑战，迫使监管者要根据问题的严重程度制定相关的保护措施，力求给出一个满意的方案。

一、商业化的数字空间内消费者的隐私保护与身份窃取

在数字时代的商业关系中，保护消费者隐私并非易事。身处电子网络之中，对于任何运营者、网站或服务提供商来说，系统中自然而然地储存着无穷无尽的用户数据：如某人登陆了什么网站，搜索了什么，购买了什么，花费了多少都显现无疑；他们的详细信息：名字，住址，信用卡号等等当然也是如此。从商业角度上看，这些信息如同金矿一般有价值，它们能够帮助改善商业计划，找到潜在客户，同时还可以节约成本。

对消费者来说，在数据库中存储他们的身份信息和活动记录并不是他们主动为之，相反，在大多数社会中，这种情景只会令人担忧。大多数消费者并不喜欢被打扰、定位，或是邮箱被各种滥发的、有关商业利益的邮件塞满。通常，消费者对他们的隐私秘密都很敏感。而消费者的这种特点，则给数字环境中的商业贸易带来了新的危机。

1. 广泛存在、易泄漏的私人数据

对于商家来说，保护顾客商业隐私实在是一项浩大工程。用户所要面对的，

不仅是巨大风险和信息公开程度的问题，某些情况下，公司为商业利益而使用用户隐私并不会引起顾客的完全反对。如果公司能够透明化，并以适当的方式处理用户隐私，那就更没问题了。

在网络方面，当我们上网冲浪时，有些人会保留几乎所有的上网痕迹，其中一些人甚至更为突出。真正的网络隐私也许并不存在，但是对于毫无戒心的用户来说，某些情况却是相当危险的。当用户进行网络购物时，某些最为敏感的数据便已经进入网络，而无数网络请求便从这些用户信息之中找到。一些公司采取了"选择性加入"的办法。它们在使用信息前，首先确认用户同意分享这些信息，而如果用户同意，大部分信息也会被安全地保存下来。许多网站也会在用户电脑上保存"信息记录"，这样便可以使电脑记住它所浏览过的网站。

在电话业务方面，固定电话、手机和智能终端的使用也引起了很多对于隐私方面的忧虑，其中一些问题已经困扰了用户和立法者十余年。如今，数亿人更依赖于手机和智能终端，他们的通讯录、每日行程、照片，以及短信库都与社交网络、电子邮件，甚至 GPS 定位系统相连，因而也非常容易被盗取信息。另外，相对于固定通信来说，手机信号更容易被各种窃听手段进行锁定和跟踪，许多手机系统都会添加来电显示服务。

在工作场所里，工作中有关使用信息通信工具的隐私问题已经被关注，并在雇主和员工权利之间达成了一个微妙的平衡。当企业试图引进新人或是检查员工业绩时，雇主总是试图通过各种方式来获取背景信息；当员工在公司工作时，许多人也会使用公司的电脑来上网和发送私人邮件。因此，通过公司的电脑和网络来管理员工交流中存在的私人隐私问题并没有得到重视。

在日常生活中，老百姓透露自己的敏感数据的情况也数不胜数。信用卡、借记卡的广泛使用，数字化收银设备的普及，RFID 扫描设备的出现和日益电脑化的信息储存，这些使企业和银行能够追踪几乎每个人的行为和购买记录。通过多样性的数据方式，病历记录也在不经意间为信息泄密打开了通路，这在诊室、医院、人身保险公司、公共医疗社或是更多地方都能发生。加入政党或业余爱好的俱乐部，获取图书证，参与某项争论或协议，参加慈善活动……这些无论如何，都有可能将你的个人隐私以电子信息的形式公之于众。

2. 身份窃取的问题

在隐私保护和国际合作进程中有许多令人关心的问题，其中一点就是身份窃取问题。简单来说，身份窃取就是虚拟模仿的形式之一，即在不经过审查的情况下，某一团体利用私人数据，获得原本只应属于数据原拥有人的信息或从中获利。最常见，危害性也最大的身份窃取事件即是通过盗取信用卡密码，银行账户，或是其他高敏感性的有价值数据来获取经济信息、资金和贷款信息。目前最为常见的身份窃取实例就是非法利用或盗取信用卡。

尽管经济动机是其最为普遍的原因，仍会有其他原因造成身份窃取事件的发生，这些原因根据个人信息不同而不同。例如，某人也许会偷窃他人病例来拿到处方药；非法移民会利用黑市身份材料来在其他国家居住和工作；间谍和恐怖分子则会以不同形式利用守法公民的个人信息来达成他们的目的。综上所述，对于这些被盗取身份的公民来说，后果将会十分严重。他们也许需要大量的、长时间的努力才能够恢复他们的名誉。

通过各种或简单或复杂的方法，身份资料窃取可能会得到他人的重要信息。例如拦截个人邮箱，或是挖掘那些已被丢弃的文件或物品，从中得到类似信用卡账号、银行账户之类的身份信息。而在网络世界，有一种非常普遍的方法，叫做"网络钓鱼"。这种方法通过诱使不知情顾客登录欺骗性网站，并以某种借口要求他们填写自己的身份信息。例如复制顾客所持有的账户的某银行或百货公司的网站，要求他们"核实"自己的身份信息，从中窃取信息。某些手段的效率非常高，比如通过利用高度相似的网页或是个人邮箱这种貌似非常可信的交流方式来窃取信息。为了对抗"网络钓鱼"这种诈骗技术，一些机构向顾客许诺，宣布绝不会在电子邮件或其他通信方式中向顾客询问此类个人信息；同时，当发现某些欺骗性行为时，它们也会给予顾客警告。

在许多国家里，欺骗他人，或是从中非法获取经济利益早已被政府法律列为犯罪行为而加以禁止。同时在数据保护法中也把这种行为包括在犯罪之内。美国在2003年通过了《制止身份窃取办法》的法案，规定利用任何"鉴定财产"的方法来"有意转移、拥有，或非法使用"的行为在整个联邦内均属犯罪，同时，非法拥有身份信息也被认为是犯罪行为。政府也在引导各金融机构联合起来，加大对身份窃取的侦查力度和对信息的保护措施。

这些法律注意的另一个关键问题是面对可能引起的经济损失的责任问题。例如资金从银行账户中被诈取，或是用盗取来的信用卡消费。在瑞典，银行和商店有责任核实顾客的身份，如果它们没有这么做，那么当任何欺诈交易发生时，它们需要对此负责。另一方面，信用卡公司也要承担有限责任，但是这需要失主报知发卡商损失数目，或是此卡被盗时间在一定范围之内。而在某些辖区，失主需要自己承担这些损失，而且还有可能得不到一点赔偿。

除了阻止犯罪这种情况，大多数情况下，还有保护失主隐私和名誉这类问题。法律的另一个目标是通过个人的案件顺藤摸瓜，监控并找出数据窃取的犯罪网络，因为这种数据窃取原本就是一个全球性的问题，罪犯可能潜藏在地球的任意一角，所以想要减少这种事件的发生，国际间各政府，团体、组织之间的合作就显得尤其重要。

二、政府与企业需要保护公民隐私

在许多国家内，公民会担心政府以各种原因侵犯他们的私人隐私，而对商业实体的侵犯的担心也会一样多。不同社会间，对于隐私的定义大有不同。这些不同部分是由于在监管和保护公民隐私上，政府利益的不同所造成的。这种分歧进而影响到了国家安全政策。在这个数字化的时代，对于公民自由和国家安全之间存在的长时间的分歧更需要加大重视力度。

政府通常会收集公民的大部分信息。与纸张记录、打字机打字，或是影印这些方法相比,数字化时代中,这些信息可以被多到数不清的方法来存储,分发,检查,交互和利用。在法制相对健全的社会中,政府对于使用个人隐私的保护措施,以及对不正当使用隐私所采取的限制措施会强制作用于各种公共机构,对其行事原则和做法进行检查,并且对负责数据录入的高级管理人员适用新的规定。

某种程度上来说,政府数据库的确需要某些私人信息的分享和交互来提高许多繁文缛节的处理效率。例如汽车登记需要与交通数据网络连接,房地产记录需要与财产税相挂钩;诸如此类。对于犯罪调查来说,与公共资料库记录相连通更是非常需要。所以许多有关私人隐私的法律法规都会包括一系列的例外措施,以及对法律实施和保护国家安全的侵犯隐私的行为免除责任。

但是,对于政府在公民不知情,或是不同意的情况下使用隐私信息的做法,法律也给予了一些限制。许多国家对新生儿或是合法移民发布了其身份证号(例如社保号码),而这些号码会与国家或政府权力机关的不同数据库之间相连,其中包括各种被存储的记录。作为一般原则,这些记录在保存它的机关内部使用时应保密,在未经当事人同意时,不能够对外共享或透露。同时,信息透露法律也规定,对于那些绝大部分保存在各机关的有关私人记录,当事人应当获取一份复印件。然而仍有一部分地区,每个人几乎都可以获取公众信息存取情况,尤其是像庭审这样的公众诉讼记录,以及生卒记录,结婚证明,或是财产拥有契约这类的信息。

适用于政府机构的欧盟《数据保护条令》在大多数情况下也适用于企业。政府不得擅自泄露以任何目的从公民那里获得的信息,在这方面,政府是数据的控制者。根据条令的规定,有关滥用、暴露、分享公民私人信息的做法,政府也同样被限制。

三、全球频发用户隐私泄露事件

2011年3月,知名信息安全企业 HBgary 公司首席执行官的数千封谷歌公司邮箱邮件泄露,波及美国政府和包括美洲银行、高盛、强生等多家500强公司。

2011年4月，全球最大电子邮件营销公司 Epsilon 艾思隆遭黑，导致至少39家大型企业用户邮件地址外泄。2011年4月，索尼公司遭黑客攻击，引发史上最严重用户资料"泄露"事故。

数亿网络用户信息泄露并公布。截至2011年12月29日，公开渠道可获得疑似泄露的数据库有26个，涉及账号、密码2.78亿条。其中，具有与网站、论坛相关联信息的数据库有12个，涉及数据1.36亿条；无法判断网站、论坛关联性的数据库有14个，涉及数据1.42亿条。

泄露信息主要来自：一是钓鱼集团。直接利用信息传送木马、病毒或者发布欺诈信息；在网上支付平台自动批量发起交易，试探用户泄露的密码是否与网上支付密码相同。二是恶意个人。恶意订购下单；窃取账户，干扰使用；窃取工作等其他信息。三是网络营销公司。用被窃取账号发水帖，刷僵尸粉；发送垃圾广告等信息；人肉搜索；利用发送信息打击对手。四是互联网公司、中小站。通知用户更改密码，乘机激活用户；将公开泄漏数据库直接导入自己网站的用户库，也发通知给用户更改密码，获取用户。五是通过其他手段，将会泄露更多个人信息。如果被用来传播违法信息，危害更大。

窃取与出售个人信息已经形成了地下产业链，并不断被推波助澜。主要包括："拖库"，是指非法获取用户账户信息；"洗库"与"撞库"就是进行信息分层，寻找高价值的目标，一般优先选取带有虚拟货币的 QQ 号码、游戏账户、支付宝账户等；将用户的基本信息进行保存，比如密码习惯等，看是否适用于其他网站；将过滤后的大量电子信箱、家庭住址、手机号码等信息，倒卖给垃圾邮件、垃圾短信发送公司。

第二节　个人信息保护的管理体系

一、个人信息的范畴与保护的概况

从广义上看，"个人信息"指自然人的姓名、身高、体重、性别、身份证号码、户籍、住址、遗传特征、指纹、婚姻、家庭、教育、职业、人事档案、照片、健康、病历、财务情况、工作经历、宗教信仰、哲学观点、政治主张和政治倾向等社会活动及其他可以识别该个人的信息。可以说，个人信息是一切可以识别本人的信息的总和，包括个人的生理的、心理的、智力的、个体的、社会的、经济的、文化的、家庭的等方面。

在网络时代下，个人信息具有了其前未有的商业价值、社会价值和法律价值，日益遭到众多不法侵害。各国在制定相关法律时主要采用个人信息普遍保护模式与专门保护模式。其中，欧盟、新西兰等国家都是采用一般立法的模式；而美国是采取特别立法模式。

《经合组织隐私权保护指南》和《亚太经合组织隐私权保护框架》确立了对于个人信息保护的原则性规定，成为相关国家和地区个人信息保护立法原则的基础。各国对于个人信息没有统一的界定，有下定义式的，也有列举式的。典型国家如美国、日本和澳大利亚多在综合性的机构内设部门或专门设立隐私专员进行管理。有关法律都明确规定了电信运营商搜集和利用个人信息的原则和程序。国外都非常重视个人信息的法律救济，除了通常的最终的司法救济之外，在行政程序方面，设立专门的机构处理申诉、投诉等。

不同地区，不同国家之间，对于个人隐私数据保护的方法并不相同。《数据保护条令》的颁布使欧盟成为处理这一问题最好的地区。这项条令至关重要，因为它不仅适用于全体欧盟成员国，而且对于全世界任何与欧洲进行商业来往的国家或企业也同样有效力。与欧洲相比，美国的个人隐私保护政策并不完善。尽管美国开展隐私保护已经很久了，但美国的个人隐私保护是一个由各项单独的、特定领域的法律法规所组成的拼缝物，主要由信用和债权记录、健康信息，以及互联网和数据交流方面的包含一系列最新指令的法律法规组成。其他国家也执行了一些保护隐私的法律，并适时改进。以澳洲立法改革委员会为例，在2008年，对澳大利亚已有的《隐私法》进行了一次全面的修订；政府决定自2009年开始实行其中的大部分内容；许多国家，尤其是发展中国家，对于用户隐私方面的保护并不完善。

二、美国、韩国、澳大利亚、日本的个人信息保护体系

1. 美国

美国联邦贸易委员会消费者保护局 (BCP，Bureau of Consumer Protection) 具有保护消费者信息和企业信息的义务。其下设隐私和身份保护司（Division of Privacy and Identity Protection）专门负责消费者隐私保护、信用报告中的公民信息保护、处理身份信息窃取和信息安全等事宜。

在美国目前的联邦立法中，涉及个人隐私保护的联邦立法主要有1966年的《信息自由法》、1970年的《公平信用报告法》、1988年的《录像带隐私保护法》、1988年的《儿童网络隐私保护法》、1974年的《隐私权法》、1986年的《联邦电子通信隐私法》和1999年的《金融现代化法》。还有一些政策性文件，如克林顿政府1997年批准公布了《全球电子商务框架报告》，把保护网络隐私权作为一项

基本原则提了出来。1998年美国商务部发表了《有效保护隐私权的自律规范》。总的来说，美国保护网络隐私权有两个具体原则：一是知会原则；二是选择权原则。1998年6月，联邦贸易委员会又提出了包括四项原则的立法构想，即知会原则、选择权原则、通道与参与原则、安全与完整性原则。

除了政府部门管理外，一些自律组织也发挥了很大的作用。美国目前较大的网络个人隐私自律组织：一是美国在线隐私联盟（online privacy alliances, OPA），该联盟于1998年公布了一份由其制定的旨在指导网络和其他电子行业隐私保护的指南。在该组织的倡导下，1998年，由46家企业和团体组成的隐私在线联盟公布了自己的在线隐私指南。二是 TRUSTe，这是美国最具权威性的第三方隐私认证机构（组织），也是美国首家网络隐私认证民间机构。获得认证的网站设立认证标志，表明其属于遵守隐私保护规则并采用 TRUSTe 制定的争议解决机制的网站。该组织认证并监督网站的隐私和电子邮件政策，监督施行惯例并每年解决上万个客户隐私问题。

企业也承担了个人信息保护责任。美国规定，运营商可以通过遵循一系列由市场代表、产业界或者相关人士所制定的，依附联邦贸易委员会批准生效的自律性指导原则，来规避不当使用或者泄露儿童在线隐私信息所需要承担的责任。联邦贸易委员会鼓励运营商行业自律。

除此之外，美国《儿童在线隐私保护法》规定了一套完整的法律救济程序。

由于云计算对隐私保护提出更高要求，美国政府将考虑出台专门针对网络个人隐私保护的政策，但会考虑到网络产业的发展和经济利益。

2. 韩国

韩国在信息通信领域关于个人信息保护的主管部门是韩国广播通信委员会（KCC），具有对违规信息通信企业的处罚权，但许多具体的执行工作都是由互联网与安全局（KISA）负责的[1]，包括：从事保护个人信息的对策性研究，以及信

---

1 KISA 是按照《促进信息通信网络利用和信息保护法》成立的。

息保护技术的开发与普及、运行个人信息侵害举报中心等。例如互联网与安全局给企业提供各类安全服务器，一来可以确保用户的登录信息不被盗窃，二来可以防止钓鱼网站的出现。互联网与安全局还负责赞助个人纠纷协调委员会的运作。

从政府管理机构设置上来看，除了韩国是由行业监管机构——韩国广播通信委员会（KCC）及互联网与安全局具体执行外，美国、日本和澳大利亚多在综合性的机构内设部门或专门设立隐私专员进行管理，显示出个人信息保护的普遍性和社会性。

韩国与个人信息保护相关的立法较多，而且从20世纪90年代已经开始陆续出台，近年来一直跟随社会经济技术的发展而不断进行修订。立法中有涉及公共机构对个人信息的利用和保护的专门立法，如《公共机构个人隐私保护法》；更有多部涉及不同行业领域对个人信息的利用和保护的立法，如通信领域的《促进信息通信网络利用和信息保护法》、《电信事业法》、《位置信息利用和保护法》，电子商务领域的《电子商务消费者保护法》、《电子签名法》，金融领域的《信用信息利用和保护法》、《电子金融交易法》等。

根据韩国《促进信息通信网络利用和信息保护法》，信息通信企业应承担如下个人信息保护责任：可以让用户提供使用身份证号注册以外的方式加入会员；收集和利用个人信息必须先征得用户同意；限制收集敏感信息；个人信息管理职责；转让经营时等发生的个人信息转移。任何人不得毁损依据信息通信网处理、保管或传输的他人信息，或侵害、窃取、泄露他人秘密。任何人不得利用信息通信网以欺诈手段收集他人信息或引诱他人提供信息。信息通信服务提供商发现以欺诈手段收集他人信息或引诱他人提供信息的，应立即报告广播通信委员会或执行机构互联网振兴院（实为互联网与安全局），两者在收到报告后应采取如下措施：收集与报告相关违犯信息，进行预报或预警，要求信息通信服务提供商拦截接触路径以防止损害扩大等。

为调解个人信息相关纠纷，韩国设立了个人信息纠纷调解委员会。在用户的个人隐私受到侵害时，可首先通过电话、电子邮件、邮件、互联网、传真等方式向设在互联网与安全局的个人信息申诉中心进行报告和咨询。隐私申诉中心调查官员通过电话、传真、电子邮件等收集相关事实材料并递交给个人信息纠纷调解委员会。在启动委员会的调解程序前，需要双方自行进行协商，如果能达成协议，则调解完成；若不能达成协议，则进入委员会的调解程序。纠纷调解委员会为调解纠纷，必要时可要求纠纷当事人提交必要的资料。于此情形，该纠纷当事人无正当理由应服从其要求。纠纷调解委员会认为必要的，可令纠纷当事人或证人出席纠纷调解委员会，听取其意见。在调解过程中，调解中案件的一方当事人提起诉讼的，纠纷调解委员会应中止该调解的处理，并告知当事人。

3. 欧盟

在《欧盟数据保护指令》中，对数据和隐私保护的基本原则是：第一，数据必须被公平和合法的处理；第二，被处理的数据必须与目的相关，不能超出范围；第三，数据必须精确，而且如有必要必须及时更新；第四，数据的实际控制者必须采取合理措施阻止错误数据，并保护数据不被修改、清除；第五，每个成员国必须设立监督机构监控数据保护规则的应用。除此之外，还规定对于私人特别敏感的数据包括种族信息、政治立场、健康状况、性取向，以及公会成员名单，必须经过当事人同意才能获取，并须符合更为严格的法规。规定在欧盟之外的任何国家，如果其法令与此条令不一致，企业则不能够交换私人数据。而国外企业如果可以遵守更为严格的隐私保护标准，则可以越过其法律与欧盟企业签署合同。

欧盟在个人信息保护方面的措施还涉及检查机关在进行互联网内容监视时必须遵循的原则：第一，只有经授权的警察为防止严重犯罪（如儿童色情）的需要才可以对网站内容进行监控；第二，监控对象是非法和有害的内容，如与儿童相关的色情内容。其中德国对于互联网犯罪行为进行调查或者互联网侵犯知识产权行为进行检查时，要求遵守以下原则：第一，对通信手段进行具体界定，如要明确是具体的电话号码还是其他表示特征地址的信息，如 IP 地址；第二，必须严格遵守通信法中有关司法介入的规定；第三，必须由独立的管制机构进行授权，如警察和检察官在调查犯罪时，必须取得法院授权；第四，经请求，运营商应该从技术上了解司法介入的过程。

欧盟内一些国家比如瑞典早在1973年就制定了《数据库法》，法国也在1978年就出台了《信息技术与自由法案》。1984年英国制定了《数据保护法》。

4. 日本

日本内阁官房是个人信息保护的主要管理机构。内阁官房为日本内阁的辅助机构，其最高职位为总理内阁大臣。日本内阁官房负责国家层面的个人信息保护问题，总务省协助内阁官房监督其他各省厅实施个人信息保护法的情况，而且总务大臣拥有总体协调的职责权限。总务省作为信息内容管理的主要部门，协助内阁官房实施执行《个人信息保护法》等五部核心法律。根据内阁官房的要求，日本各省厅均制定了本省厅保护个人信息安全的法律法规。

日本于1990年实施了《关于保护行政机构与电子计算机处理有关的个人数据法律》。2005年4月，日本《个人信息保护法》经过两年的预备缓冲期后进入了全面实施阶段。该法以经济合作与发展组织（OECD）的八项原则为基础，外形上类似欧盟立法模式，但在实质上更多地采纳了美国立法的诸多规定。可以说，日本保护个人信息的立法模式是美国模式和欧洲模式的折中。

日本针对非公共部门的个人信息处理行为设置了多层次的救济系统，尤其重视导入各种替代性的纠纷解决机制。首先，《个人信息保护法》要求非公共部门的个人信息处理者确立相应体制，保障恰当且及时处理与其个人信息处理行为有关的投诉。其次，特定民间团体经过主管大臣认定后，可以处理个人信息拥有者本人提出的投诉。另外，该法还要求地方自治团体必须协助涉及个人信息处理投诉的处理，或者采取其他必要措施（如通过消费者中心解决相关纠纷）。国家也应采取必要措施，恰当且及时地处理投诉。此外，考虑到上述替代性纠纷解决方式的局限，该法还要求主管大臣向个人信息处理者收取报告，实施指导，发布命令，对违反命令者实行处罚，以监督其个人信息的处理行为。

综上，从典型国家的情况来看，有关个人信息保护方面的法律都明确规定了企业特别是电信运营商的个人信息保护责任。也有美国那种运营商遵循由个人信息保护监管部门批准生效的自律性指导原则的情况。立法多规定了电信运营商搜集和利用个人信息的原则和程序。

从国外情况来看，国外都非常重视个人信息的法律救济，除了通常的最终司法救济之外，在行政程序方面，设立专门的处理申诉、投诉等处理机构，如韩国的个人信息调解委员会和澳大利亚的隐私专员，这样从行政和司法两个层面都规定了多种法律救济手段。

三、企业责任、个人隐私与政府监管的边界——以谷歌为例

你和你的家人是否像世界各地的人一样，使用谷歌的各种服务？谷歌搜索系统所使用的编程规则非常优越，所以很快就成为世界领先的搜索引擎，在线广告也就成了其最重要的收入来源。

2012年3月1日起，谷歌把旗下众多平台和服务融合为一体，开始提供一个完美的谷歌体验。谷歌储存了用户的电话和邮件列表，公共与私人的照片，购物和付款的记录、浏览历表，电子邮件的内容，上下载和观看的影片，喜爱的网页，所有向谷歌询问的问题，所有谷歌文档的文件，过去六个月或更久的行踪，一切你曾经在网上进行的事件等等。

谷歌的网站公布了一些值得注意的条款有：（1）你授权予谷歌在全球范围内使用、存储、复制、修改、交流、发布、公开执行、并分发你上载的任何作品（如翻译、改编等）来促进和改善谷歌的服务。即使你停止使用谷歌的服务，该权利将继续实行。（2）谷歌不为其服务和内容做出任何保证或承诺。（3）谷歌随时可以停止提供任何服务，或设置新的限制。（4）如果你是以公司的名义使用谷歌的服务，这公司将被视为已接受其政策，包括同意负担赔偿谷歌和其联属公司、工作人员、代理人和雇员的任何索赔或诉讼（包括索赔、损失、损

害赔偿、判决、诉讼费和律师费）。（5）谷歌可以随意改变其政策的任何条款。所有的条款改变都会发布在网页上。（6）谷歌收集所有你自愿分享的资料，如语言、你常登录的广告、网络社交圈子、你的个人资料（如姓名、电话号码、信用卡号码）等等。（7）谷歌可以从任何旗下的服务与平台得知你的设备信息，包括个人资料、浏览器网络和应用程序数据缓存，并连接至你的谷歌用户名。（8）谷歌也收集你的搜索查询、电话记录信息，设备的"事项"（如死机、系统活动、硬件设置、浏览器类型、浏览器语言）。（9）谷歌也可能在同一个用户名下，记录你所有的个人资料。如果其他用户有你的电邮地址，谷歌也可能会向他们显示你的个人资料。（10）谷歌可以通过科技或你的设备来收集信息。谷歌通过搜索引擎向你提供的所有资料都可被搜索。一些国家采取了与谷歌不同的做法。

在新加坡，没有任何具体保护个人隐私的宪法，也没有一个政府部门或机构负责维护公民的隐私或数据保护的权利。2002年实行的数据保护法也只是让私人公司自愿采用而已。而从新加坡的谷歌网站看来，该公司并没有采用其守则。由新加坡国家互联网顾问委员会公布的保护个人资料和互联网消费者通信的电子商务守则也是自愿性的计划。除非是法院下的命令，本守则只是"鼓励"企业确保业务记录和用户的个人资料的保密。守则限制资料的收集，也禁止在没有告知消费者的情况下，收集或分享、纠正或删除资料与数据。但是，从谷歌公司的条款与做法看，谷歌的网站可以自行决定和改变这一政策的任何条款。

西班牙政府2011年8月下令要求谷歌停止将该国90个公民的个人资料编入互联网索引。起因是西班牙90个公民向当地的数据保护机构提出正式抗议，指责谷歌侵犯他们的隐私权，将他们的个人资料编入索引。其中一名家暴受害者发现，他人可轻易通过谷歌搜索到她的住家地址；另一名已步入中年的互联网用户则发现，只要在谷歌上进行搜索，就可以找到她在大学时期曾被捕的往事。他们都希望，能够删除被上载到互联网的个人资料。西班牙拥有"被遗忘的权利"（right to be forgotten），即个人应有权删除互联网上的个人资料。欧洲各国都在密切关注此案，因为其结果将影响欧洲人民今后是否有权控制其在互联网上的个人资料，或是他们上载到互联网上的任何资料。

欧盟在2011年展开的民调发现，每四人当中就有三个对互联网公司如何使用他们的资料感到担忧，并希望拥有在任何时候删除个人资料的权利。有九成受访者表示，希望欧盟能够采取相应行动，给予他们"被遗忘的权利"。

一些国家和地区的政府开始修改相关法规。包括：一是扩大个人信息范围。欧盟讨论修改1995年个人数据保护指令，澄清相关核心概念，包括个人数据，增加敏感数据的内容；中国台湾新制定的个人资料保护法扩大了个人信息的范围。从欧盟、美国对苹果公司案件的处理情况看，许多通过网络应用产生的能够识别个人的数据均被纳入个人信息的范畴予以保护。二是增加信息主体权利、增强信息控制者的义务。欧盟提出"遗忘权"的概念，网民可以向网站发出要求删除其涉及个人隐私保护的内容；欧盟、美国要求企业任命数据检查专员、数据控制者执行数据保护影响评估、开发隐私认证计划；欧盟、美国、中国台湾地区在立法中增加了信息控制人发出"安全侵害通知"的义务。三是要求企业进行个人数据影响风险评估，明确新技术、新业务的法律适用范围。美国讨论修订《电子通讯隐私法》，云计算的数据也应纳入电子通信范畴，明确政府获取云端数据的程序。欧盟发布RFID隐私保护建议，与相关利益方签订RFID隐私数据保护协议，要求RFID相关企业评估数据收集、处理中的个人数据风险。欧盟发布云计算报告，讨论云计算法律适用、合同规制等问题。

第三节　国外个人信息保护的有关政策

一、手机实名制

目前全球实施和准备实施手机实名制的国家和地区，包括新加坡、澳大利亚、法国、德国、意大利、英国、日本、韩国、挪威、瑞士、瑞典、南非、巴西、匈牙利、泰国、马来西亚、尼日利亚、肯尼亚、坦桑尼亚、奥地利、巴西、斯里兰卡、墨西哥、土耳其、越南、印度等。

这些国家在具体立法和实践上各有不同。第一，规制目的不同。大部分国家，如日本和新加坡等手机实名制的立法出于禁止垃圾短信、垃圾邮件的目的，而泰国等一些国家则出于反恐和社会安全因素的考虑而推行手机实名制。第二，强制实施的范围和程度不同。一些国家实施手机实名制的范围广、强度大，例如韩国采取了一户一网、机号一体的手机号码入网登记制，买手机时必须出示身份证，这样强有力的手机实名制措施，从源头上控制了垃圾短信等的产生。也有一些国家不强制规定手机注册使用必须进行身份登记，大多数国家目前都致力于推行针对预付费用户的手机实名制管理。第三，立法管理模式不同。匈牙利、挪威、墨西哥等国家通过修改《电信法》的模式，将手机实名制规定在电信基本法律中；日本、韩国、南非等国家则采取了国会单行立法模式，进行手机实名制的合法化；还有的国家将手机实名制规定在行政法规或政府政策层面，采取此类方法的有尼日利亚、文莱、越南、法国等。同时，有的国家将几种模式混合使用，既在《电信法》中进行规定，又出台单行立法进行具体管理，如德国，不仅修改了《电信法》，同时出台涉及手机的《联邦反垃圾邮件法案》，在多部法律中对手机实名制进行了规定。

从法律设定义务的角度，也可以把手机实名制的立法分为两大类，一是在法律中对运营商和手机用户均设定法律义务。运营商必须登记、保存身份信息、用户必须提供真实身份信息。典型国家如韩国、希腊、英国、墨西哥等。二是仅仅对运营商设定法律义务，而不对用户设定法定义务。通过对运营商的要求，间接影响了用户，如德国、法国等。

2013年7月，我国工信部发布了《电话用户真实身份信息登记规定》。提出从2013年9月1日起，用户办理固定电话、移动电话（含无线上网卡）等入网时，须进行实名制登记。此次，工信部正式规定的出台，确定了我国实施电话实名制的实施时间及相关要求。

综上，手机实名制已经在越来越多的国家实施，而且均是通过法律、法规的形式强制推行，预付费用户更是关注的重点。从立法的内容上看，主要是规定了用户需要提交的身份证明的种类、身份认证的程序、老用户实名登记的时间期限等。

二、网络身份管理

"互联网匿名文化"是否持续下去正在被激烈讨论，提高网络空间身份可信度成为全球共识，各国政府、国际组织都在积极推进网络真实身份标识管理相关技术、标准、机制建设工作。欧洲、美国、韩国、日本等互联网发达国家和地区也高度重视公民身份信息管理，2011年以来，纷纷制定并积极推行国家（地区）网络身份管理战略，加强对公民网络信息监管和保护。网络身份管理大体可以区分为"非集中式管理模式"和"集中式管理模式"。其中，非集中式管理模式是指用户可以根据不同类型的在线服务类型选择不同的认证手段以及身份信任框架，这一模式的主要代表是美国。而集中式管理模式的主要代表是欧盟等国地区。

1. 欧盟

2010年12月15日，欧盟正式启动《欧洲2011—2015电子政务管理行动计划：利用信息和通信技术促进智能、可持续和创新的政务管理》，决定在欧盟范围内普及网络电子身份证的使用，以提高欧盟电子政务的服务水平，更好地为公民和企业的生活和生产服务。

整个计划包括40项具体措施，这些措施将帮助公民和企业在网上完成一系列工作，如公司商业登记注册、申请社会福利或医疗保险、大学生登记注册以及企业投标等。根据行动计划，欧盟还将保证公民和企业只需向不同的行政机构提供一次相同内容的信息；在欧盟范围内普及公民电子身份证的使用，方便公民和企业的跨国活动；增强透明度和开放性，让公民和企业实时地跟踪和监督行政机关办理政务的情况；根据用户的具体需要提供个性化服务等。

政务管理行动计划将有助于各成员国行政机构利用信息和通信技术的优势，通过提供低成本、高水平的电子政务服务，给公民和企业带来更多便利，提高公民和企业的生活和生产水平。

欧盟强调建立一个统一的数字证书 (digital credential) 市场，实现数字时代商业及文化信息与服务在欧盟各国国内及跨境的自由流动。截至2011年年底，27个欧盟成员国中的14个将开始向公民发放电子身份证（eID）。目前，欧盟有38%的公民和72%的企业使用电子政务服务。根据电子政务管理行动计划，欧盟将在2015年把使用电子政务服务的公民和企业的比率分别提高到50%和80%，欧盟5亿人口中将有近一半的公民持有一张电子身份证（eID）。

2. 美国

2011年4月15日，美国白宫新闻办公室正式发布了《网络空间可信身份国家战略》（NSTIC）。此战略阐述了美国政府意图在现有技术和标准的基础上，建立"身份生态系统"，实现相互信任的网络环境，促进网络健康发展。该战略文件称,"身份生态系统"须在自愿参与、保护隐私、安全可靠、技术兼容、高效易用的原则下建立,同时战略明确了实施的具体任务及目标,并明确了政府引导、保障,企业具体实施的职责分工。此战略的出台表明美国已高度认识到网络身份认证在保障网络空间安全中的重要战略地位,网络身份认证是创造安全、可信网络空间的基础、前提和重要手段。

3. 澳大利亚

随着技术的进步,人们从事更多的在线商务和交易,身份失窃的风险也在增加。为了协助开发澳大利亚新的国家身份安全战略,澳大利亚 Di Marzio 调研公司共调查了来自澳大利亚各地 1,200 名被调查者。公布的新研究结果显示,澳大利亚社会对身份盗窃与滥用深为忧虑。近六分之一的澳大利亚人在过去六个月里成为或知道某人成为身份盗窃或遭滥用的牺牲品;十分之九的被调查对象担心或十分担心身份盗窃与滥用。此次调查还显示,多数(58%)身份盗窃与滥用发生在互联网上,或与信用卡或借记卡丢失有关(30%)。被盗的身份信息主要被用于购买商品或服务(55%),或用来获得资金、信用或贷款(26%)。为此,澳大利亚拟采取措施打击身份盗窃犯罪行为。澳大利亚计算机应急响应小组(Cert)在六个月中已向澳大利亚企业发出了超过 25 万条密码和账户细节被盗信息的警告,帮助企业采取措施保护其系统和客户。

身份犯罪既是实施其他类型犯罪的重要手段,该犯罪本身也被《有组织犯罪威胁评估》确认为一种重要的有组织犯罪。澳大利亚政府已将打击身份犯罪列入《联邦有组织犯罪应对计划》中的重要条款,并开发了一些信息产品,帮助人们理解身份盗窃与滥用的含义,其中包括《保护你的身份》以及《身份文件的丢失、被盗及找回》。这些信息产品为个人提供了一些实用策略,以避免自己成为身份盗窃的牺牲品,或者一旦成为受害者时应如何应对。

除了政府以外,全球大型互联网企业也在积极倡导采用真实身份的网络环境。脸谱、谷歌、淘宝、腾讯等都开始实施了不同程度的应用实名认证机制。

4. 韩国

2012年8月23日，韩国宪法法院判决：实施网络实名制的部分法律条文违宪，予以废除。判决生效后，网络实名制的适用范围大大缩小，仅限于政府机关、公共机构或公有企业提供信息通信服务并开办信息公告板业务的情况，而对于私营信息通信服务提供商则不再要求履行实名制义务。

由于广大的私营信息通信服务提供商才是为韩国网民提供网络信息服务的主体，因此从适用对象范围和社会影响度而言，韩国网络实名制在某种程度上已经名存实亡。至此，网络实名制在韩国经历了由兴而衰的十年历程，其所承载的互联网监管目标、管理理念也最终被否定。

韩国网络实名制的推行大致分为三个阶段。

第一阶段是准备宣传阶段。自2002年起，韩国政府开始宣传网络实名制。2003年，韩国选择作为实名制试点的政府部门网站从9个扩大到22个，韩国信息与通信部（MIC）与大型门户网站总经理举行恳谈会，为推进实名制做准备。

第二阶段是全面实施阶段。2005年10月，在陆续发生几起通过网络匿名发帖侵犯个人隐私和名誉的恶性事件后，韩国政府宣布向公众互联网推行网络实名制。2007年1月26日修订并于7月27日施行的《信息通信网络的促进利用与个人信息保护法》增加第四十四条之五关于本人身份认证措施的规定，标志着实名制的正式实行。

2008年，在韩国女星崔真实因不堪网络人身攻击自杀而引起广泛社会反响后，韩国修订了《信息通信网络的促进利用与个人信息保护法》及其实施令，扩大了适用实名制的互联网信息服务提供商的范围。另外，2008年2月韩国设立通信委员会（KCC），合并了之前的韩国信息与通信部和韩国广播委员会（KBC），开始履行对网络实名制的行业监管职责。2009年，KCC通过提出法律修正案再次扩大了适用网络实名制的网站范围。

第三阶段是实名制基本取消阶段。近几年，推特、谷歌、脸谱等不受实名制约束的外国社交网站在韩国逐渐流行，加之实名制带来的隐私泄露事件时有发生，韩国本土互联网的发展受到影响。2011年12月29日，KCC向总统提交报告表示将"重新检讨"身份认证系统（实名制），并限制身份证号的使用。2012年2月，KCC再次主导修订了《信息通信网络的促进利用与个人信息保护法》，规定原则上不得在网上使用居民身份证号，取消了信息通信服务提供商用身份证对用户进行会员注册的方式。另一方面，2010年部分韩国网络媒体公司和网民联合向宪法法院提起诉讼，认为网络实名制侵犯个人言论自由，违反宪法。2012年8月23日，韩国宪法法院判决实名制的部分法律规定违宪，宪法法院要求经营信息公告板业务的私营信息通信服务提供商不再采取实名制措施，适用实名制的对象范围被大大缩小，网络实名制基本取消。

韩国推行网络实名制的法律基础是韩国国会通过的法律《信息通信网络的促进利用与个人信息保护法》及以总统令形式颁布的《信息通信网络的促进利用与信息保护法实施令》有关网络实名制的规定。政府希望通过实施网络实名制，一方面促使用户自律，杜绝用户在不受法律约束的网络环境下的随意行为；另一方面加强信息通信服务商的管理责任，一旦出现了网络不良信息，能够使用信息发布主体溯源等处置手段。

韩国网络实名制的推行机构主要包括以下几个：一是韩国国会，负责制定实名制相关法律。二是韩国通信委员会（KCC，Korea Communications Commission），作为融合性监管机构，对网络实名制实施情况进行监管和执法，要求没有执行的网站改正。三是韩国互联网与安全局（KISA），负责开发ID认证系统。四是韩国行政安全部（MOPAS，The Ministry of Public Administration and Security），根据《信息通信网络的促进利用与个人信息保护法》和《数字签名法》等规定，指定实名制第三方认证机构。

从实施对象看，《信息通信网络的促进利用与信息保护法》第四十四条之五第1款通过对"开办业务种类"和"信息服务商类型"两个要素进行限定，对采取用户实名制措施的对象进行了规定：一是必须是开办信息公告板业务的信息服务提供商；二是信息服务提供商要么是国家机构，要么是其用户数达到一定规模。截至2012年8月23日之前，适用实名制的信息服务提供商为两类：（1）经营信息公告板业务的中央及地方国家机关、地方自治团体、中央和地方公有企业和准政府机构；（2）经营信息公告板业务的（私营）信息通信服务提供商，其全年度最后三个月的用户人数为10万名以上的。并且，韩国通过多次修订施行令，降低第二类（私营）信息通信服务商的用户数规模，不断扩大实名制适用对象的范围。

实名制的认证方式是用户和信息通信服务提供商通过韩国行政安全部指定的认证机构或有关行政机构的认证服务来实现用户实名制认证的操作。实名认证的具体实施方式可以通过传真或面对面的形式等等。这建立了用户和信息通信服务商之外的第三方机构参与身份认证的实施机制，并且要求信息服务提供商采取防止信息泄露技术，用户身份保存期为六个月。

在技术措施上，2007年韩国政府监管机构就开始引进各种ID认证系统（即身份认证系统），主要包括身份证号认证、和i-PIN（互联网用户身份码）认证等方式。互联网用户身份码（i-PIN）认证最初由网站自愿采用，为了保护用户个人信息，2009年KCC主导修订了《关于用户身份验证措施方法之选择标准的实施令》，强制要求信息服务提供商采用i-PIN认证系统。

i-PIN服务提供商包括三类，即专门认证机构、金融信用中心或提供认证服务的第三方。这些服务提供商既包括私营的信用评级公司，也包括政府运营的公共事业单位，具体有韩国信用信息评价股份公司、首尔信用评价信息股份公司、韩国信用信息股份公司、韩国信息认证股份公司、公共i-PIN中心等。用户可通过手机、信用卡、PKI（Public Key Infrastructure）公共基础设施认证，面对面确认等方式，选择一个确认本人身份的方式，从上述五家i-PIN服务提供商中获得i-PIN码。

关于韩国网络实名制的争论与终结经历了一个较长的过程。韩国实施网络实名制之后，业界基本按照政府监管的要求迅速采取了实名制措施，但是关于实名制的争论一直伴随韩国实名制的推行过程。

对于实施网络实名制的必要性，支持和反对两方的争论从未停止。支持实名制的观点主要是强调其对控制网络不良信息以及对网络犯罪的预防及惩治作用，认为实名制会消除网络匿名导致用户不受约束而带来的混乱。

反对者一般出于四方面原因：第一，网络实名制涉及对公民言论自由的限制，涉嫌侵犯公民的基本人权。第二，现有技术手段和管理措施无法实现对用户网络信息的完善保护，实名制会造成用户信息泄露的风险。第三，目前仅韩国实施网络实名制，面对互联网使用的无国界特性，无法解决监管措施的地域范围冲突问题。外国网站不受实名制限制，使得大批用户流向这些网站，本土网站无法在同等条件下与国际对手竞争，影响力和商业效益都遭受损失，影响韩国本土互联网事业的发展。第四，从实施实名制的社会效果来看，对于能否实现防止网络不良信息和犯罪的预期效果存在质疑。不同调查数据显示了相反的结论。韩国原信息与通信部在2008年之前的调查显示，实施实名制以后，在韩国主要网站论坛上进行侮辱和人身攻击的现象下降了50%以上。但相关网站运营商认为，实施网络实名制的效果并不明显，主要是实名制的初衷之一——遏制恶意帖子的效果没有表现出来。

在正反两方不断争论的过程中，韩国实名制走过了近十年的历程，终于在一系列事件的激化下，面临被基本取消的命运。

一是谷歌韩国 YouTube 网站事件。2009年4月，韩国有关部门要求谷歌在韩国运营的 YouTube 网站遵守有关网络实名制的法律。但谷歌最终决定不执行韩国政府的实名制要求，关闭了韩国 YouTube 网站的用户上传和评论功能，即不开展韩国法律要求实施实名制的"信息公告板"类业务。谷歌公司通过这一举动表示韩国政府的实名制要求与国际社会所秉持的互联网自由原则相违背，也导致了部分用户对政府实施实名制的强烈不满。

二是韩国网民个人信息泄露事件。2011年7月26日，韩国知名互联网门户 Nate 和社交媒体博客 cyworld 网站遭遇黑客攻击，两家网站用户数量分别为2,500万和3,300万人，致使大约3,500万用户的个人信息丢失。这是韩国自2008年以来最为严重的互联网信息安全事件。个人信息泄露事件后，韩国不同政府部门在实名制问题上的分歧更加明显。KCC 和韩国互联网安全局（KISA）等采取禁止用户身份证认证方式、加大用户信息保护等措施试图消除实名制的负面影响，但作为负责国家行政管理和公共安全职责的韩国行政部却计划取消实名制。2012年2月17日KCC修订了《信息通信网络的促进利用与个人信息保护法》，规定除了i-PIN认证等法定情形外，公司不得在网上收集和使用居民身份证号，并在新法生效两年内移除已存有的身份证号，取消了身份证号码的认证方式。同时，KCC建立居民注册号码清理支持中心（a support center for resident registration number cleanup），向服务提供商分发居民身份证号清理的i-PIN，加强基于i-PIN的链接服务，提升i-PIN的便利性。

三是韩国公民提起实名制违宪审查之诉。2010年，部分韩国网络媒体公司和网民联合向宪法法院提起诉讼，认为在韩国互联网留言板发帖的法律条款侵犯个人言论自由，违反宪法。2012年8月23日，韩国宪法法院认定上述有关实名制实行的法律条款中的《信息通信网络的促进利用与个人信息保护法》第四十四条之五第1款第2项、《信息通信网络的促进利用与信息保护法实施令》第29条、第30条第1款违宪。也就是说，宪法法院确认法律规定的经营信息公告板的私营信息通信服务商必须进行本人身份认证违反宪法，而设置信息公告板的公共机构仍将根据《信息通信网络的促进利用与个人信息保护法》第四十四条之五第1款继续实行实名制。

综上，韩国监管机构之间对实名制截然不同的看法，用户对个人信息泄露的担心，企业界对实施实名制及其加强用户信息保护带来的巨大成本的不满，KCC于2011年访美带回的国际压力等等，导致社会舆论逐渐向反对实名制方向一边倒的趋势。加之最近数月韩国多家金融机构遭遇一系列黑客袭击事件这"压垮骆驼的最后一根稻草"对韩国政府和民众敏感神经的刺激，促使韩国宪法法院终于对私营部门实施网络实名制的法律规定做出了违宪判决。判决生效后的8月24日，KCC宣布其将另寻加强诽谤和冲突管理的方法，让私营服务商自己管理自己的网站。韩国网络实名制至此基本走向终结。

网络实名制折射出对互联网管理命题的思考。网络实名制是韩国在互联网管理方面的探索和努力，虽然其推行过程并不顺利，并且最终面临基本取消的命运，但是韩国在推行网络实名制过程中表现出的勇气和智慧，为其他国家积累了宝贵的经验，提供了有益的借鉴。这使我们看到，法律制度建设是互联网管理政策推行的前提和保障。韩国《信息通信网络的促进利用和个人信息保护法》及其实施令是网络实名制推行的法律依据。网络实名制的实施过程中，相关法律法规进行了多次修订，为确定实名制的适用范围、认证措施及相关机制提供了充分的法律保障。同时，互联网管理政策应平衡网络言论自由与公共利益。网络实名制的实施，在韩国社会树立了网络世界也存在伦理法制的社会意识，为保护网民权益、规范网民行为、预防和查处网上犯罪奠定了基础。但正如韩国宪法法院判决所认为的，在强制推行网络实名制后，人们因担心受惩罚而不敢在网上发表不同意见，破坏了言论自由。而对言论自由的限制措施应反映其公益性，韩国网络实名制实际推行中产生了诸多不利影响，并没有显示出应有的公益性。另外提醒我们注意的是政府管理政策应尊重互联网的无国界性。互联网是无国界的，而互联网管理政策却只在一国管辖范围内生效。韩国实名制推行中的谷歌公司事件显示，实名制管得了国内公司，却管不了国外公司，国内外公司因此受到不同管理政策的约束，同时，实名制实施后，用户更多选择使用国外网站提供的服务，这些都阻碍了韩国国内互联网产业的发展。因此，互联网管理政策应充分尊重互联网的客观属性与发展规律。很重要的一点是个人信息保护制度是推行实名制最重要的配套措施。担心个人信息被随意泄露或者滥用，是推行网络实名制的主要障碍之一。韩国网络实名制推行过程中，一直在采取措施减少对个人信息的收集，防止个人信息泄漏。在实名制认证手段上，最初是身份证号认证、身份密码（i-PIN）认证等多种措施选择适用，发展到限制身份证号的使用，并推广身份密码（i-PIN）的认证，再到2012年2月修订的《信息通信网络的促进利用与个人信息保护法》规定原则上不得收集、使用身份证号，从而取消了身份证号的认证方式。同时，韩国还通过法律要求互联网企业完善用户信息管理体系，赔偿受害者经济损失等。我国要推行网络实名制，制定完善的个人信息保护立法是必须满足的前提条件[1]。

5. 中国网络实名制的探索

在我国网络实名制大体提出五种认证方式：**一是"自组织加 V 认证"**。官方网站对用户真实身份进行的基于自愿申请的审查和验证活动。如新浪微博加 V 认证。**二是身份证号码 + 手机号码**。用户在注册账号时，通过身份证号码、移动电话号码等将用户的身份属性关联，通过短信确认实现实名绑定。**三是身份密码（i-PIN）+ 数字证书**。由权威第三方电子认证机构使用公共密钥加密之后签发，用以证明持有人网络身份的计算机文件。**四是电子身份证（eID）**。由用户主动提交身份信息，经公安部全国公民身份信息系统核查后，生成一组唯一的网络标识符数字证书。**五是身份信息两极根比对**。以公安部公民身份证号码查询中心、全国组织机构代码管理中心作为根验证比对中心，互联网站与上述系统进行对接，完成对用户注册信息一致性比对。

网络实名制的施行是一项复杂的系统工程，需要明确的法律授权和完善的个人信息保护机制。韩国网络实名制的兴衰历程给了我们有益的借鉴和启示。在我国社会发展改革的转型时期，网络所建立的匿名公共表达空间客观上发挥了一定的疏通、监督和释放作用。对这样的公共空间实行实名，可能堵塞为数不多的言论渠道，这也是很多人反对实行网络实名制的重要理由。因此，实施实名制需要考虑通过相关有效机制保障言论自由。

---

1 引自电信研究院 CATR 专报《韩国网络实名制的十年兴衰与启示》。

第四节　我国个人信息保护立法现状与存在问题

一、立法现状

我国《宪法》、《刑法》(包括第七修正案)、《刑事诉讼法》、《邮政法》、全国人大常委会《关于维护互联网安全的决定》、《治安管理处罚法》、《反垄断法》、《邮政法实施细则》、《电信条例》、《互联网信息服务管理办法》、《互联网上网服务营业场所管理条例》、《人民检察院刑事诉讼规则》、《计算机信息网络国际联网安全保护管理办法》、《计算机信息网络国际联网管理暂行规定实施办法》、《互联网电子邮件服务管理办法》、《互联网电子公告服务管理规定》、《非经营性互联网信息服务备案管理办法》、《互联网 IP 地址备案管理办法》、《电子认证服务管理办法》、《互联网电子邮件服务管理办法》等法律法规都有涉及个人信息法律保护的内容。

主要是通过规定通信自由和通信秘密的形式保护个人信息。例如《宪法》第40条、《刑法》第252条、《人民检察院刑事诉讼规则》第192、193条、《邮政法》第4条、《邮政法实施细则》第7条、《电信条例》第66条、《计算机信息网络国际联网安全保护管理办法》第7条等。

此外，也有专门明确规定有关隐私、资料和个人信息保护的法律法规。例如，《刑法第七修正案》规定，证券交易所、期货交易所、证券公司、期货经纪公司、基金管理公司、商业银行、保险公司等金融机构的从业人员以及有关监管部门或者行业协会的工作人员，利用因职务便利获取的内幕信息以外的其他未公开的信息，违反规定，从事与该信息相关的证券、期货交易活动，或者明示、暗示他人从事相关交易活动，情节严重的，依照第一款的规定处罚。《治安管理处罚法》第42条（六）规定偷窥、偷拍、窃听、散布他人隐私的处五日以下拘留或者五百元以下罚款，情节较重的处五日以上十日以下拘留，可以并处五百元以下罚款。《反垄断法》第39条规定：反垄断执法机构调查涉嫌垄断行为，可以采取下列措施：（三）查阅、复制被调查的经营者、利害关系人或者其他有关单位或者个人的有关单证、协议、会计账簿、业务函电、电子数据等文件、资料；采取前款规定的措施，应当向反垄断执法机构主要负责人书面报告，并经批准。《电信条例》第58条第二项规定：任何组织或者个人不得利用电信网从事窃取或者破坏他人信息、损害他人合法权益的活动。《互联网电子邮件服务管理办法》第9条规定，互联网电子邮件服务提供者对用户的个人注册信息和互联网电子邮件地址，负有保密的义务。互联网电子邮件服务提供者及其工作人员不得非法使用用户的个人注册信息资料和互联网电子邮件地址；未经用户同意，不得泄露用户的个人注册信息和互联网电子邮件地址，但法律、行政法规另有规定的除外。并相应地在第22条设置了处罚规定，违反第9条规定的，由信息产业部或者通信管理局依据职权责令改正，并处一万元以下的罚款；有违法所得的，并处三万元以下的罚款。

二、立法问题

我国个人信息保护立法问题主要表现为以下几个方面：一是国家层面缺乏系统的或专门的个人信息保护法律，有关个人信息保护的法律规定比较零散、缺乏系统性。二是缺乏类似欧盟的专门的电子通信指令，对个人信息的内涵和范围均无明确的界定，或界定得过于抽象，以原则性规定为多，以信息安全保护为主，缺乏应有的操作性和针对性。三是网络环境下的个人信息保护也多以保护个人财产性信息安全为重点，而非个人资料信息。四是现有个人信息法律保护多侧重于公共机构对个人信息的获取利用，对例外规则的规定过于模糊，没有加强针对信息主体本身个人信息权利的法律保护。五是缺乏保护个人信息的程序性的规定和制度。而对于个人信息，涉及个人的一些基本身份情况，是公民私人领域的信息，在一般情况下，国家法定机关、社会组织和个人都无权收集、查阅或调取。因此，必须具体规定个人信息的收集、查阅或调取的程序。

上述情况都制约了我国个人信息法律保护的水平。需要明确个人信息的含义和保护范围；明确个人信息收集、处理和利用的程序性规定。

第九章

信息通信技术推动产业
革命与机制变革

第一节 第三次工业革命与中国

2012年4月21日，在英国出版的《经济学人》杂志上，保罗·麦基里（Paul Markillie）专题论述了当今全球范围内工业领域正在经历的第三次革命（the third industrial revolution），即数字化革命。一系列新技术的发明和运用，让数字化革命正在我们身边发生，与以往历次工业革命一样，第三次工业革命也会对制造业的发展带来巨大影响，它将改变制造商品的方式，并改变就业的格局。

一、创新与数字化制造：第三次工业革命

1. 制造业数字化带来的变革将超出所有人的想象

在2011年11月举办的欧洲模具展中，推出了一种具有轰动效应的新机器——三维（3D）打印机。3D打印机不是通过我们一直以来常见的敲击、弯曲和切削原料这些工序，而是通过层层叠加材料生产出产品。因此，这一过程也被形象地称为"添加型制造"（additive manufacturing）。美国一家名为三维系统（3D Systems）的公司当场演示"打印"了一把锤子，做工精美，锤头具有金属质地，锤柄具有木纹效果，这便是未来制造业的缩影。

添加型制造尚未发展到制造整部汽车或 iPhone 的程度，但已用于个性化汽车配件的生产和 iPhone 定制手机的外壳。尽管 3D 打印技术尚不成熟，但是很多人

可能已经拥有借助该技术生产出来的产品。添加型制造仅是工业走向未来所需的众多技术突破之一，与此同时，传统的生产设备也正变得更加智能化和柔性化。

2. 生产方式将发生翻天覆地的变化

那种靠汇集大量手工劳动的大型工厂制造时代将一去不复返了。随着从事直接生产制造雇员数量的减少，劳动力成本在总体生产成本中所占的比重也随之下降，这将鼓励厂商将一些制造活动向发达国家回迁，除此之外，新的制造技术使企业能够以较低成本更加迅捷地对当地市场做出反应，也对制造本地化起到了推波助澜的作用。另一方面，用于制造产品的原料也正在发生质变，碳纤维复合材料正逐步取代钢材和铝合金。而且，这些特殊材料将来有可能通过基因工程中的微生物来形成，而非通过机器进行生产。

未来工厂的一切运行将主要依赖于更为智能化的软件。正如数字化在办公设备、电信、摄影、音乐、出版和影视等领域所产生的深刻影响一样，制造业数字化将带来颠覆性冲击。大型制造商不仅要关注这种冲击给自身带来的影响，同时，还应注意中小企业和个体企业发生的变化，因为数字化使后者变得更加强大。推出新产品将变得更加低廉易行，在网上提供3D打印或者其他制造服务的社交团体正在形成，且初成气候，这种现象或可称为社会制造。

所有这些变化的后果，将导致第三次工业革命。以纺织产业机械化为标志的第一次工业革命发源于18世纪后期的英国。在随后的几十年里，用机器代替手工生产蔓延到世界各地。以流水线生产为标志的第二次工业革命开始于20世纪早期的美国，开创了规模化生产时代。

随着制造业数字化的不断深入，第三次巨变正在加速。得益于新材料的不断出现、全新工艺诸如3D打印的广泛应用、机器人日趋智能化以及新型协作制造服务的在线可获取性持续增强，生产过程将变得更加柔性化，仅需少量的劳动投入，即使是小规模生产，也会变得更加经济有效。历史似乎在演绎轮回，生产方式正在脱离大规模制造重新转向个性化生产。

3. 制造数字化不仅将颠覆产品的制造方式，而且将重塑就业格局

18世纪末，以纺织业机械化为标志，第一次工业革命在英国兴起。工厂取代了成百上千的小型作坊，机械代替了辛苦的手工劳动，生产布局和生产属性同时发生了彻底的变化。20世纪初，亨利·福特熟练掌握了流水线生产技术，第二次工业革命爆发，人类进入大规模生产时代。前两次工业革命创造了大量财富并推动了城市化进程。如今第三次工业革命已经来临：制造业正走向数字化。改变的不仅仅是商业，其他的还有更多。

众多卓越的技术正扎堆突破，智能软件、新型材料进展迅速，机器人变得更加敏捷实用，新工艺（尤其是3D打印技术）趋于商用，基于网络的服务日益普及和全方位化。过去的工厂长于大规模生产高度标准化的产品。对此，福特曾经有句经典的话予以形象的描述：顾客自己可以喜欢任何颜色，但车只能是黑色的。但是今天，满足消费者个性化需求的多品种小批量生产的成本正在降低。未来工厂将更聚焦于大规模定制化生产——这更像那些纺织作坊而不是福特的流水线。

4. 应对革新挑战

面对更好产品和更快配送服务时代的到来，消费者适应起来毫无困难。而对于政府，则显得异常艰难。政府有着保护现存产业和企业的本能，如果新兴产业对现有格局可能产生摧毁性影响，政府就会潜意识地选择抵制。政府向老工厂提供大量的补贴，极力阻挠企业将生产向国外转移，与此同时，也不惜花费数十亿元去支持它们自认为比较有前途的新技术。并且，它们一向自以为是地认为制造优于服务业，更不用说相对于金融业了。

实际上，这些都毫无意义。制造业和服务业的界限变得越来越模糊。劳斯莱斯不再出售飞机引擎，而是选择向航空公司出租，即根据飞机引擎的实际运行时间进行收费。政府在识别谁将是优胜者方面一直缺乏判断力，随着越来越多的企业家和思想活跃者在网上交换设计方案、在家进行生产并将产品从自家车库推向全球，政府判断的可靠性更是大打折扣。在新一轮工业革命浪潮冲击之下，政府

应秉承这样的原则：为技能人才提供更好的培训条件，为各类企业建立清晰的规则和公平竞争的平台，剩下的就交给"革命者"吧！

二、信息通信技术与第三次工业革命

第三次工业革命是一种建立在互联网和新能源相结合基础上的新经济，同时，互联网与新能源也是持续发展的维系要素。

1. 信息通信技术是第三次工业革命的导火索

第三次工业革命是基于互联网的，是基于智能分工协作的革命。它将跨越各个行业之间的壁垒，而且打破传统的商业模式，每部分产出都要依靠脑力劳动者，最终的产出将是全球各地众多服务和劳动的整合，**而这些劳动和服务是不存在直接监督和管理的，它是由互联网平台进行管理或者市场自发管理的。**

信息通信技术是第三次工业革命中最重要的影响因素，不仅提升了生产的效率，而且通过网络改变传统的发展与管理方式。ICT 技术发展导致服务业和制造业融合使就业机会将会向融合后的制造服务业转移。同时，**随着工业从大规模制造向个性化定制的方向转型，就业机会将不断增长，但新的就业机会所要求的人力资本层次是不同的。**未来成功的制造业应该有三个特征：更少（较少的生产运行支撑大量产品的定制）、更快（日益缩短的生产交货期）、更好（更优的产品质量）。

2. 新能源与互联网是第三次工业革命的基础

历史上新一代信息通信技术与新型能源系统的结合，预示着重大的经济转型时代的来临。这是因为新能源技术的出现推动人类文明向着更为复杂的方向发展，而更为复杂的文明需要以先进的信息通信技术为媒介来对其进行处理和整合。如今，我们正处在信息通信技术与能源体系相融合的年代。互联网信息技术与可再生能源的出现让我们迎来了第三次工业革命。在此基础上，相应的基础设施建设也随之有了新的发展，从而大大减轻了时间和空间对人们更加多样化的经济交流的限制。当这些系统的发展落实到位以后，经济活动呈现正态分布曲线，即先上升达到顶点，经历一段时间停滞之后进入衰退期，该阶段的衰退规律由通信与能源矩阵所建立的乘数效应决定。这就是第三次工业革命发展的整体规律。

通信技术和能源的有机结合开创一种具有活力的经济体系和基础设施，在这一体系中，信息通信技术充当中枢神经系统，对经济有机体进行控制、协调和管理；能源则好比是血液，为将自然的馈赠转化为商品和服务这一过程提供养料，从而维持经济的持续运行和繁荣。因此，这就像是一种生命系统，把越来越多的人纳入更为复杂的经济社会中，正如历史上任何其他时期的通信、能源基础设施一样，支撑第三次工业革命的基础。

3. 第三次工业革命将改变世界

但与前两次工业革命不同，日渐兴起的第三次工业革命是以分布在世界各地、随处可见的可再生能源为基础的，而这些可再生能源大部分是免费的，如太阳能、风能、水资源、地热、生物能、海浪和潮汐能等。这些分散的资源被数百万个不同的能源采集点收集起来，通过智能网络进行整合、分配，最大限度地实现能源的有效利用并维持经济的高效、可持续发展。可再生能源的这种分散式的本质更需要合作性的组织结构而不是层级结构，这一新兴的、扁平式的能源机制为由此衍生出来的所有经济活动提供了一个崭新的组织模式：分散式生产。在这一新兴革命中，每个人都可以成为生产者，拥有自己的公司，资源的占有和财富的分配也更加平均。

互联网技术这一新型交易平台的建立则使销售者和购买者之间的博弈关系被供应者和使用者之间的合作关系所取代，利己主义被利益共享所取代。网络的附加值并不会贬低个人的价值，相反，每个人的财富都会通过共同努力得到共同的增长。第三次工业革命带来的这种扁平式、合作性的商业模式已经全面超越了传统意义上的集中型、层级式、自上而下的生产组织结构，符合现代商业的需求。随着分散、合作式商业模式的引入，同传统的垄断式资本主义相连的产业正在遭受严重的挑战。

三、美国通过第三次工业革命重塑制造业竞争力

美国正在发生什么新产业革命？我们可以看到虽然3D打印还未成为主流，但它却是第三次革命的中心，是小批量社会生产的最重要元素，同时也成为科技界与制造界交叉的前沿话题。在美国，众包金融、分包制造公司、消费者个性化需求的出现，都在全方位改造本土的制造产业体系。一个后大规模（post-mass）生产的世界正在来临，硬件在更小的生产线上以更小的批次被制造出来。这股浪潮，可能还暂时冲击不了大规模和低成本的中国制造，但是美国制造业正在发生着激烈变革，并出现了一些新的生产方式。

打印产品原型。伴随着电脑和网络的普及，月费会员制的黑客工作坊（Hacker spaces）在许多城市兴起，依靠计算机数控设备和3D打印机，任何人只要有一个新产品想法就可以做出产品原型。有了产品原型，则只要获得融资就可以批量投入生产。

产品原型销售。只要有自己的想法和简单的产品模型，就可以使用一系列市场营销手段开始运作业务，不必考虑如何解决大规模生产的细节问题，这种销售硬件产品的方式改变了制造业固有的游戏规则。过去，公司需要先调查研究市场情况，生产新产品，投放市场然后祈求交好运。如果一切顺利，产品获得成功，研发投入和产品初始成本就能赚回来。如果市场反应不佳，几十万甚至上百万美元的投入就打了水漂。现在通过支持者平台，任何人都可以在生产第一个成品之前测试一下用户的反馈。通过在平台上进行推广，厂商可以在产品完成之前预售。如今是制造业的新时代，产品不必因为销售的需要而存在，从原型到成品之间的一切环节都可以在销售完成之后进行。

分发式公司。一旦某个产品完成了预售，就需要生产出来。公司通常有两个选择：一是雇佣全职员工自己生产；二是外包。外包制造商可提供你需要的帮助，比如寻找到合适的原材料，在零部件上减少成本，统统这些只需要几次鼠标点击就可以完成。并且让个人也有机会创办以硬件业务为主的公司。

制造业的新时代。我们看到软件已经侵吞了高技术服务业很大市场。后大规

模生产的世界正在来临，硬件在更小的生产线上以更小的批次被制造出来。硬件起先是作为电脑模型生成，之后输入数控机器和3D打印机。现实和虚拟之间的界限变得越发模糊，制造业正在重生，生产线将更靠近渠道和销售中心。

目前3D打印机主要用塑料做材料，但是新材料的技术已经逐渐成熟，或许3D打印机现在尚处于产业前端，但是离我们越来越近了。

四、中国，迎接第三次工业革命

第三次工业革命是新兴技术的群体涌现与协同融合。其中，添加型制造技术是制造业领域正在迅速发展的一项新兴技术，被称为"第三次工业革命的代表性制造技术"，潜在市场价值巨大。目前，由于各种因素制约，添加型制造的发展还存在产业化难题。我国添加型制造在一些装备制造领域竞争力显现，但整体发展不均衡，当前需审慎认识添加型制造技术的适用性，把握机遇合理布局，优先发展高性能金属构件领域，充分发挥信息通信技术创新潜能，通过电子商务模式创新，推动我国先进制造业快速发展。

1.添加型制造构筑未来制造业竞争力，大规模产业化仍需时日

添加型制造技术是信息技术、材料科学、制造工艺融合的结晶，而信息技术是该技术的关键前提和基础。目前在国内外已经形成了十多种工艺，它们在复杂金属构件制造以及原型制造中相对传统制造方式的优势尤其突出：这体现在一是添加型制造优化产前设计方案，提高产前测试效率，增加新产品保密性。二是添加型制造在制造环节突破传统工艺，降低劳工成本。三是添加型制造显著提升了企业的市场响应速度，助力差异化市场开拓。四是添加型制造与互联网的结合将开辟网络化制造产业新时代。

添加型制造技术基础较坚实，但是依然存在一些技术障碍，而它在生产中充当的角色是对传统机加工的补充，距离整个制造业领域、全社会的生产方式以及生活方式的全面变革还有很长的路要走。这体现在：规模生产是当前主要生产

模式，添加型制造要实现像成熟制造技术一样的规模化生产还存在不少困难；同时，添加型制造工艺中局部环节有待进一步完善。目前，添加型制造产业链发展尚处起步阶段。

2. 我国添加型制造的现状

添加型制造在国际上率先在技术创新与应用领域取得显著进展。我国虽然起步晚，但是在装备制造领域的高性能产品、加工大型复杂整体构件、激光直接制造技术和应用方面均取得突破，在原型样件制造领域也开始产业化试水。

生物医学领域中，添加型制造技术主要在解剖学体外模型制造、生物相容性假体制造、组织工程细胞载体支架结构三个方面取得不同程度的进展。我国的应用主要集中在体外模型，在其他方面由于技术难度大以及材料受限，相对落后于发达国家。

添加型制造在消费品领域的应用大都为满足客户的差异化需求。国外在家居、服装、玩具、饰品以及食品行业已有成功应用的商业范例。在我国，"3D 打印"更多的是一种噱头，即使一些家电巨头开始引入添加型制造技术，但仅在新产品研发设计环节使用，未接触终端客户。

3. 将添加型制造技术发展成为提升未来工业核心竞争力的重要契机

虽然，添加型制造在短期内不可能颠覆传统制造业，而是对传统制造方式的补充和优化，但是添加型制造技术既是国际先进制造的重要方向，也有可能成为完善传统制造技术体系、培育新模式新业态新市场的重要驱动力量。目前发达国家把添加型制造看作21世纪领先技术之一，将其列入国家战略规划中。我国的综合技术能力和应用水平仍与发达国家有差距，利用好添加型制造技术提升未来工业核心竞争力要考虑以下几点：

第一，顺应技术发展趋势，合理布局相关产业，出台国家标准。首先，要研究总体战略规划，加强产业政策扶持。我国应当尽快研究制定既符合国情又适度超前的战略规划，重点支持高性能金属构件等技术路径，把添加型制造技术在工业领域的应用作为发展智能制造、推动两化深度融合的试点培育方向，鼓励企业结合互联网、云计算与添加型制造技术进行商业模式创新。其次，搭建平台，协同研发机构、企业建立示范中心，选择添加型制造技术发展具备基础的航空航天、生物制造等重点领域，加快自主创新技术的研究、开发、示范、转移和推广，并建立健全添加型制造的国家标准，鼓励企业参与行业标准制定。

第二，利用电子商务体推动传统制造业改造和添加型制造发展。电子商务经济体就如同一个海棉球，其体量的膨胀使其他产业逐渐被网络化，被吸纳入电子商务经济体。依照电子商务经济体的发展进程来看，一部分制造业将很有可能很快被网络化，被吸纳入电子商务经济体，参与到高度纵向分工的实时协同价值网中。

电子商务是连接消费者和制造业的桥梁，可推动制造业以全新的商业模式参与到以信息驱动的高度分工的经济体系中，并推动中国制造业生产方式的转变。在传统工业经济时代衍生出的是大规模、流水线、标准化、成本导向的 B2C（企业对消费者）运作模式，所有环节都是厂家驱动和主导；而 C2B（消费者对企业）则是消费者驱动，以消费者需求为起点，在商业链条上一个一个环节地进行波浪式、倒逼式的传导。以消费者为中心驱动整个商业活动的 C2B 模式的支撑体系主要是个性化营销、柔性化生产和社会化供应链，将是未来商业模式的主要代表。

随着电子商务和互联网让供应链各环节渐次实现了"互联网化"，C2B 模式由此具有了越来越坚实的支撑，其主要特征也已经显现出来：一是消费者驱动的工业时代的商业模式是广义上的 B2C 模式——以厂商为中心，而信息时代的商业模式则是 C2B——以消费者为中心。二是以定制（消费者参与）等方式创造独特价值：定制意味着消费者不同程度、不同环节上的参与，这在供过于求的时代将创造独特的体验价值。三是网络化的大规模协作：过去二三十年发展起来的线性供应链，今天必须要能够实现大规模、实时化、社会化的网状协作。四是基于互联网和云计算平台：类似于工业时代的公用电厂，云计算中心是信息时代最具代表性的商业基础设施。

制造业融入电子商务经济体的主要作用，一是有助于制造业企业提升产业价值。电子商务将"垂直分工"的经济结构改造成信息社会的分布式的"实时协同价值网"。企业之间的协作也从线性的控制型的供应链逐步转化为实时协同的商业价值网。这些都使得小企业在实时协同的价值网中能有更多企业之间协作的机会，提升自己的产业价值。二是通过提升消费者和企业的沟通效率，尽量做到以销定产、实现零库存，提升企业运营效率。在信息社会中，信息流动的范围扩大，解决了不对称问题，使得供求信息更加匹配。在电子商务中，生产者和消费者之间的沟通效率可以变得实时而有效，使得生产更贴近消费者需求，有时让消费者直接参与到企业的营销、设计或生产环节中。三是有望帮助中国制造业重新加入"添加型制造"的全球网络。"添加型制造"随着大规模采用新材料、全新生产工艺、易操作的机器人，以及在线制造协作服务，使得制造业小批量生产变得更加划算，生产组织更加灵活，劳动投入更少。由于直接从事制造行业的人数减少，劳动力成本在整个生产成本中的比例也将随之下降，这将鼓励制造商将一部分制造行业迁回发达国家。制造业融入电子商务经济体对制造业加入数字化制造无疑起到非常重要的作用。我们需要从内需市场提升产业价值，推进柔性化生产，提升企业运营效率，以应对全球数字化制造业的威胁。

第三，出台政策、创新机制与培养人才。由于添加型制造要求个性化、快速性和分散性等特点，这必将导致决策是分散性的，需要政府转变角色，创新制度与机制。需要不断地在相关领域推动改革，从制度上保证参与添加型制造所需的宽松发展环境。2013年出台的《国务院关于促进信息消费扩大内需的若干意见》和《"宽带中国"战略与实施方案》等政策，将促进宽带网络建设，并推动电子商务等信息消费的高速发展，这在政策层面营造了良好的外部环境。除此之外，通过教育改革培养人才，创新管理机制，改善创业环境，提升创新能力。

第二节　大数据发展的战略思考

一、迎接大数据时代

一个基于云计算、大数据开发、各专业门类应用的倒金字塔型的巨大产业链正在形成，一个新的推动世界经济发展的科技革命正在诞生。美国由总统科学技术顾问委员会、能源部、国防部、参议院和数十所大学的著名教授酝酿，在2012年4月发出"大数据开发计划（Big data research and development intiative）"，很快在国际上掀起了新一轮信息革命的热潮。

从工业社会向信息社会发展伴随着信息通信技术的进步，从 IBM 的第一台电脑诞生，到移动通信、互联网，再到今天的大数据应用。每天随着越来越多的信息被收集和存储起来，大数据正呈爆炸式增长。据 MGI 估计，2010年全球的企业在磁盘上存储了超过7EB(艾可萨字节)的新数据，而消费者则在个人电脑和笔记本（以及移动设备）等设备上存储了超过6EB 的新数据。数据调查公司国际数据集团（IDC）估计2011年的数据总量达到1.8万亿 GB，对这些海量数据的分析已成为一个重要且紧迫的需求。

今天，人类已经拥有三种信息技术力量：无所不在的数据和计算，无处不在的网络和大规模分布式的存储和运算能力（云计算）。云计算、移动互联网、物联网几种力量一道，为我们打开了新一轮技术革命的大门。作为信息通信技术新一轮浪潮的代表，云计算使得计算资源像水、电一样便宜，唾手可得。云计算强大的存储、计算平台，推动了终端的智能和简单化，并带动软硬件设计的革命，如以苹果、谷歌为代表的智能手机、可穿戴设备、3D 打印以及开源软硬件的发展。云计算、移动互联网和物联网的结合，让每个人、每辆车甚至每个建筑都成为信息感知和接收的终端，带动了一个可感知、反馈、分析和预判的"大数据时代"的到来。在这个以 PB（1PB=1,024TB）为单位的非结构化数据为主的大数据时代，使用云计算对这种非结构化数据进行适时分析、挖掘，可以让我们的决策更加精准，释放出数据的隐藏价值。

麦肯锡的分析指出，大数据的应用已经涵盖了各行各业，并且数据规模增长也非常迅速，其中通信与互联网、科技开发、流通领域、银行、证券投资、咨询服务、房地产等行业对大数据技术的应用越来越广泛。这些大数据处理技术将对垄断行业发展带来冲击，直接推动数据挖掘与应用产业的快速崛起，以及相关产业升级。

美国政府的大数据开发计划涉及社会和经济的各个层面，是一个推动美国继续在高技术领域领先的战略计划，并且大数据计划正在通过美国向全球扩展开来。一场新的投资热点和经济发展浪潮正在形成，一个新的数据时代正在到来。

二、大数据开发给社会经济发展带来重要影响

随着互联网技术的不断发展，数据本身已经成为重要的信息资产。IBM 的首席执行官罗睿兰说："数据将是下一个大的自然资源，将会区分每个行业的胜者与输家。"大数据蕴含的商业价值不可估量，越来越多的企业已经意识到，大数据分析是企业在未来发展过程中必须面对的，企业能够从这些新数据中获取新的洞察力，并将它与已知业务各个细节相融合。

大数据让人类对自己，也让人类对外部世界的认识更加全面，决策上更加科学。通过大数据不但可以更好地了解每个人的爱好、特长、信用等情况，还可以获知社会整体的供给、需求、舆情等信息，帮助我们实现更好的计划和管理，

创造出更加符合需求的、定制化的产品,为众多的传统行业和部门带来颠覆性创新的机会。正如工业革命的开始,是以蒸汽机、运输系统和大规模制造为代表,新经济、商业模式都是几种技术相互影响和推动的结果。今天,移动互联网、物联网和云计算、大数据一道,共同开启一个新时代的到来。数据挖掘不仅会成为公司竞争力的来源,也将成为国家竞争力的一部分。

在即将到来的大数据时代,与之相关的产业链也将发生革命性的改变。而大数据时代开启的不仅是原有产业体系新的服务模式,而且还将促使多个交融产业形成。

三、大数据催生大批分析公司为印度 IT 业迎来新生

随着云计算和开源软件项目的出现,存储和处理海量数据的成本急剧下滑,"大数据"的发展趋势不仅给发展陷入停滞的印度 IT 行业重新注入活力,也催生了大量以此为生的企业。

在美国百货商店购物,监管摄像头可能会监视着你的一举一动,而且并不因为你可能是扒手才这样做。几分钟以后,你走过的过道、你挑选和放下的产品、你购买的东西以及捕捉你表情瞬间的视频将会被发送至印度班加罗尔的一家数据分析公司。他们可以对这些数据进行分析,以确定消费者购买商品的倾向性及他们的意图、满意度和情绪等。

存储、解密和分析非结构化数据(即视频、脸谱更新、推特消息、互联网搜索和公共摄像头等)以及海量信息和数字的业务,有助于企业提高利润、削减成本、改善服务质量,现已成为全球最热门的行业之一。虽然部分大数据分析工作在美国进行,但印度在这一市场的影响力日渐增强,重新给增长开始放缓的印度 IT 行业注入动力。随着数据存储与处理业务的成本急剧下滑,印度有数百家小型数据分析公司涉足这一行业,试图从中分得一杯羹。

由于印度企业向大数据行业的转型,帮助其主导了业务流程外包行业。印度在大数据领域的成败将取决于其数量庞大的 IT 工程师,以及 IT 行业在过去 15 年

作为世界最大外包目的地所积累的丰富经验。大数据分析领域与人才资源的关系更加密切，具有丰富的商业头脑、分析技能和技术才能的优秀统计人员的身价并不便宜，即便是在印度。印度的人才储备将拥有广阔的市场，随着大数据时代的到来，全球范围内的数据分析师专家都供不应求。但是，印度企业在服务行业的专长将有助于其获得竞争优势。

印度是一个服务型国家，围绕互联网打造了外包型行业。印度全国软件与服务企业协会（简称"Nasscom"）2012年预计，印度大数据行业规模在三年内将达到12亿美元，是2012年规模的六倍，同时还是全球大数据行业平均增长速度的两倍。全球大数据行业的规模预计将在2012到2015年内从82.5亿美元增至250亿美元。由于成本、技能、语言和学习能力等原因，印度在大数据行业具有非常强大的优势。印度充分利用自己具备的独特优势，专注于在这个领域打造属于自己的空间。这些优势首先是人才，其次是以更低成本实现强大的流程驱动型交付的能力。目前，不仅印度小公司纷纷涉足大数据市场"淘金"，而且就连印孚瑟斯技术有限公司（Infosys）和Wipro这样的外包行业巨头也开始进军大数据市场，只不过小企业在这种竞争中具有更大的优势。

四、大数据发展与中国增长方式的转变

古埃及、古印度、巴比伦和中国在农业革命中兴盛；在工业革命中英国依靠蒸汽机和纺织工业而迅速崛起；而美国则是在汽车、航空和计算机行业建立了超级大国的地位。当前以信息化为特征的新产业革命正在全球兴起，这给中国提供了新的历史契机，我们必须抓住。

中国经济已经面临历史上数度出现的"增长陷阱"。改革开放后，中国对经济结构进行了调整，但也仅仅限于改善农业、轻工业和服务业之间严重失调的比例关系。"九五"时期，提出了实行增长方式的根本转变，1998年开始实施"科教兴国"战略，但都流于形式和局部。2002年提出新型工业化战略，经济结构有所改善，高新技术产业也得到了较快发展，但是，仍然没有真正从根本上改变传

统工业化依靠资源和资本高投入的增长模式，找到通过提高效率来实现有效的可持续增长的办法。

正因为如此，2003年后，伴随着市场的强大需求和地方政府巨大的投资冲动，钢铁、建材、房地产等行业出现了20多年来的罕见高增长，进而推动了整个经济的高速前进。中国经济发展的重型化趋向越发明显，各省市更加倾向于从轻工业向重工业转型的愿望和趋势。片面追求经济结构重型化的倾向，给中国经济带来一系列不容忽视的问题：不能按照比较优势原理扬长避短地配置资源，造成国民经济整体效率低下；放松了技术创新和提高效率的努力；抑制了对提高国民经济整体效率关系重大的服务业的发展；造成水、土、煤、电、油、运等基本资源的高度紧张；环境污染；增加了解决就业的难度。事实上，进入20世纪后，先行工业化国家经济增长的主要源泉已发生显著变化，其实质：一是依靠科学技术进步及广泛应用；二是依靠现代服务业的迅速发展；三是信息化的全面推进。中国也需要从这三者中找到持续增加的驱动力。

五、大数据发展的战略思考

今天，传统工业经济增长模式已经达到极限，它面临日异严峻的能源、原材料消耗，以及环境等诸多问题。在历次技术革命中，中国均是学习者，这一轮信息技术和大数据革命，由于技术的全球化和开放性，以及中国改革开放以来，尤其是在互联网时代的积累，让我们不但第一次和西方站在同一起跑线上，还拥有一些独特的优势，在很多方面甚至具备了创新和超越的可能。

工业经济的基础设施是铁路、公路、航空，以及水、电等，在信息时代，云计算和网络、大数据结合成为新经济的基础设施。现实需求和技术的双重推动，会让越来越多的政府机构、企业和个人意识到数据是巨大的经济资产，像货币或黄金一样，它将带来全新的创业方向、商业模式和投资机会。

今天，中国要解决由大规模数据引起的问题，探索以大数据为基础的解决方案，实现产业升级，同时完成工业化、信息化和城镇化三大任务，我们面对的最大的挑战：一是企业和创业者们有没有足够的勇气和想象力，去开创这样一个时代的到来，创造出新的商业模式；二是在此过程中，也需要政府出面，从政策、产业支持和法律方面，扫清"大数据"发展的障碍。

第一，要解决数据的"流动性"和"可获取性"问题。美国政府创建了Data.gov网站公开数据，英国、印度也有"数据公开"运动。如同工业革命要开放物质的交易、流通一样。开放的、流通的数据是时代的要求。中国要赶上这样一场大数据变革，首先要从政府开始开放数据，让社会享受公开数据的好处，同时也可以提升政府的办公效率。

第二，通过数据立法，对"隐私权"、"所有权"等敏感信息通过法律形式加以保护。如何将数据更好地分类、分享和使用，需要政府、企业、社会共同努力。大数据带来的好处远远大于问题，隐私问题不会成为大数据发展的障碍，但大数据发展中涉及的"隐私权"、"所有权"需要国家立法来规范。

第三，从国家战略层次，解决数据标准和数据所有权的问题。在国际上，它将成为重大的国际战略问题。国际数据资产将关系到未来的国家经济、政治和发展战略。中国要占领国际数据资产制高点，应该发挥大国优势，率先发起并引领国际数据标准的制定。比如，提出并倡导"数据主权"、《国际数据公约》，来规范世界各国数据获取、使用和所有权这些重大问题；政府启动并设立国家级"数据银行"，对数据资产的交易和流通进行保护。

第四，政府部门成为大数据的实践者。为更好地提升服务能力，树立更加开放、透明、负责、高效的政府形象，应创造条件，鼓励大数据在政府部门和公共事务中，尤其是关系国计民生的关键行业中率先使用。

第三节 我国车联网产业发展白皮书

随着"十二五"规划启动,我国国民经济和社会进入了新的发展阶段。同时随着我国工业化和城市化进程不断加快,道路、交通和物流在国民经济和社会的发展中占有越来越重要的地位。采用信息化技术和科学的治理结构,对强化交通安全、优化交通管理、提高道路利用水平、推动绿色交通、优化传统产业结构、推动传统产业转型升级和发展新一代信息技术等新兴产业具有十分重要的意义。

传统意义上而言,车联网是汽车物联网的简称,是一种汽车信息服务(Telematics),是电信(Telecommunication)与信息学(Informatics)的有机结合,并以汽车为载体开展服务,注重将人—车—路进行结合。从技术实现和系统的功能结构框架角度来理解,车联网由通用车载网关及车联网业务平台构成。它涉及众多传统产业,并通过使用最先进的通信和控制技术、信息共享和协同平台机制,使得车联网技术参与传统产业生产,实现传统产业从单纯产品制造向产品和服务融合创新的转型。同时车联网聚焦各传统产业汇聚点,关注群体需求,面向知识。从宏观上来说,它能够从根本上推动产业结构转型,实现产品和服务的融合、提升产业创新能力并实现可持续发展,正是信息化融合工业化的起步点。从微观层面讲,它将极大地改变与汽车相关的人的生活方式,并会随着技术和社会的发展不断融合、推进、深入。

一、车联网产业发展背景与现状

1. 汽车保有量及产销量增长迅速

宏观经济的增长对汽车拥有量具有较大影响。1983年世界银行对汽车拥有水平与收入状况的关系进行了统计分析，得出二者呈正相关关系。发达国家国民经济发展与汽车需求的相关系数高达0.97—0.99。我国现阶段已经进入中等收入水平国家行列，收入与汽车需求的相关系数较高。根据国家信息中心的调查数据，随着家庭收入的增加，家庭保有乘用车的比率升高；并且随着我国GDP的持续高增长，我国乘用车从奢侈品时代开始慢慢步入大众消费时代，至2009年月销量突破了百万辆。在整体经济较为不景气的大环境下，受到刺激性政策推动，我国汽车市场自2009年呈现了一轮爆发式增长。

2012年，我国汽车产销量分别达到1,927.18万辆和1,930.64万辆，同比分别增长4.6%和4.3%，较上年同期分别提高3.8个百分点和1.9个百分点，整体增速较为平稳，产销量连续四年为世界第一，汽车产业总体进入平稳发展阶段。而就保有量而言，2012年，我国民用汽车拥有量达到12,089万辆，私人汽车拥有量达到9,309万辆，总体市场不断扩大。就2011年世界主要国家汽车产量而言，我国产量大幅领先其他各国。

现阶段而言，我国具备车联网相关功能的汽车数量较少，车联网前装市场主要依

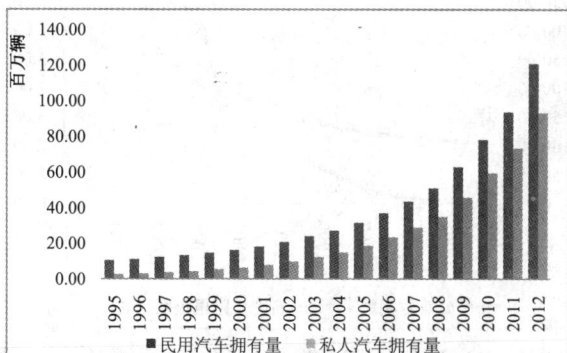

图 9—1　中国 1995—2012 年民用汽车拥有量及私人汽车拥有量（单位：百万）
数据来源：国家统计局。

赖于新车产销量，总体民用汽车拥有量则决定了后装市场规模。总体而言，快速增长的汽车产销量和基数巨大的民用汽车拥有量是我国车联网潜在巨大市场容量的基础。

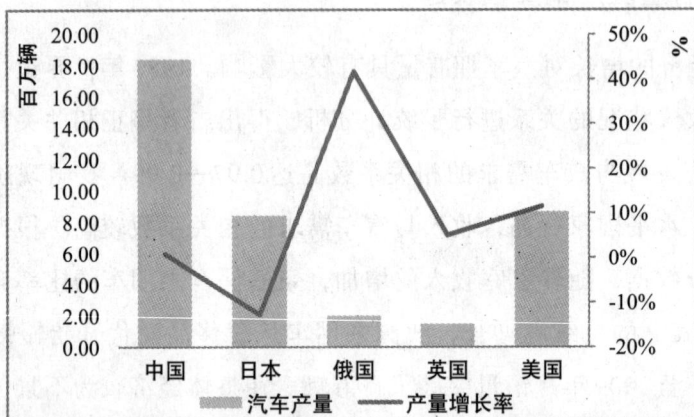

图9—2 2011年各国汽车产量及增长率（单位：百万辆/%）

数据来源：国家统计局。

2. 道路交通安全现状

我国2012年统计公报显示，全国公路里程数达到410.64万公里，较1991年底增长294.43%，年均增长7.1%，而高速公路里程数达到8.49万公里，20年间年均增长率达到28.10%。

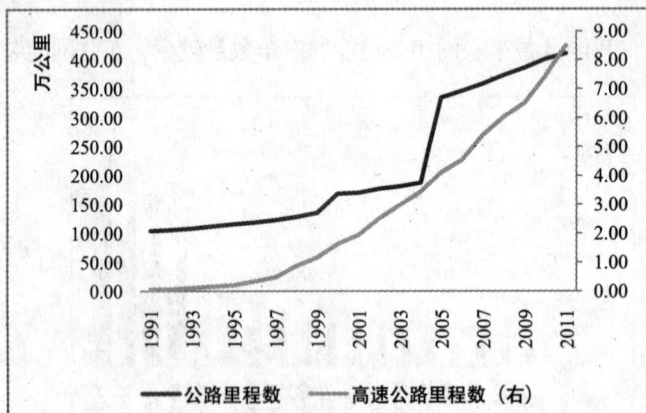

图9—3 1991-2011年我国公路里程及高速公路里程数（单位：万公里）

数据来源：国家统计局2012年统计公报。

随着公路及高速路里程的不断增长，客货运输也呈现大幅增长态势。截至2011年年底，我国公路旅客周转量达到16,760.2百亿人公里，较1991年底增长483.63%，年均增长率达到9.22%，货运周转量达到51,374.7百亿吨公里，20年间年均增长率达到8.89%。

里程及运输量的增长一方面极大便利了人民群众的生产生活，推动我国经济持续增长，但另一方面，交通运输量的迅速增长，也给我国道路交通安全状况带来了极大压力，对于相关部门的管理工作带来极大挑战。

自1987年起，我国道路交通死亡人数一直高居世界各国第一位。公安部道路交通事故统计年报数据显示：2011年全国涉及人员伤亡的道路交通事故210,812（超过20万）起，共造成62,387（超过6万）人死亡。自20世纪80年代起，我国内地年均交通事故超过30万起。超速行驶、酒后驾驶、疲劳驾驶是交通事故的主因，其中超速行驶事故死亡人数占全部死亡人数的14.2%。尽管近年来道路交通安全形势较前平稳，但仍不容乐观，重特大交通事故仍然频繁发生。

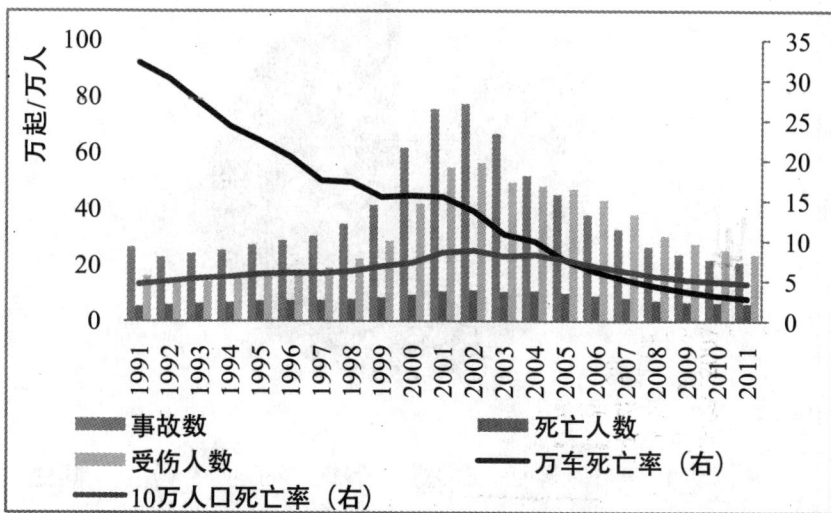

图9—4　1991-2011年我国道路交通事故统计数据（单位：万起/万人）

数据来源：国家统计局2012年统计公报。

总体而言，通过新的技术手段，针对新车安装相关设备保障群众安全不仅是社会现实需要，也符合党中央安全发展的理念，符合人民群众的根本利益和需求。

3. 交通拥堵、环境污染及能源安全问题凸显

就现阶段情况而言，巨大的汽车拥有量以及庞大的交通运输量不仅对道路交通安全带来巨大压力，加剧了道路交通拥堵压力，给经济带来较大损失，同时环境污染及能源安全问题凸显。

数据显示，自2013年年初，北京、上海 PM2.5（空气动力学当量直径小于等于2.5微米的颗粒物，也称细颗粒物）指数连连爆表，多数城市雾霾笼罩。北京地区 PM2.5 来源中25%为机动车排放。监测表明，我国城市空气开始呈现出煤烟和机动车尾气复合污染的特点，直接影响群众健康。2011年，全国机动车排放污染物4,607.9万吨，较2010年增加3.5%。汽车是机动车污染物总量的主要贡献者。

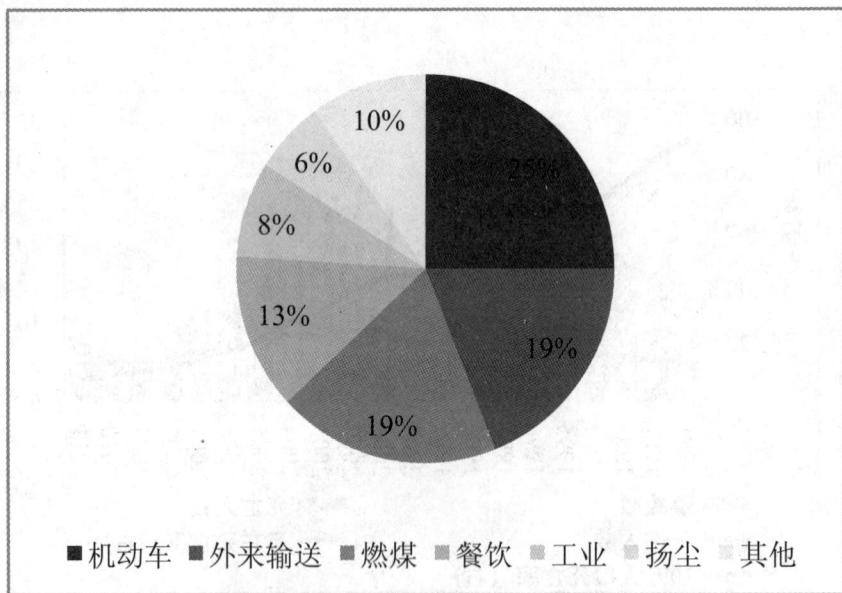

图 9—5　2013 年北京市公安局及交管局预算结构（单位：亿元）

数据来源：中科院大气物理研究所"大气灰霾追因与控制"专项组报告。

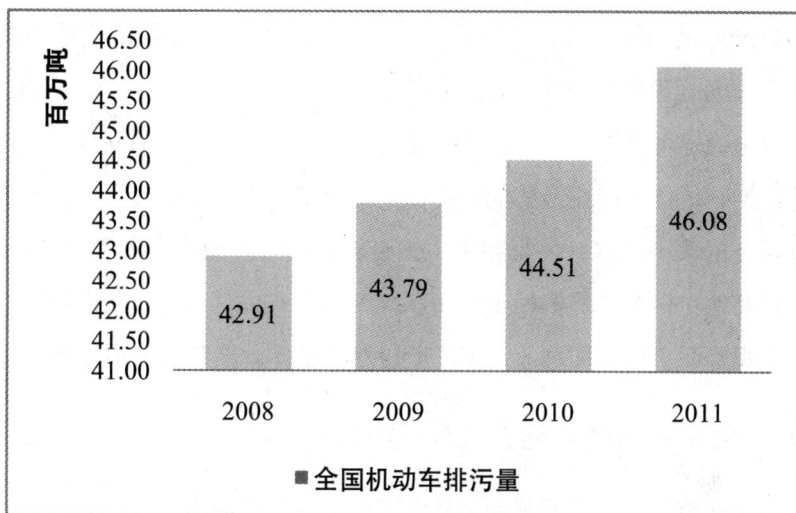

图 9—6　2008—2011 年全国机动车排污量（单位：百万吨）
数据来源：2012 年中国机动车污染防治年报。

总体而言，无论从解决道路交通安全，保障人民群众生命财产安全的角度，还是从解决拥堵，提升道路交通效率、提升环境质量的角度出发，利用新的技术手段来解决问题至关重要。针对车辆设计及新车出厂制定环保、能耗及相关车联网功能标准必不可少，而采用车联网相关技术手段对于解决这一系列的相关问题有较大积极影响。

二、国内外车联网产业链发展现状

现阶段纵观全球车联网产业发展态势，产业格局在不断变化中形成了五大自成系统的车联网产业垂直链条。

1. 以政府等公共机构为主导的车联网产业链（政府主导）

这条产业链中，政府推导力量大，其服务侧重于政府管理部门对车辆监控和公共管理的需求，服务提供商的收入来源依赖于政府部门，缺乏独立发展的动力和良性的商业模式。由于政府部门"重管制，轻服务"，导致产业链发育不健全，片面强调交通管理手段的智能化，忽视了交通信息的服务功能。

2. 以商业车辆运营管理机构为主导的车联网产业链（商业车队主导）

本条产业链相对而言是车联网产业环境最为成熟、商业模式最为清晰的链条。商业车辆管理机构作为车联网服务的提供者和运营者，控制价值来源渠道，形成了较为稳定可预期的商业模式，使得其具备了集成服务和划分产业价值的权力，从而拥有了整合产业链的能力。由于商用车辆管理服务提供商位于用户接入车联网服务的第一入口，使得相关主体必须通过它才能向车联网用户提供服务，从而使得其他主体关系均依赖于商用车辆管理服务提供商。本条产业链主要受益群体为微观层面主体，即企业，本产业链对于整体公共利益并不关注。

3. 以车厂为主导的产业链（汽车厂商主导）

本条产业链是车厂以改善制造环节与增加品牌影响力、保持竞争优势为目的主导的，其自身的推动力很强。目标市场主要定位在整车出售的前装市场。车厂注重把控车载终端和数据中心两大核心关键环节，在前装市场以捆绑方式推广服务。车厂控制车联网服务收入来源，在产业链整合中处于完全主导地位，产业链主体关系由车厂决定。产业链基本趋向于封闭模式的垂直一体化。

4. 以车载信息服务商为主导的产业链（车载信息服务商主导）

该产业链蕴含主体众多。由于产业链开放竞争，面向用户提供服务，发展速度快，驱动力较为强劲。产业链面向后装市场，以获得车载终端销售收入或信息服务费用为目的。该产业链关键在于形成以主导者为核心的信息资源共享池和总体服务的战略合作伙伴，响应用户个性化需求。发展过程中要求主导者为产业链相关主体提供稳定的收入来源或附加价值，以获取产业链相关主体提供的资源和服务。现阶段该商业模式尚不成熟，各主体的优势地位均不稳固，重塑的产业链间主体关系难以稳固。

5. 以保险公司为主导的产业链

该产业链在近年来兴起，它区别于传统保险行业的风险定价模式，通过技术手段识别新的、实时的风险代理因素，使得风险真实化、透明化，并将识别的新的风险代理因素带入保险行业定价模型，通过改变传统保险定价模型来更好地管理保险行业的承保以及理赔风险。它通过驾驶行为反馈与改进降低驾驶者风险，在事故发生后可以提供在线理赔、救援实施、事故勘察等服务，管理保险公司的理赔风险。该产业链的商业模式为通过降低事故发生率、提供差异化产品以及增值服务获得收益，并支付给产业链其他主体网络服务费、车联网内容服务费或其他服务费。

表9—1　现阶段全球主要车联网产业链条比较

类型	政府主导	商业车队主导	汽车厂商主导	车载信息服务商主导	保险公司主导
产业受益者	终端开发商 解决方案提供商 系统集成商 应用服务平台 运营商	车联网服务提供商 车载终端开发服务软件开发商 服务和应用开发商	车厂 品牌汽车电子产品供应链 品牌销售服务链 TSP（车联网信息服务提供商） 内容提供商	车载终端厂商 网络服务提供商 内容提供商 广告商	车载终端厂商 服务运营商 数据分析服务提供商 信息平台运营商
产品类型	专用车载、道路终端	车载终端和车队管理服务	整车产品	车载终端和消费服务	车载终端和保险服务
市场定位	前装和后装	商业车队前装或后装	新车前装	后装	后装
服务对象	交通管理 道路管理 车辆/驾驶人管理 公安管理	商业车队 商业车辆、配载 商业车辆驾驶人	乘用车驾驶人	乘用车驾驶人/乘客	车辆拥有者 车辆运营者 车辆驾驶人
功能特点产业诉求	公共事务管理 交通安全和效率 资源有效配置 绿色节能	商业运输管理的安全、效率	驾驶人和乘客的用车体验	驾驶人和乘客的信息服务体验	通过数据分析制定保险政策 通过保险政策激励安全形势 通过强化安全提高盈利水平
体系结构	产品垂直/地域性封闭 应用垂直/地域性封闭 专用和公共通信网络 公用/专用网络计算平台	产品垂直封闭服务结构开放 公共通信和共享网络计算平台	产品和服务垂直封闭 混合通信和共享网络计算平台	产品垂直封闭服务和内容聚合服务封闭 公共通信和互联网平台	产品垂直封闭数据分析服务外包封闭 公共通信和共享网络计算平台

（续表）

类型	政府主导	商业车队主导	汽车厂商主导	车载信息服务商主导	保险公司主导
产业变化	人车路多种模式联网	通信平台和计算平台领域延伸	从OEM（原始设备制造商，即"原厂委托制造"或"代工"）转向网络服务	功能从导航走向娱乐信息服务	从风险管理工具到风险管理服务
市场挑战	商业模式互联复杂性	通用物联网平台的复杂性	高端性能为少数高端车服务从OEM转向服务产业不连续	功能受限驾驶分心	保险公司经营模式创新
市场推动的难点	无利益主体企业缺乏积极性车辆个体与封闭系统矛盾	企业解决方案的差异性推动市场竞争力的努力	渗透率上升缓慢汽车产品的研发周期国际品牌产业链的跟随速度	市场同质竞争激烈	保险公司的积极参与个人隐私信息保护
发展模式	普及速度依赖政府投资力度产业链主要价值来源为设备价值公共服务部门受益	聚焦车队管理，普及范围有限产业链主要价值来源为设备价值、车联网业务服务价值以及系统构建、数据管理价值	普及速度较快，针对乘用车产业链主要价值来源为设备价值、车联网业务服务价值以及汽车销量收入	普及速度较快，产业链主要价值来源为车联网业务服务价值及系统构建、数据管理价值	普及速度较快，全球范围内广泛开展，产业链主要价值来源为设备价值、车联网业务服务价值及系统构建、数据管理价值，未来目标为建立知识库、提供决策支持及商业优化

三、我国车联网产业发展对于相关产业的影响

车联网发展涉及产业众多，是汽车工业与信息业深度融合的典型代表，而随着车联网产业的发展，相关传统产业的生产经营模式将发生改变，对于整体产业链条各方产生极大影响。

1. 对汽车制造业的影响

车联网首先改变了用户需求，使得用户需求从过去的单一关注车辆硬件条件变为关注车辆内可提供的多元信息，同时它把以车辆为中心的发展模式变为以驾驶者为中心的模式，关注整体的旅程，从驾驶者的生命周期中获取价值。其次，在业务产品供给的层面，车联网带来完善的车载系统并以此提升汽车信息化水平及相关服务质量。再次，在产业组织形式的层面，汽车厂商和产业链其他主体合作并拉长整体链条，提升汽车产品价值，带动汽车产业整体升级并推进两化（工业化和信息化）融合进程，促进经济结构转型升级。总体而言，车联网功能的实现和相关应用极大地提升了汽车品牌价值定位，为汽车产业寻找新的价值增长点和创新点提供了良好机遇。同时车联网的进一步发展将推动基于网络的智能汽车的出现，这将彻底改变汽车产品与产业组织形态，为扭转我国汽车产业创新中的不利局面带来重大机遇。

2. 对汽车服务业的影响

车联网产业的推进不仅对汽车制造业带来颠覆式影响，也深刻影响了汽车服务业。传统模式中，4S 店［以"四位一体"为核心的汽车特许经营模式，包括整车销售（Sale）、零配件（Spare part）、售后服务（Service）、信息反馈（Survey）等］的主要利益点在于车辆销量。它对于驾驶者的全生命周期价值获取较少，用户关系管理维护效果不明显。车联网功能的实现将使得 4S 店与保险公司、车厂及车联网服务提供商形成新的契约关系，通过提供在线诊断功能以及汽车自身的规则杠杆，实时监测车辆状况，引导驾驶者及时回到 4S 店进行车辆保养。车联网功能的实现以及构建新型的主体关系将扭转传统汽车服务业客户关系管理维护的模式。

3. 对金融保险业的影响

从安全意义上来看，保险行业是车联网的最大受益者。车联网为保险行业提供更详细精准的车辆和驾驶员行为数据，使得保险公司的风险管理精准化，同时根据不同驾驶行为、风险等数据设计差异化的保险方案。精准定价及服务差异化将降低保险行业成本，改变保险行业价值链条，同时保险业通过确定风险，进行驾驶行为改进，形成安全价值实现的闭环，创造新的保险车联网商业模式。而就现阶段世界新趋势而言，前进保险公司（Progressive Insurance）推出了全球第一个保险车联网业务——UBI（usage based insurance，基于使用的保险）业务，至2012年年末已经有超过180万用户，2011年全年收入达10亿美元，未来保险公司在车联网行业中的力量不容小觑。

4、对交通运输及交通管理的影响

就交通行业而言，主要有运输需求及整体城市及城际交通管理需求。参与各主体的共同诉求是安全、效率出行及智能服务的紧密结合、城市管理与车队优化调度的能力建设。在交通运输中主要强调货物安全以及对长途运输压力的承载力，这主要由交通部进行管理。而在城市及城际交通管理中，主要强调安全，即交通事故的管理以及交通相关基础设施的建设、管理及维护，这主要由公安交通部门来进行管理。车联网的出现，将关注点集中在车辆安全及服务。车联网将推动交通产业结构的变动，体现在一是推动管理部门（交通、警务、城管等）走向监管手段的融合；二是基于众多监管手段将出现相应的应用开发厂商；三是网络运营商将负责相应网络的维护和优化；四是不同主体将进行深度合作。

5. 对电信运营商的影响

电信运营商将凭借移动终端优势、先进的网络及云计算平台在车联网产业发展中发挥重要作用。运营商在车联网的发展中将经历几个主要阶段。首先是管道阶段。这一阶段将为各个碎片化的车联网服务提供通信基础管道。其次是单一垂直车联网产业链的平台提供商提供基础网络能力，会出现用于各个分割的垂直市场的平台。再次是多产业链聚合的平台提供商提供基础网络能力，运营商的用户量在此阶段将有一个迅速的增长，并通过平台提供多种工具来满足各个不同主体的各异需求。最后一个阶段是电信运营商成为产业链的总体整合者，在这一阶段中，运营商将实现细分的垂直优化。

四、我国车联网产业发展的主要问题

1. 产业体系尚未建立，产业总体尚处于起步阶段

车联网涉及产业面较广、门类较多，就现阶段产业发展水平而言，国内相关产业体系尚未成熟甚至建立，产业化水平较低，产业链不成熟，协同性差，尚未形成规模化的产业优势。总体来说，核心技术不成熟，标准体系正在建立，产业尚处于起步阶段。多种综合应用呈现出多行业和多应用领域的交叉与融合，产业内部自发合作难度较大，需要政府来整合与协调。

2. 立法不足与法律障碍问题并存，产业交叉，管理协调难度大

现有的法律法规主要针对传统产业结构，对于车联网的跨行业、跨地域、跨领域应用存在一定制度性障碍。而由于车联网自身的海量数据、行业交叉等新特点，也要求增加相关新的法律政策对车联网进行管理。而由于车联网涉及行业主体较多，因此涉及的管理主体也较多，在管理方面不仅存在部门之间的划分，还有各省市的界限，整个管理框架分割严重。车联网发展跨部门、跨地域、跨行业的特点使中央部委间、中央与地方之间、产业部门与行业应用部门之间、行业应用部门之间面临复杂的协调关系。

3. 产业链封闭孤立，创新业务的盈利模式难以建立

我国车联网发展尽管潜在需求巨大，但现实需求不足，目前的产业技术条件不足以将潜在需求转化为现实的规模需求。供给和需求适配的经济成本和时间成本很高，难以实现规模经济。现阶段封闭的车联网产业链业务平台缺少相关行业间的互动和交易机制及必要的技术手段，造成信息割据，共享程度较低，平台容易变成信息孤岛且行业间的交易流程复杂繁琐，导致业务和应用开发成本极高，业务的创新和开发速度缓慢。同时，用户对于个性化、差异化的需求无法满足，接受程度低，付费意愿低，市场规模无法扩大。小市场规模导致研发投入不足，最终导致业务盈利模式无法建立。

4. 核心技术水平相对落后，标准化工作缺乏有效的统筹协调

现阶段车联网核心技术和创新能力低，核心技术不强，研发生产环节集中在产业链低端且基础薄弱。标准体系尚需突破性进展，标识等关键资源面临国际竞争，尤其是车辆标识上的地址资源严重缺失。而多个标准化组织缺乏协商，推进多个孤立标准，这大大增加了产业发展和应用推广的成本，难以实现规模效应。

5. 长期的安全挑战

我国车联网发展的安全挑战来自两方面。一是其应用模式导致的全球普遍性安全问题，用户详细信息暴露在车联网上，随时随地被感知，安全和隐私将面临巨大威胁。二是长期以来，我国相关领域核心技术和关键装备受制于人，长此以往将导致车联网发展中自主权缺失，产业命脉信息可能被少数发达国家和跨国企业所掌控，不仅产业可持续发展受到影响，同时由于车联网对于整体汽车产业冲击巨大，其未来的发展可能对于整体工业经济产生影响，对于我国整体经济产生冲击。

五、对以安全为核心的车联网多方契约协同发展模式的探讨

针对现阶段车联网产业发展中存在的种种问题，提出一个较为清晰的产业发展模式尤为重要。本部分主要以安全为核心，探讨如何建立多方契约协同发展的车联网新型产业模式。

1. 安全需求的探讨及收益

按照马斯洛需求层次理论，由低到高排列，安全为第二层需求，消费者对于安全的需求是在满足了基本生理需求之后的基本需求，而其不同于生理需求的一点在于：生理需求为占有性需求，在有限资源下进行分配，属于零和博弈，而安全需求为非占有性需求，例如交通安全，在实现信息共享的前提之下，如果各个主体都遵守交通规则，都按照安全要求规范自身行为，则各主体都能够获得安全。以"安全"

及"效能"为目标的车联网是车联网产业发展阶段推进的表现，也是车联网发展的巨大价值所在。因此现阶段车联网的发展目标应当定位于满足安全、效率的要求。思科2011年针对车联网保险及交通管理的研究指出，仅就安全一项，车联网可以减少20%—35%的道路交通事故，5%—15%的救援费用，30%—80%的保险理赔费用和20%—30%的交通安全执法费用。同时车联网通过基于传感器的应用，采集大量基础数据并用于事件分析，这些针对现有数据进行的挖掘和知识学习将为预测和进行信息管理决策提供支持，最终通过整体商业模式的方式推进整体产业发展。

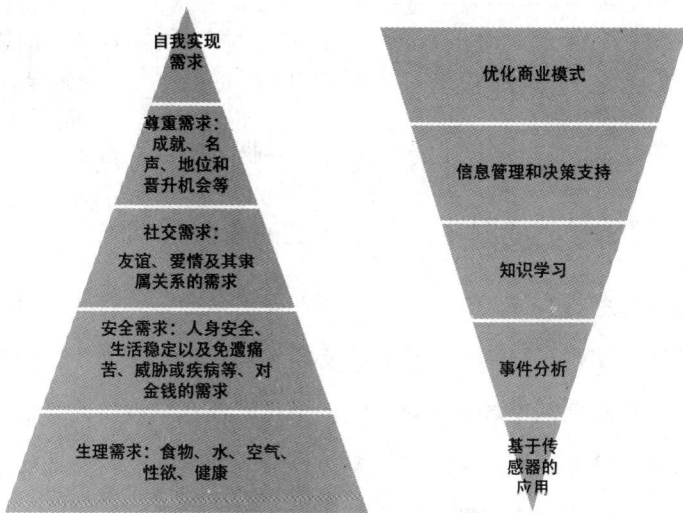

图 9—7　马斯洛需求层次理论及车联网数据价值体现

表9-2　车联网安全收益计算

行驶里程与驾驶行为	PAYD（Pay As You Drive）：基于行驶里程的保险业务	10%—30% 保费节约
	PHYD（Pay How You Drive）：基于驾驶行为的保险业务	
事故预防	车辆健康状况监控与车辆保养	20%—30% 事故减少
	驾驶者身体状况监控及注意力分散提醒	
	最安全路径引导	
	ADAS(高级驾驶员辅助系统）+V2V（车对车智能交通系统）+V2I（车与基础设施智能交通系统）：被动与主动矫正	

（续表）

及时救援	eCall（紧急呼叫）/CAN（控制器局域网总线技术）降低伤亡程度，挽救生命		5%—15% 节约
	汽车黑匣子传输事故数据、视频等驾驶者身体及器官状况传输，及时响应		
理赔管理	减少事故调查费用		30%—80% 节约
	骗保减少及预防（约减少80%）		
	被盗车辆追踪		
执法关联	根据速度计费		20%—30% 节约
	在线违法检测及通知		
	自动支付		
成本节约估算	成本基础	7,150亿美元	5,150亿美元 事故成本
			1,650亿美元 保险保费
			350亿美元 交通服务/执法费用

数据来源：思科 IBSG 互联网业务解决方案事业部2011年报告。

2、聚焦安全，打破封闭产业链，建立新型的多方契约关系

为建立车联网业务盈利模式，满足车联网产业链众多主体各异的目标利益并建立多边契约关系、实现车联网美好前景，必须聚焦安全，致力于打破各产业链条的封闭现状，改变车联网市场碎片化状况，通过构建车联网协同平台，实现跨产业的协同创新来推动车联网产业发展。整体产业的发展通过将交通安全、出行便利和提高能效价值化，建立车联网平台形成多方参与的协同契约关系对产业生态环境治理结构进行优化和创新，以实现车联网的可持续发展，并推动相关产业的转型这一目标。如图9—8所示，简单的三方与平台提供者构建的多方契约关系，在这一新型契约关系中，平台提供方将采集车辆状态和其他信息，针对驾驶行为和车况进行分析，对个人及车队管理者发送实时报告，对公安管理机构发送违法行为信息并支持在线执法，对交通管理机构发送路况信息并支持其发送交通信息，对保险公司发送交通事故报告以利于其定损理赔过程推进，也可以提供及时救援以及其他增值服务。公安交通执法部门作为平台参与方，主要通过获得车联网平台信息实现实时在线执法、在线救助和事故处理，从而有效提高执法效率并降低执法成本。保险公司则通过车联网数据信息对其风险进行精细化管理，提

供差异化的创新保险产品，提供在线定损和理赔服务，通过还原事故发生数据精确认定事故发生情况来甄别骗保行为同时认定事故责任损失，提供增值业务。就驾驶者而言，对于驾驶风险、驾驶行为及车辆状况的监测和告警能够有效增强驾驶安全，而在线求救、自动事故报告等可以有效降低伤亡及损失。在整个协同环境下，平台提供方及运营方将协调各主体关系，提供数据采集存储平台及相关信息服务，而其他各参与主体可以通过平台实现安全信息数据共享。

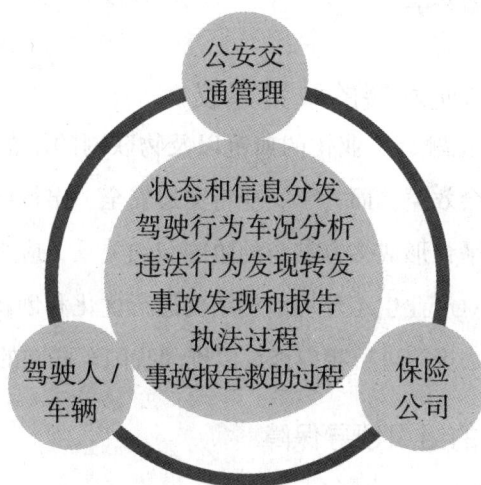

公安交通管理

状态和信息分发
驾驶行为车况分析
违法行为发现转发
事故发现和报告
执法过程
事故报告救助过程

驾驶人/车辆

保险公司

图 9—8 安全为核心的公安交通管理、保险公司、驾驶人三方车联网协同发展模式

而多方协同的新型契约关系的建立可以通过建立跨政府部门的协调机制来实现，在这里平台的参与各方的利益诉求交集变成了政府所需的公众的宏观利益；也可以通过平台所具有的流程生成手段，依照相关的显性的行业法规和制度安排，或者隐性的约定俗成的"规矩"，为车联网协调创新平台设计建立契约机制，这种方式成功的要素是平台的提供者和运营者必须具有不断收集人、车、路等相关数据的能力，这是生成流程的重要因素。

现阶段国际车联网发展模式当中已经出现新的发展趋势，即运营商通过连接车联网生态环境各方，搭建中间平台，开发共性基产品，整合市场，建立"微型垂直市场"应对车联网封闭且碎片化的特征，建立新型的车联网发展模式，打破传统的各个产业链条，为整体产业格局的形成提供一种新的参考模式。云计算平台的出现，为车联网产业形成跨行业的人、车、路等要素相关的基于云计算的数据采集、交换、处理、聚合和发布的产业生态环境提供了技术保障。多方协同的新型契约关系的建立，使得连接平台的参与各方的利益诉求交集得到满足。而在协同环境当中，运营商作为协同平台提供方及运营方，将实现协调各主体关系、提供数据采集存储分析平台及相关信息服务的功能，而其他各参与主体可以通过平台实现安全信息数据共享。

六、推动车联网产业发展的政策建议

车联网作为信息化融合工业化的典范以及物联网的示范工程，推动其发展有巨大的经济以及社会效益。而为了实现将交通安全、出行便利和提高能效价值化，以及通过车联网平台形成多方参与的协同契约关系，应当从制度层面打破传统产业的封闭局面，对产业生态环境治理结构进行优化和创新，通过建立新的规章制度及对现有法律法规等进行相应修订以推动我国车联网的可持续发展。

1. 建立车联网发展的组织领导保障

通过建立领导小组、日常协调办公室和专家组来推动车联网产业的发展，同时制定车联网产业的发展规划。明确发展线路图，统筹安排部署车联网关键技术研发、标准制定、网络设施布局、产业化及关键领域的应用示范、安全防范以及重要交通基础设施的智能升级联网等重大问题，协调车联网发展中的重大问题。

通过建立车联网研发产业化重大项目跨部门的联动协调协同机制（如车联网部际联席会议制度），实现车联网相关科研计划、重大专项、重大工程资源的有机互动和关联协调，实现在统一顶层规划下车联网项目、工程的相互呼应和相互配合，形成国家车联网研发及产业化体系的整体效应。

2. 建立车联网标准化顶层设计和协助机制

在车联网部际领导机制和国家现有标准化体系下，建立国家层面跨行业、跨领域的车联网标准化协作机制，实现产业标准化部门、行业应用部门、主要企业、科研机构间的标准化工作协调，统筹管理和协调车联网标准制定，加快共性标准化体系建设。引导产学研联合研制技术标准，促进标准与科研、开发、设计、制造、应用、服务相结合。

强化车联网国际标准参与机制，组织各方力量积极参与国际车联网架构、技术、资源和重点行业应用的标准制定，鼓励和推动我国技术标准成为国际标准，对构成国际和国家标准的核心专利予以奖励。建立车联网国际标准制定与国家标准化、行业标准化间的对接协调机制。

3. 出台和落实财税扶持政策

就财政政策而言，需要整合财政资源，统筹协调973计划、电子信息产业发展基金、国家863计划、发改委重大工程项目、物联网发展专项资金、相关部委研究计划年度预算等财政资金在支持车联网产业发展方面的资金规划，并根据车联网产业的发展阶段与速度，适当调整资金规模。对于关键技术研发给予重点支持，以无偿资助或贴息贷款的方式提供财政资金。

第四节 促进信息消费推动我国经济增长与生产方式转型

　　促进信息消费不仅是拉动经济增长的有效动力之一，更是促进产业结构优化、降低交易成本、节约能耗，促进经济转型和社会进步的有效途径。同时，通过信息内容与信息服务还可以提升国民幸福指数。因此，需要政府通过政策机制大力促进我国信息消费的发展。

一、我国信息消费的内涵及发展现状

　　信息消费是指信息产品或服务的中间消耗和最终使用。包括信息产品消费、信息服务消费以及信息消费间接带动的其他领域的消费三个大类。由于当今信息产业是消费活跃、应用活跃、创新活跃的领域，因此，信息消费的性质和范围也在不断变化。

　　信息产品消费主要包括手机、平板电脑、IPTV 终端、智能安防设备、物联网等各类网络化终端产品的消费。据咨询机构测算，我国智能移动终端产品保有量已经接近全世界的四分之一，移动电话用户占比将近五分之一，智能手机占比超全球平均水平。而且，随着行业的信息化发展、智能摄像终端、物联网终端等还将被更广泛地应用于城市管理和金融、交通、教育等领域，增长空间巨大。信息服务消费指通信网、互联网上承载的各类业务、内容或应用的服务消费。其中，信息内容和应用服务的范畴非常宽泛，包括即时通信、网络音视频、网络游戏、互联网金融等典型服务形态，市场潜力巨大，是当前和今后信息服务消费的基石。值得关注的是，3G宽带无线通信网络发展对推动信息服务消费发挥了巨大作用，不仅催生了移动互联网这一具有颠覆性的产业生态，同时，用户信息消费结构已经发生根本性变化，移动话音消费为主体将快速转向移动数据消费。目前，信息技术创新正在改变信息服务形态，随着云计算的商用和宽带基础设施的升级，通过互联网实现的计算、IT资源服务等云计算产品成本低廉，方便快捷，很多企业从购买IT设备或资源为主转向IT租用，信息服务消费的范围和空间进一步放大，为我国信息服务业的发展带来了更大的空间。信息消费间接带动的其他领域的消费是指其他行业利用信息技术或网络平台间接实现的消费，如电子商务、在线教育、信息惠民等，这些行业通过信息化应用，不仅拉动了信息通信业互联网数据和接入流量的增长，同时极大促进了零售业、物流业、医疗和教育等相关产业的发展与转型。

我们看到，随着网络技术的进步，信息产品已逐渐融入信息服务之中，形成"软件即服务，平台即服务，制造即服务，应用即服务"。因此，信息消费中比较重要的是信息服务消费。同时，由于信息通信技术作为一项通用技术，不仅带动自身产业的发展，而且，惠及全社会经济发展的各个领域，因此，它的间接带动性大于它本身的直接效应，经济与社会信息化的发展将最终推动经济转型与社会进步。

目前我国的信息消费处于高速发展时期。据工信部统计，2013年1月—6月全国信息消费规模达2.07万亿元，同比增长20.7%。其中：通信业务收入5,642.6亿元，同比增长8.9%；软件技术服务消费8,345.8亿元，同比增长24.5%；信息终端产品消费6,168亿元，同比增长28.7%。电子商务快速发展，累计交易额达49,800亿元，同比增长45.3%。

二、我国信息消费发展中存在的主要问题

我国信息消费发展中面临着网络基础设施薄弱与不均衡、信息服务消费水

平较低以及网络与信息安全形势并不乐观等问题。

1. 网络基础设施有待提升，需要重视信息消费的均衡性获取

高速宽带网络已日渐被认同为经济和社会发展重要的基础设施，它既为整个经济活动提供沟通和交易平台，也能通过对各行业的渗透而提高生产率。因此，促进国家宽带网络发展已经成为众多国家网络公共政策的聚焦点。从2002年开始，我国大力推动宽带发展，但与欧、美、日、韩相比目前差距仍然比较大，这在一定程度上影响信息服务消费与信息消费间接渗透性发展的速度与效率。不仅如此，我国信息消费所面临的最大问题是西部与农村地区的网络覆盖水平低，长期信息闭塞和教育落后加剧了这些区域的落后，迫切需要通过"宽带中国"战略的实施，明确财政补贴，推动网络覆盖与价格下降，促进信息消费的公平，实现信息消费的均衡发展。

2. 需要改进信息消费水平与结构，提升信息服务业水平

首先，我国人均信息消费的水平还比较低。据有关统计数据显示，美国、日本的人均信息消费支出分别为每年3,400美元和2,400美元，而我国仅为每年190美元；其次，我国的信息消费结构存在重娱乐性消费，轻生产性消费的倾向。根据中国互联网络信息中心（CNNIC）第32次调查报告的有关数据显示，2012年12月—2013年6月，除了即时通信和搜索引擎之外，我国网民对各类网络应用频率最高的分别是网络新闻、网络音乐、博客、网络视频、网络游戏和微博，都远远超过了50%，而电子邮件、电子政务、网络购物、网上支付等频率相对较少。从更广的层面看，我国服务业的发展水平与发达国家存在较大差距。2012年，我国服务业增加值占国内生产总值的44.6%，大大低于发达国家70%以上的份额，也低于同等收入水平的发展中国家10个百分点。

3. 网络与信息安全问题亟待重视

随着信息通信技术融合性与泛在性的延伸、宽带与互联网的广泛应用、信息

生产力的强大作用，以及开始向网络空间转移的国家利益，网络成为国家安全的重要组成部分。同时，随着网络个人信息的经济价值日益凸显，盗取、搜集、侵害网络个人信息的技术手段正日趋复杂，并且网络个人信息安全威胁的边际成本递减，所产生的边际效应将日益递增。不对互联网上的个人信息进行安全保护，将不可避免地株连数据资产，导致经济总量出现萎缩和衰退，并使互联网业务生态体系发生崩溃。

三、通过政策机制，促进信息消费发展

根据国务院常务会议的政策部署，要实现"十二五"后三年信息消费规模年均增长20%以上的目标，需要实施"宽带中国"战略以提升网络基础设施的支撑能力，使基于网络上的信息服务以及信息化获得更大的创新和发展空间；同时，为了保护网络与信息的安全需要加大立法与严加管制。

1. 实施"宽带中国"战略，提升基础网络支撑能力

在2013年7月李克强总理主持的国务院常务会议上提出要实施"宽带中国"战略，加快网络、通信基础设施的建设和升级。推进光纤入户，大幅度提高网速。提升3G网络覆盖面和服务质量，推动年内发放4G牌照。在已出台的"宽带中国"战略中提出到2015年我国将初步建成适应国民经济和社会发展需要的宽带、融合、安全、泛在的下一代国家信息基础设施，并着力推进中西部和农村宽带网络发展以及宽带网络优化升级的战略目标。即将发放的4G牌照将有效提升无线宽带的覆盖、速率与降低资费，使得信息服务消费的巨大潜力有望提前释放。这些政策措施将根本上解决我国网络覆盖与信息的非均衡性问题。

2. 大力发展移动互联网，促进信息产品与信息服务消费的发展

移动互联网是当今创新最活跃、渗透性最强、影响面最广的领域。它在生产生活各领域广泛渗透，在新兴消费领域呈现规模收益递增趋势，已成为扩大

内需、转变发展方式的重要引擎。因此，需要加快移动互联网应用向生产领域拓展，面向农村需求，发展价廉易用的适农智能终端和面向农民的移动互联网应用，并推进移动互联网在智能交通、远程教育、远程医疗等公共服务信息领域的应用。

3. 大力推进全社会的信息化水平

信息化对于改善经济运行和社会管理，提高政府行政能力，促进社会全面进步，具有重大推动作用。目前，我国信息化的发展正处于关键转折点，信息技术与新材料、新能源、智能控制技术的结合将从不同维度塑造智能制造、车联网、智慧城市等新的信息化发展模式。政府需要深入开展信息技术在公安交通、农业现代化、商业物流等重点行业的应用，加强对经济运行的监测、预测和预警，提升宏观决策服务能力；深化电子政务应用，加快跨部门信息共享和业务协同，整合提升政府公共服务和管理能力；加强信息资源开发利用，优先部署基础信息资源建设，推动地理、人口、金融、税收、统计以及城市管理等基础信息资源建设和应用，进一步加快教育、医疗卫生、社会保障等民生领域的信息化进程。

4. 构建安全可信的信息消费环境

首先，政府要加大对信息市场的监管力度，规范信息市场的交易规则；其次，依据《关于加强网络信息保护的决定》，加快信息安全相关立法进程，综合采取执法、司法、技术、自律等多种措施，加大对网络个人信息的安全保护力度；再次，加强国家信息安全基础设施建设，健全重要信息系统安防体系，加强关键软硬件的研发，提高信息技术装备安全保障水平。综上，我们需要从不同角度营造健康的信息消费生态运营体系，为信息消费市场的发展创造一个良好的环境。

第十章

面向信息社会的
发展演进与制度创新

第一节　信息社会的演进与本质特征

1964年日本梅棹忠夫提出的"信息社会"正在被越来越多的人们所接受。然而什么是信息社会？信息社会与农业社会、工业社会本质区别是什么？信息社会特征是什么？一直是学者们热议的问题。

对信息社会的认识是一个随着社会发展而不断丰富和完善的过程。关于信息社会的研究，在20世纪70年代成为西方学术界重要的热点问题之一。过去，西方学者的研究在很大程度上是对信息社会的现状进行描述，指出它具有非工业性的特征，但没有对它进行解释。近年来，一些国内外学者认为信息社会亦称"信息化社会"，从生产力角度把人类社会划分为农业社会、工业社会和信息社会。

信息社会是人类社会发展中的新阶段。我们现在看到信息通信技术的应用使人们部分地从相对简单、大规模、集中化的生产中解放出来。新一代信息技术、生物信息技术以及人工智能的发展将使信息收集、处理、传输、控制和利用更加智能、有效，更加复杂。

人类社会生产力水平的差异决定了不同社会的发展阶段。生产力的组成要素有劳动者、劳动工具和劳动对象，这三要素的变革代表了人类社会形态的演变轨迹，在各个社会形态中的表现形式各不相同。这种差异构成了社会形态的本质特征。

1. 劳动者

在农业社会，从石器、铜器到铁器，人们创造出了各种劳动工具，学会了使用牛、马等畜力，发明了水碓、风车，以替代繁重的人力，但是从总体上来讲，人类通过繁重的体力劳动对土地资源进行有限开发来解决生存问题，人类的劳动还是以体力劳动为主。

在工业社会，机器的出现把劳动者从繁重的体力劳动中解放出来，人们的劳动强度降低了。工业的生产集中到了城市的工厂中，农业生产实现了机械化和集约化。在这一时期，在工厂中的体力劳动者仍是社会的主体，但脑力劳动已开始出现，工业社会的劳动者出现了分层。

信息社会是工业化后期出现的新社会形态。进入信息社会的重要标志之一是从事信息活动的人数超过从事物质生产活动的人数。美国的学者约翰·奈斯比特认为，美国从1956年开始进入信息社会，这一年，美国历史上第一次出现了从事技术、管理和服务工作的白领工人超过蓝领工人，美国的大多数人已经从事信息生产活动，而不是物质生产。从劳动力的角度，这成为信息社会区别于农业社会和工业社会的本质特征之一。

2. 劳动工具

人类社会的发展过程是不断使用新的工具来弥补人类自身局限的过程。 在不同的历史时期，人类社会通过使用不同功能的工具，来扩展和增强人类自身的功能，而这些工具本身也成为区分人类社会形态的重要标志。马克思曾经指出："各种经济时代的区别，不在于生产什么，而在于怎样生产，用什么劳动资料生产。劳动资料不仅是人类劳动力发展的测量器，而且是劳动借以进行的生产关系的指示器"[1]。因此，**劳动资料或生产工具是划分社会形态的基本标准之一，生产工具也是生产力在社会形态这个集合上投影的集中代表**。

---

1 《马克思恩格斯全集》第4卷，第23页。

在农业社会漫长的发展过程中，人类最重要的劳动工具是用以开发土地资源的各种简单手工工具，是对人类体力劳动有限的缓解，它并没有从根本上把人类的生产活动从繁重的体力劳动中解放出来。

在工业社会，随着蒸汽机的发明和使用，机器代替手工工具，这标志着人类工业社会的开始。与农业社会的手工工具相比，工业社会的机器是能源力驱动的工具，它使人类的体力劳动得到了一次又一次的解放，大大地提高了人类改造自然的能力，使人类社会步入一个新的发展阶段。因此，能量转换工具是工业社会区别于农业社会的本质特征之一。

20世纪中后期，随着信息通信技术的发展，人类社会改造自然的工具也开始发生革命性的变化，其中最重要的标志是**劳动工具智能化**。工业社会以能量转换为特征的工具被智能化的工具所取代，形成了信息社会典型的生产工具。智能化的生产工具是指具有对信息进行采集、传输、处理、执行能力的工具。如果说工业社会解决了人的四肢有效延伸的问题，信息社会则解决了人脑延伸的问题，是一场增强和扩展人类智力功能、解放人类智力劳动的革命。网络化的智能工具的使用极大地节约了物流、资金流的成本，再次解放了生产力。

马克思早就指出过："各种经济时代的区别，不在于生产什么，而在于怎样生产，用什么劳动资料生产"。"手推磨产生的是封建主为首的社会，蒸汽磨产生的是工业资本家为首的社会。"我们认为，"网络之磨"将促使劳动工具更加智能化，并形成以知识劳动者为主体的新型中产社会。

农业社会人们直接使用镰刀斧头生产；工业社会人们操纵机器生产；进入信息社会，50%以上的劳动者利用信息和知识，通过互联网以信息服务的方式从事生产。他们不但生产了空前丰富的粮食、机器等传统的实物产品，也为人类社会提供着空前丰富的精神产品和日益多样化的服务，这不是理论的想象，而是我们今天在许多发达国家和地区已经见到的客观现实。

综上所述，农业社会的标志性生产工具是简单的手工工具，工业社会的标志性生产工具是能量转换工具，而信息社会的标志性生产工具是智能化、网络化的劳动工具。

3. 劳动对象

人类社会的发展过程是人类不断改造自然的过程，在每一个社会的发展阶段都有影响整个社会发展最核心的资源，这一核心资源也是整个社会发展过程中的劳动对象。在每一个社会形态中，核心资源将是每个社会形态中各种社会资源最集中的表现形式，社会经济社会活动主要围绕着核心资源或它的衍生物展开。一个国家或地区经济社会发展的水平、阶段、特征和趋势主要取决于一个国家或地区对核心资源的获取、占有、控制、分配和使用的能力。

农业社会的主要资源是土地，包括人类生存需要的粮食种植用地、森林用地、畜牧用地等。在当时人类较低的生产力水平条件下，人类的生存和发展主要依赖于对土地的耕作，土地是人类社会生产和再生产最重要的资源。土地作为当时最重要的资源也成为一个国家、地区和居民最重要的财富，对土地的争夺和占有也成为国家、地区、居民各种社会矛盾最集中的体现。

以蒸汽机的发明和使用为标志，人类社会开始从农业社会步入工业社会。社会化大生产成为工业社会的基本生产方式，社会分工进一步细化，作为一般等价物的货币在社会中的地位越来越重要。劳动对象被抽象为资本，资本成为工业社会最主要的资源。

在信息社会，多数劳动者通过使用智能工具，进行物质和精神产品生产。因此，信息社会最核心的劳动对象是用"比特"来衡量的数字化信息。数字化信息将无处不在，人类用以改造自然的生产工具、劳动产品以及我们人类本身都将被数字化的信息所武装，整个经济和社会运转被数字化的信息所控制，人类社会的生产和社会活动将围绕着数字化信息而展开。对数字化信息的获取、占有、控制、分配和使用的能力成为信息社会中一个国家和地区经济发展水平和社会阶段的重要标志。

综上，从生产力构成要素的劳动者、劳动工具和劳动对象的角度来分析三个社会形态的本质区别：农业社会的劳动者以体力劳动为主，用手工工具在土地上进行耕作，创造社会财富；工业社会的劳动者由从事体力劳动和脑力劳动的两部分人组成，体力劳动者占多数，主要是用能量驱动的工具进行社会化大生产，劳动对象抽象为资本；**信息社会的劳动者以脑力劳动为主，主要使用智能工具从事生产，数字化信息成为劳动对象。**

第二节 信息社会的发展趋势

从生产力的构成要素来看，脑力劳动者、智能工具和数字化信息构成了信息社会的本质特征。生产力作为社会形态演进中最根本的因素，其性质的改变对于社会的政治、经济、文化、军事等都产生了广泛而深远的影响，使人类社会呈现新的特点。

一、信息生产力的发展

信息生产力的核心技术主要体现在信息网络技术领域。信息生产力是网络化的生产力，因为计算机单机应用，只是替换了个别生产工位和生产环节，仍然属于工业生产力的组织形态。而网络化将彻底改变生产流程、组织形态和经营理念，形成与工业生产力完全不同的经济特征。

信息生产力的技术特征是核心网络全光纤化、交换平台云服务化、接入方式多元化、信息终端瘦型化。物联网和云服务开启了信息通信技术直接为生产服务、成为新型生产力的闸门，代表信息化浪潮的重要阶段。

二、新的社会组织结构

人类社会形态从生产力的角度看，可以分为农业社会、工业社会、信息社会。若从生产关系的角度看，分为奴隶社会、封建社会、资本主义社会、社会主义社会和共产主义社会。这两种不同社会形态划分标准之间有着内在联系。

一定的生产力水平总是形成与之相适应的生产关系及上层建筑。由于生产力本质特征的差异性,使得在不同的社会形态条件下,无论在微观还是在宏观层面上都形成与之相适应的制度框架。

农业社会的生产组织形式是以有着血缘关系的家庭为基本的生产单元,整个社会按照从属的原则组织起来,金字塔型集权式的权力结构是社会宏观管理的基本特征。工业社会以网络化的市场为基础,形成了以企业为单元的社会化大生产组织形式,产生了以政党及代议制民主为特征的社会宏观管理体制,政府机构和企业按层级制原则(即马克斯·韦伯所说的科层制度)进行组织。在信息社会,信息技术极大地促进了文化、知识、信息的传播,为人们充分表达意愿提供了技术条件,促进了民众的民主意识、民主观念、民主要求。同时,传统的管理层垄断信息的局面被打破,丧失了从垄断信息到垄断决策管理权的优势,传统的科层制所固有的或衍生的理性化、部门分割的管理体制将受到冲击,工业社会所形成的代议制民主正在受到挑战。在信息社会,社会组织管理中的代议制民主、间接民主开始向参与民主、直接民主演变,由传统的金字塔型组织管理结构向网络型的组织管理结构转变。

平台式组织与第三方治理将形成信息社会的重要管理力量。

三、新型的社会生产方式

生产力的技术工艺性质的重大变化总会导致人们的生产活动方式的变化。正如机器的普遍采用将手工工场的生产方式改造成为机器大工业的生产方式一样,信息社会也形成了新的生产方式。它表现在:一是传统的机械化的生产方式被自动化的生产方式所取代,自动化的生产方式进一步把人类从繁重的体力劳动中解放出来;二是刚性生产方式正在转变为柔性生产方式,它使得企业可以根据市场变化灵活并及时地在一个制造系统上生产各种产品;三是大规模集中性的生产方式正在转变为规模适度的分散型生产方式。

四、信息产业的发展与结构演进

信息通信技术革命催生出了一大批新兴产业，信息产业迅速发展壮大，而通过对传统能量转换工具的改造，使传统产业与信息产业之间的边界越来越模糊，整个社会的产业结构处在不断的变化过程中。信息产业的产值在全社会总产值中的比重迅速上升，基于信息技术的现代服务业快速崛起，形成了以服务业为主导的产业结构。

五、新型的就业形态与就业结构的演变

伴随着产业结构的演变，新的就业方式开始形成，新型的就业开始出现，就业结构将发生新的变化。农业、工业中的就业人口将日益减少，社会服务行业将日益兴起。从波拉特统计体系来看，社会经济活动可以划分为四大产业部门，即农业、工业、服务业和信息业。随着社会经济形态的演进，劳动力人口依次从农业部门流动到工业部门；在工业化后期，农业人口和工业人口又流向服务部门；在工业社会向信息社会转型的过程中，劳动力人口主要向信息部门集中。信息技术的发展催生了一大批新的就业形态和就业方式，如远程办公、弹性就业等。信息劳动者数量的增长是社会形态由工业社会向信息社会转变阶段就业结构的重要特征，也是信息产业规模扩展的重要标志。

六、电子商务等新商业模式占据重要位置

分工和专业化是经济增长的主要动力，分工强化了人力资本的作用，促进了技术创新，扩大了生产的可能性边界，降低了交易成本，并进一步促进了分工，从而推动了人类社会的发展。信息技术的发展促进了市场交换客体的扩大，知识、信息、技术、人才市场迅速发展起来；同时，信息技术扩展了市场空间。信息技术的发展所带来的现代化运输工具和信息通信工具使人们冲破了地域上的障碍，使得世界市场真正具有全球性的空间概念；信息技术提供给人们新的商业模式，电子商务成为实现交易的基本形态，降低了交易成本，创新了交易方式。

七、人口扩散化和城市中心郊区化是城镇化的重要特征

人类文明的历史就是城市化的历史，城市是作为文明支柱的文化、科学和艺术（包括技术）得以存在和进步的依托。随着工业化的完成，城市成为人类居住的主要聚集地，完成工业化的国家城市化率都已达到80%以上。随着工业社会向信息社会的演进，人类以大城市聚集为主的方式正在发生变化。城市人口在经历了几百年的聚集之后开始出现扩散化的趋势，中心城市发展速度减缓，并出现郊区化现象。

大城市人口的外溢使城市从传统的单中心向多中心发展，若干中心城市通过增长轴紧密联系，整个区域成为一个高度发达的城市化地区。不同规模和等级的城市之间通过发达的交通网络和通信网络，形成功能上相互补充、地域上相互渗透，构成相互作用的城市群（都市连绵区）。城市群（都市连绵区）在整个国民经济发展中的地位和作用越来越突出，影响及支配着世界经济的发展。

八、数字化生活方式的形成

如同19世纪的工业化瓦解了农业社会的生活方式，建立了工业社会的生活形态一样，随着现代交通基础设施、现代信息网络的发展，人类的时间和空间概念又一次发生了变化，"地球村"开始出现，信息社会新的生活方式也正在形成。"无论何事、无论何时、无论何地"人们都可以获得文字、声音、图像信息，人类将生活在一个自由、安全、舒适、温馨、方便的智能居住环境中。在信息社会的数字家庭中，易用、价廉、便携的消费类数字产品及各种基于网络的3C家电将广泛应用，人们可利用移动终端对各种家电进行操控。

数字化的生产工具与消费终端广泛应用和普及。工业社会所形成的各种生产设备将会被信息技术所改造，成为一种智能化的设备。整个社会的生产和服务活动将建立在基于信息技术的智能设备的基础之上。同时固定电话、移动电话、电视等各种信息化终端设备将无处不在，人们将生活在一个被各种信息终端所包围的社会中。

九、生态友好、人与自然和谐发展的多样化社会

农业社会的环境基本属于和谐的适于人居的环境，工业社会的人居环境日益恶化，信息社会将注重不断优化的人居环境。在农业社会人类追求生存条件的改善；在工业社会人类为追求最大的经济效益，而不惜破坏生态环境；而进入信息社会后，人类开始重新审视人与自然的关系，更加注重人与自然的和谐发展，将逐步实现经济效益、社会效益和生态效益的共同提高。

作为20世纪信息通信技术最伟大的成就，互联网正在向社会生活的方方面面渗透、扩展，改变着人们的思维方式、生活方式以及社会、经济发展的进程。网络进入所有行业，改变运行方式，提升效率，出现新的属性，改变所有行业的面貌。

社会影响力结构改变，释放每个人的创造力，创造公众参与的平台，参与意识刺激社会责任心和公民意识的形成与发展。个人和小众、弱势群体得以有所作为，话语权和社会影响力不容忽视；文化呈现出更具包容性、多样性的特点。

十、网络战争成为重要的战争形态

在信息社会，随着传统的工业社会时代的武器被智能化的系统所控制，人类社会进入了信息武器时代。在信息社会战争的形态主要体现在信息战上，它是对垒的军事（也包括政治、经济、文化、科技及社会一切领域）集团抢占信息空间和争夺信息资源的战争，主要是指通过控制、利用信息达到实现国家战略目标的行动。在信息社会战争呈现新的特点：一是武器装备出现了信息化、智能化、一体化的趋势，打击精度空前提高、杀伤威力大大增强；二是战争形态、作战方式也随之出现一些新的特征，战场空间正发展为陆、海、空、天、电五维一体，全纵深作战、非线式作战正成为高技术条件下的基本交战方式；三是在信息社会，战争将最终表现为对信息的采集、传输、控制和使用，获得信息优势是参战各方的主要目标；四是为适应战争形态的变化，作战部队高度合成，趋于小型化、轻型化和多样化，指挥体制纵向层次减少，更加灵便、高效。

第三节　我国在向信息社会过渡期的历史机遇与挑战

人类处于工业生产力向信息生产力转换过程之中，竞争的焦点已经从硬件转向软件，从单机技术转向网络集成，从加工生产转向应用服务。我国拥有雄厚的智力资源和优秀的软件后备大军，同时拥有13亿人口由温饱向小康过渡的巨大市场，更重要的是我国长期积淀了更适合信息共享、协作共赢的社会文化。一旦运用信息生产力阶段的后发优势，把握千载难逢的历史机遇，促使世界经济重心再次向东方转移是完全可能的。

世界各国都在努力为信息社会做准备。发达国家希望保持领先优势；新兴经济体力争寻求新的突破；发展中国家致力于发挥后发优势实现跨越发展。世界各国纷纷制定了一系列信息化发展战略，都希望在信息技术革命中成为最大受益者。

信息社会是人类需求变化与信息技术革命自然耦合的必然结果。工业社会进入后期之后，在生产力极度扩张的同时，其带来的环境破坏、资源紧张、贫富分化等一系列问题迫使人类转而寻求新的发展方式，而信息技术的突变适应了这种需求，并因其具有极强的渗透性和广泛的适用性而大行其道。

信息社会建设对所有国家来讲都既是机遇又是挑战。信息技术革命为打造新产业、培育新业态、重塑动力机制、转变发展方式提供了难得的历史机遇，但世界各国都会面临全球性生产力布局调整、信息安全隐患凸显、数字鸿沟扩大等方面的挑战，而丧失发展机遇将成为其中最大的风险。

从工业社会到信息社会必须经历"转型期阵痛"。 在从工业社会向信息社会转型过程中，世界各国都将面对三类基本矛盾：一是经济增长内在冲动与资源环境支撑能力不足之间的矛盾；二是经济快速发展与社会发展滞后之间的矛盾；三是工业社会的经济基础、体制机制、手段方法、思维惯性与信息社会发展需求不相适应的矛盾。

信息化既是诸多矛盾的交汇点，也是解决各种难题的突破口。 必须充分发挥信息化在助力经济成长、解决现实问题、促进社会和谐、创新竞争优势方面的作用，在信息基础设施建设、信息产业发展、信息技术深化应用、信息化环境完善等方面不断取得新的突破。

中国整体上正处在从工业社会向信息社会过渡的加速转型期。 中国面临工业化与信息化的双重任务，正处在建设信息社会最关键的准备时期。这一阶段既是发展黄金期，也是矛盾凸显期，个人、企业、政府都会出现诸多的不适应和"动作变形"。大力推进信息化、积极为信息社会做好准备是顺利跨越"中等收入陷阱"、实现持续快速健康发展的必然选择。

经济实力不是决定信息社会发展水平的唯一要素。 信息社会发展水平是由经济发展水平、生产力要素结构、劳动者素质、信息基础设施完善度、信息技术应用深度与成效、信息社会发展环境完善度等多方面因素共同决定的。发展中国家没有必要走发达国家先工业化后信息化的老路，可以通过率先使用先进适用的信息技术完成工业化与信息化的双重任务。

信息革命为跨越发展提供了前所未有的历史机遇。 信息技术具有跳跃发展和广泛渗透等特征，经济发展相对落后的国家和地区如能抓住机遇，应对得当，完全有可能通过发挥后发优势实现跨越发展，在技术创新和深化应用方面实现突破，加速发展进程，缩小发展差距。

中国作为发展中大国，在工业化任务没有完成的前提下迎来了信息化发展的新机遇，有着良好的发展基础和诸多独特的优势，完全有可能走出一条"两化融合"的新型工业化道路，为全球信息社会建设与发展积累经验、做出贡献。

建设一个"以人为本、开放包容、全面协调与可持续发展"的信息社会成为全人类共同的理想和目标。在全球化加速发展的今天，面对信息革命带来的机遇，每个人、每个组织都不要选择放弃，更不要放弃选择；发达国家、发展中国家在缩小数字鸿沟方面都具有不可推卸的责任，"确保一个都不落下"成为各国政府重大决策中坚定不移的信条。

诚信、负责、合作、共赢成为企业生存与发展的基本守则。在信息社会发展过程中，企业更好地承担起应有的社会责任，不会为了自身的发展而去损害他人的利益，不会为了眼前的利益而牺牲子孙的未来。

科学决策、公开透明、高效治理、广泛参与的服务型政府在信息社会建设中发挥更好的主导作用。在现代信息技术的支撑下，政府决策更趋于科学化，政府运行更为公开透明，政府行政效率和服务质量进一步提高，政民沟通渠道更加通畅和多元化，社会和谐发展的基础更加巩固。

数字化、网络化、智能化的加速发展，不仅能够缔造一个更加智慧的中国，更能缔造一个更加智慧的地球。我们的后代将因我们现在的决策而受益，为我们现在的行动而自豪。

第四节 走向信息社会中的政策与制度障碍

虽然中国信息化建设取得了显著成效，但是，总体看来，我国信息化发展水平还比较低，在国际排名还很靠后。根据经济学人智库（EIU）关于信息化发展综合水平的研究，在其所选择的全球60个国家和地区中，2003年中国排名第50位。根据美国国际数据公司（IDC）对53个国家信息社会指数的研究，2003年中国排名44位。此外，在电子政务、电子商务、企业信息化等应用领域的专项研究，我国的排名基本上处于最落后的方阵中。我国信息化发展不仅远远落后于国际先进水平，也难以达到全面建设小康社会的要求，主要障碍体现在以下这些方面：

一、 对信息生产力的重要性缺少社会共识

"十二五"规划的亮点是发展现代生产型服务业，这离不开信息通信技术和网络的支撑。可是在这个问题上，我国遇到了超大的思想阻力。不少学者认为，我国尚处在工业经济的初期阶段，发展重化和制造业仍是当务之急，现在就把发展高端服务业提上日程，就是要"唱衰制造业"；更有一些学者认为，生产粮食和钢铁是社会永恒的主题，人类社会只能沿着蒸汽机工业、电动机工业、计算机工业、智能化工业发展，制造业永远是人类社会的核心内容，不会进入信息经济为核心的信息社会阶段。

他们陷入了两个不小的误区，一是继续延续传统工业化、城市化思维模式，

资源、能源难以支撑，生存环境将严重恶化。二是他们忽略了社会阶段的划分，"不在于生产什么，而在于怎样生产"。美国粮食生产自20世纪70年代就完成了由农业向现代服务业的转型。一位农民何以经营上千亩土地？从激光测距平地服务公司、种子服务公司，灌溉服务公司，喷药服务公司到收割服务公司，覆盖农业生产整个流程，农民已经脱离直接生产过程，成为生产的监督者、管理者和各生产服务公司的信息联系者。

欧洲发达国家的工厂，一个生产车间多条自动生产线，只有一位工人管理；材料库、成品库全靠机械手、机器人输送。大部分的工作量则是编制软件程序，而软件的编制除少量专用程序由软件车间负责之外，大部分通用软件外包给了软件服务公司。这就是为什么IBM制造公司营业收入50%以上，爱立信制造公司营业收入40%以上来自服务的原因所在。

二、现代服务业和工业制造业的关系没有理顺

我国工业领域小而全、大而全的思想和制度因素根深蒂固。"调整产业结构、转变发展方式"的口号提了许多年，但收效甚微。主要问题是在理论上只承认工农创造价值，不承认服务业创造价值；在实践上将生产服务纳入产品生产的一个附属环节，不愿意将生产服务从物质生产中分离出来。同时，我国GDP主义仍然严重。工业和信息化部成立以后，许多人把信息化当作工业化的一个子集，不重视信息通信业发展。

工业时代是制造业推动服务业的时代，信息时代是服务业拉动制造业的时代。然而多数人没有认识到，从产品生产逐步向信息服务过渡是经济时代的重要进步。历史证明，专业化运输服务比工业企业自办运输体系具有更高的运输效率；信息集成和软件服务的外包模式比各单位自办信息体系和软件车间更代表产业结构的优化方向。

三、宽带信息承载能力发展缓慢

世界信息化基础设施经过了模拟阶段、数字化阶段，目前已经发展到宽带阶

段。我国模拟信息化阶段严重落后，曾经与交通、能源并列成为影响改革开放和国民经济发展的三大瓶颈。我国在第二阶段奋起直追，无论是通信服务业还是通信装备制造业，都进入了国际先进行列，还出现了中国移动、华为、中兴这样在国际上驰名的通信企业。问题是在宽带信息化阶段，我国3G决策拖了8年，三网融合政策拖了12年，光纤到户没有政策，通信企业受短期利益驱使严重，过分保守，使我国信息化再次处于落后状态。

我们看到，信息化正在从信息内容向信息监测、控制的生产力领域渗透，云计算、物联网以及各行业信息化和网络家庭、社区服务都需要成十倍、成百倍增加带宽。许多地方政府提出宽带化社会目标：福州、广州、厦门、佛山等提出建设智能城市的目标。

近年来，包括美国、加拿大、欧盟、法国、英国、澳大利亚、韩国、印度等国家的决策层看到宽带网络技术将成为下一代国力竞争的制高点，它们在原有"信息高速公路计划"基础上重新制定了国家宽带发展战略。

欧盟委员会提出，到2013年，将使宽带接入扩展到整个欧盟范围；到2020年，为整个地区提供不低于30兆的接入速度。这些目标是欧盟委员会"欧洲数字化议程"中的一部分，欧盟委员会还希望为至少50%的欧洲家庭提供超过100兆的网速。

我国必须重视宽带网络发展战略。**第一，要从社会民生角度推进宽带建设。**"十二五"时期的宽带发展不能沿袭以往的梯度与线性发展模式，应倡导城乡建设同步发展，国家要将宽带服务作为一项社会公共工程，更多地考虑普遍服务、均衡发展的思路，从社会与国家长远发展的角度进行规划，将社会效益与经济效益、长远发展与短期利益相结合，使之真正发挥作用，带动国民经济、社会民生发展。**第二，以宽带拉动城乡均衡发展。**网络经济与传统工业经济的最大区别就是，发展的用户越多，其成本越是呈现出递减的趋势。诺贝尔经济学奖得主舒尔茨早就指出，贫穷的根源不在土地和资源，而在于长期信息闭塞、教育落后造成的劳动力素质低下。我国要通过网络经济的外部性效应，形成信息资源共享机制，快速提高广大农民素质，走信息化与城镇化融合发展道路。**第三，加快全光网络建设步伐**。既要做好宽带骨干网建设，也要进一步打破平台和接入瓶颈，支持 3G 和 4G 技术发展。

四、信息割据与信息孤岛问题——缺少共建共享机制与制度

早在 20 世纪 90 年代初，就有外国学者指出，中国不必重复美国、日本建设太多内部信息管理系统的做法，而应该直接重视社会化信息网络。但是由于部门、地区、企业管理体制分割，我国还是分别建设了太多的内部信息管理体系，以至于形成不少信息孤岛，带来的直接后果就是信息重复多次的输入、冗余、不一致性；由于信息不能及时共享，部门间难以协调配合，管理效率低下，高层领导无法形成科学、全面的决策。

信息孤岛的产生主要可以归结为三个方面的原因：一是信息化建设的阶段性。信息化发展是一个渐进的过程，是从局部到整体逐步建设起来的，没有统一规划和标准，造成了现有信息系统的分散和异构，因此孤岛的产生有一定的必然性。但信息化发展到今天，我们应当利用各种办法解决孤岛问题，更要避免更多更大的孤岛继续出现。二是重硬轻软、重网络轻信息资源共享的观念意识。三是管理体制和机制。历史和文化形成了我国目前社会组织形式的条块分隔特征，这决定了"信息孤岛"在我国出现有一定的必然性，但不合理的管理体制或激励机制会加剧孤岛现象。企业的各职能部门之间存在信息的隔断，政府有多少个委、办、局，就有多少个信息系统，每个信息系统都由自己的信息中心管理，有自己的数据库和应用软件。与此相联系的是部门利益，使得消除信息孤岛面临很大阻力。不仅作为市场主体的企业和公众不能掌握公共信息，而且各政府部门间也相互没有沟通，使公共信息成为某一政府部门自己的"私有信息"。

针对以上原因，解决信息孤岛问题应当从技术、管理、体制改革等几方面入手。更关键也是更难的是改革体制机制。信息网络代表新型社会生产力，它必然要求有新的生产关系与其相适应。未来的信息社会应当是多方合作共赢的社会，

而信息数据的共享是其中重要的部分。必须树立信息共建共享的观念，在此基础上实现网络资源共建共享，这样才符合信息社会新产业链分工的大趋势。

五、网络与信息安全问题凸显

互联网已全面渗透到社会的各个领域，成为社会生产、经济贸易、科技创新、公共服务、文化传播、生活娱乐、参政议政的新型平台和变革力量，深刻影响着政治、经济、文化等各个方面，同时它的负面影响也日益凸显。

在政治层面，出现过伊朗大选、维基解密、茉莉花革命……处理不当就很有可能造成政治波动和社会动荡。在经济层面，各类监测、控制系统一旦被病毒感染，可能导致生产体系瘫痪；虚假广告、垃圾短信、商业欺诈，花样不断翻新，社会诚信严重缺失，造成了极大的社会交易成本。在文化层面，淫秽网站、低俗媒体以及封建落后文化对青少年危害严重，通过网络传播，造成巨大危害。

面对严峻的网络与信息安全问题，我国一直采取"齐抓共管、九龙治水"的传统办法，缺少顶层机构设计，尚没有实现有效的疏导与管制。

六、综合信息通信管理机构缺位

大部委制是我国经济政治体制改革的一个重要里程碑，但是2008年将信息通信业划归工业和信息化部，过分突出了政府对工业生产的管理职能，而基于信息流通的现代服务业，却没有找到应有的位置。

"十二五"期间，现代服务业已经被列入经济社会发展的战略重点，而信息服务业又是重中之重。在这样一个重要历史阶段，信息通信服务业至少应该像综合运输、能源部门一样，有一个独立的管制或者管理机构。

我国公共服务领域改革为什么屡走弯路？主要还是由于"生产本位"的认识问题。我国传统经济理论长期不承认"服务创造价值"，甚至认为服务只是生产的辅助部门。在二十几年的信息化进程中，始终存在着重视信息设备生产、重视专项工程建设，轻视公共信息流通和应用服务的现象。

　　其实，前沿经济理论早就证明："工业社会是制造业推动服务业的社会，信息社会是服务业拉动制造业的社会。"随着我国市场化改革的进一步深入，工业生产可以完全由市场调节，而对公共服务的规制和监管，则是政府或者社会机构的监管和管理责任。

第五节　走向信息社会的政策与制度建议

　　面向信息社会，我们需要加速物联网、云计算等新技术在生产领域的渗透，广泛普及移动互联网服务，大力推行感知网络和 RFID 追踪技术，明显提升精准化生产水平，进一步降低能源和物资消耗；要增强宽带基础网络的综合承载能力；提升行业信息服务水平，积极建设行业公共应用平台；改造各企业内部信息网络和资源结构，通过融合、统一标准、整合信息资源，通过市场选择形成行业公共应用平台，并向社会开放；提高全社会综合信息服务水平。

　　实现上述目标的路径是大力培育生产型信息服务行业；从"企业信息服务化"到"信息服务企业化"；必须把"提高管理者和劳动者的科技文化素质"作为一条重要实现途径。

　　在此基础上，我们必须解决政策与体系问题。

一、大力培育生产型信息服务业，走专业化分工道路

　　随着信息生产力的渗透，信息服务专业化已经成为发展潮流。在我国培育生产型信息服务业有三条途径，一是在原来企业和行业信息化基础上，遴选成功的大企业内部或者行业信息系统，通过转制、转型使之成为第三方生产型信息公共服务平台，一般企业的信息服务项目均可在这个公共服务平台上生成。第二条途径是由目前的信息设备制造商主动承担企业信息服务环节，走制造业向生产型信

息服务业转型道路。第三条途径是现有 IT 系统集成商、电信运营商与生产企业合作，承包生产企业的信息服务环节，最后与原企业脱钩，形成专业化的生产型信息服务企业。

二、对基础信息服务的公共企业性质重新定位

电信等基础信息服务企业在信息生产力中占有特殊的地位，它们不但是社会经济信息化的基础设施，而且承担着重要的社会公共责任。鉴于基础网络服务的基础性、公共性、社会性，应该与供水、供电、公共交通一样将它定位为准公共物品，纳入公共企业范畴；通过法律规制，使它以超低、简单、透明的价格进行微利经营，同时要保有3—4家基础运营商开展异质化有效竞争，均享受国家公共政策和税收、公共资源和站址、小区接入方面的相应优惠。随着信息生产力进一步发展，各行业信息应用平台也将具备准公共品性质，也应该参照以上方案，逐步将其纳入公共企业范畴。

三、制定和实施国家级宽带信息化战略

光纤宽带网络才是信息社会最重要的基础设施，是核心之网。移动通信从3G 到 LTE 也在向宽带方向发展。各国政府从20世纪90年代，就开始制定国家级宽带信息通信网络发展计划，如美国国家高速信息公路计划、欧洲和日、韩的宽带战略，但我国仅有行业宽带发展战略，不足以支撑国家信息化发展，必须出台国家级宽带信息化战略。

四、组建国家综合信息通信管理机构

我国网络融合的主要障碍在于高层体制设计缺位，当务之急是淡化行业和部门利益，超越以信息通道和媒体为核心的融合阶段，以信息生产力阶段的泛网融合思维方式，站在"调整产业结构、转变发展方式"的大背景下，建立"国

家综合信息通信管理机构"。考虑到目前我国新闻内容的特殊地位，广播电视、网络媒体内容可以暂时纳入大文化宣传部门监管，而所有的信息网络设施、台、站，以及非新闻媒体信息内容都应该由这个"国家综合信息通信管理机构"监管。

唯有在国家综合信息通信管理机构的科学规制之下，才有可能落实信息普遍服务政策、国家宽带信息化政策，为信息生产力的发展保驾护航。

五、建议国家制定"信息通信法"，建立健全信息资源共享、信息普遍服务机制

以往由主管部门负责起草的电信法草案，越来越纠结于行业和部门之间的利益，以至于多次起草，多次流产、搁浅。建议打破常规，直接由人大常委会组织起草班子，重新起草《信息通信法》，将重点调节转移到信息资源共享和信息普遍服务机制上来。

信息作为与物质、能量并列的三大基础资源，与物质、能量最根本的区别在于信息的资源与内容的可共享性。信息技术发展到云计算阶段，云计算的核心价值就在于网络能力、研究设计能力、软件能力和信息资源的全面服务共享。如果说以前为了建立竞争机制，对共享服务能力有所忽视，那么在云服务时代，"共享"应该尽快得到全社会的高度重视。

信息普遍服务不仅是保障民生的标志，同时也是信息生产力向各个领域渗透、支撑未来信息社会的基础。建议建立信息普遍服务基金，完善国家级信息普遍服务体制和机制。

六、创新信息安全管理模式，建立网络信息安全的平台化治理机制

网络信息安全需要三个层面的治理机制。一是技术层面，二是法律层面，三是道德层面。但是过分依靠技术手段和行政手段，肯定会走向道高一尺、魔高一

丈的死胡同。要创新治理机制，最好的办法是把技术、法律、道德结合起来，形成新的平台化治理模式。

所谓平台化治理，就是利用各类公共信息服务平台，通过实名制、诚信记录、网络监督形成一种非正式约束的"软法律"。国内一些公共平台的治理经验说明，平台企业对网络信息安全治理具有内在动力，愿意在法律允许的范围内，与执法部门合理分工，共同担负起净化信息环境、确保网络安全的社会责任。

参考文献

［1］《网络星河——对互联网、商业和社会的反思》第三章 电子商务与新经济
（美）曼纽尔·卡斯特著 社会科学文献出版社

［2］工程学会 第九届建筑业企业信息化应用发展研讨会论文集 北京市
2005.11

［3］中共中央办公厅，国务院办公厅 2006—2020年国家信息化发展战略 中
办发〔2006〕11号 2006.3

［4］梁晶 美国信息系统（MIS）介绍 全速发表网 2010.8

［5］丁群福，董江军 管理信息系统在国内外中小企业应用现状及存在问题研究
化学工程与装备 2008 04期

［6］陈艳敏 金审工程：规划先行重在实效 中国电子报 2010.03.23 001

［7］北京市经济和信息化委员会 北京市信息化十年总结 2011

［8］北京市经济和信息化委员会 2010年北京市电子政务发展报告 2011

［9］程军 政务信息资源共享交换平台研究 电子政务 2009 Z1期

［10］北京市信息化工作办公室 关于加强部门电子政务基础工作的通知 京信
息办函〔2006〕161号 2006.7.26

［11］"十二金工程"建设应用成效 中国电子政务发展现状研究白皮书 中国电
子政务网 2010.7.22

［12］金湘军　国外电子政务与政府管理创新研究概述　国外理论动态　2010　5期

［13］范成方，贾宏俊，罗建强　非盈利性政府投资项目管理模式探析　山东科技大学学报(自然科学版)　2006　01期

［14］(美)麦克劳德，(美)谢尔著，张成洪等译　管理信息系统 第10版　电子工业出版社　2007.8

［15］左美云　信息系统项目管理　北京电子工业出版社　2009.6

［16］(美)Kathy Schwalbe　IT项目管理　英文版·第4版　机械工业出版社　2006. 7

［17］(美)哈格(Hagg.S.)，(美)卡明斯(Cummings.M.)著　信息时代的管理信息系统　英文原书第8版　机械工业出版社　2011.1

［18］(美)麦克纳林，(美)小斯普拉格著　信息系统管理实践 第七版影印版　西安交通大学出版社　2008.5

［19］植草益《微观规制经济学》中国经济出版社 1992

［20］乌家培《经济 信息 信息化》东北财经大学出版社1996

［21］*Telecommunication* policy Butteworth Scientific ltd 1996

［22］杨培芳《网络钟型社会》商务印书馆 2011

［23］陈禹、谢康《知识经济的测度理论与方法》中国人民大学出版社，1998

［24］马克·波拉特《信息经济》中国展望出版社，1987

［25］乌家培等《经济信息与信息经济》中国经济出版社，1991

［26］经济合作与发展组织《以知识为基础的经济》机械工业出版社，1997

［27］李京文等《信息化与经济发展》。社会科学文献出版社，1994

［28］陈禹主编 《信息经济学教程》(第二版)清华大学出版社，2011

相关名词术语解释

信息通信技术：Information and Communication Technologies, 简称 ICT。它是信息技术与通信技术相融合而形成的一个新的概念和新的技术领域。

信息生产力：指由信息劳动者、信息技术及其网络和信息资源构成的新型社会化的生产能力。

宽带网：主要指支撑终端用户接入速度在每秒2兆比特以上的固定或者移动通信网络。

带宽速率：即每秒可传输之位数，通常以 bps 表示，是指宽带的最大传输速率。

云计算：使计算分布在大量的分布式计算机上，而非本地计算机或服务器中，企业数据中心的运行将更与互联网相似。这使得企业能够将资源切换到需要的应用上，根据需求访问计算机和数据库系统。

云服务：在云计算基础上，打破地域分割形成统一大市场，把满足个性化需求的创业成本降到最低，使创业者可以只专注于创意的核心环节，颠覆"规模制胜"的工业文明，让各项社会活动更好地协同起来，创造更高的运行效率。

物联网：一个基于互联网和传统电信网，让所有能够被独立寻址的普通物理对象实现互联互通的网络。

RFID：射频识别（Radio Frequency IDentification）技术，又称电子标签、无线射频识别，是一种通信技术，可通过无线电信号识别特定目标并读写相关数据。

服务外包：指信息企业向客户提供的信息技术外包服务（ITO）和业务流程外包服务（BPO），包括：业务改造外包、业务流程和业务流程服务外包、应用管理和应用服务等商业应用程序外包、基础技术外包。

离岸外包：是指外包商与其供应商来自不同国家，外包工作跨国完成。

TD-SCDMA：是 Time Division-Synchronous Code Division Multiple Access（时分同步码分多址）的简称，也是中国提出的三个3G标准中的一个。

TD-LTE：即 Time-Division-Long Term-Evolution（分时长期演进），是由多家电信制造商共同开发的第四代（4G）移动通信技术与标准。TDD 即时分双工（Time Division Duplexing)，是移动通信技术使用的双工技术之一，与 FDD 频分双工相对应。TD-LTE 是 TDD 版本的 LTE 的技术，FDD-LTE 的技术是 FDD 版本的 LTE 技术。

Wi-Fi：是一种可以将个人电脑、手持设备（如 PDA、手机）等终端以无线方式互相连接的技术。Wi-Fi 是一个无线网路通信技术的品牌，由 Wi-Fi 联盟（Wi-Fi Alliance) 所持有，其目的是改善基于 IEEE 802.11标准的无线网路产品之间的互通性。

FTTH：即 Fiber To The Home（光纤用户）。FTTH 是指将光网络单元（ONU)安装在住家用户或企业用户处，是光接入系列中除 FTTD（光纤到桌面）外最靠近用户的光接入网应用类型。

UWB：UWB（Ultra Wideband) 是一种无载波通信技术，利用纳秒至微微秒级的非正弦波窄脉冲传输数据。它是无线电领域的一次革命性进展，将成为未来短距离无线通信的主流技术。

5.8兆赫（GHz）频段：是一个比2.4兆赫（GHz）频率更高、更开放的工业、科学与医用（ISM）频段，遵从于802.11a、FCC Part 15、ETSI EN 301 489、ETSI EN 301 893、EN 50385、EN 60950等国际标准。目前少数鼠标及无绳电话使用此技术，是有望代替2.4兆赫（GHz）无线技术的技术之一。

4G：又称 IMT-Advanced 技术。2012年1月18日，国际电信联盟在2012年

无线电通信全会上，正式审议通过将 LTE-Advanced 和 Wireless MAN-Advanced（802.16m) 技术规范确立为 IMT-Advanced（俗称 "4G"）国际标准，中国主导制定的 TD-LTE-Advanced 同时成为 IMT-Advanced 国际标准。

光导纤维：把光能闭合在纤维中而产生导光作用的纤维。是一种透明的玻璃纤维丝，直径只有 1—100μm 左右，主要成分是二氧化硅。它是由内芯和外套两层组成，内芯的折射率大于外套的折射率，光由一端进入，在内芯和外套的界面上经多次全反射，从另一端射出。光导纤维里传播通信用的激光。

计算内网的传输速度单位换算公式：1EB=1PB=1,024TB；1TB=1,024GB；1GB=1,024MB；1MB= 1,024KB；1KB=1,024B；1B=8b（1Byte=8bit，1 字节 =8 位）

兆赫：Mega Hertz（MHz），是波动频率的基本单位，采用千进位制；1 兆赫相当于 1,000 千赫（KHz），也就是 10^6 赫兹。

后 记

　　我在1986年很偶然地进入到信息通信行业，当时，我对一切都很茫然。但是，在工作近三十年之后，我发现当初的选择是如此正确。信息通信行业是一个充满挑战与激情的行业，日新月异的技术创新与业务发展带来了无数的空间与机会，容不得你半点的懈怠，催促着你从一个难题到另一个挑战，从一个进步走向另一个高度……因此，如果让我再一次思索，再一次选择，我仍将不改初衷。

　　虽然拙作可能只是中国信息通信发展历史长河中的一滴微不足道的水珠，其影响可忽略不计，如果说其中能够包含任何个人成就，也仅限于供自己年老时聊作安慰，但是，我能够有幸参与中国信息通信发展历程的见证和创造，其间所经历的每一件事都可能是历程中一个片段的组成部分，这才是最重要的。

　　我试图将我的思考通过这本书与大家分享。同时，感谢经常与我一起讨论、共享的一群朋友们。他们给予本书很多帮助与鼓励，让我用两年的时间完成了这本书的写作。谢谢家人的鼓励，让我在充满爱的氛围中思考与写作。

　　我要将我的新著作送给我的女儿——曹珅珅，她也工作在信息通信行业，希望她在未来的工作中继续努力！希望她的生活充实与美好！

作者：何霞

2014年5月